国家社科基金项目成果
绍兴文理学院出版基金资助

中国岩画的原始信仰及其审美生成

朱媛 著

中国社会科学出版社

图书在版编目(CIP)数据

中国岩画的原始信仰及其审美生成/朱媛著. —北京：中国社会科学出版社，2022.3
ISBN 978-7-5203-9713-1

Ⅰ.①中… Ⅱ.①朱… Ⅲ.①岩画—原始宗教—宗教文化—信仰—研究—中国②岩画—艺术美—研究—中国 Ⅳ.①K879.424②B933

中国版本图书馆 CIP 数据核字(2022)第 026455 号

出 版 人	赵剑英
责任编辑	郭晓鸿
责任校对	季　静
责任印制	戴　宽

出　　版	中国社会科学出版社
社　　址	北京鼓楼西大街甲 158 号
邮　　编	100720
网　　址	http://www.csspw.cn
发 行 部	010-84083685
门 市 部	010-84029450
经　　销	新华书店及其他书店
印　　刷	北京明恒达印务有限公司
装　　订	廊坊市广阳区广增装订厂
版　　次	2022 年 3 月第 1 版
印　　次	2022 年 3 月第 1 次印刷
开　　本	710×1000　1/16
印　　张	20
字　　数	290 千字
定　　价	118.00 元

凡购买中国社会科学出版社图书，如有质量问题请与本社营销中心联系调换
电话：010-84083683
版权所有　侵权必究

图 1　虎　作者摄自贺兰山

图 2　牦牛　作者摄于青海玉树

图 3　动物与人　作者摄自青海玉树

图 4 野猪与人 作者摄自内蒙古赤峰克什克腾旗

图 5 花山岩画 作者摄自广西崇左

图 6 花山岩画 作者摄自广西崇左

目　录

前　言 ……………………………………………………（1）

绪　论 ……………………………………………………（1）
  一　"中国"与"原始" …………………………………（2）
  二　中国岩画的断代 ……………………………………（8）
  三　图像的起源 …………………………………………（16）

第一章　中国岩画意蕴研究的两极走向 ………………（21）
  第一节　艺术解读中的争执 ……………………………（21）
  第二节　原始社会的多意解读 …………………………（28）
  第三节　三种原始崇拜形式 ……………………………（32）

第二章　中国岩画的信仰意蕴 …………………………（37）
  第一节　符咒 ……………………………………………（37）
    一　符咒的功能 ………………………………………（38）
    二　肖像符咒 …………………………………………（43）
    三　抽象符咒 …………………………………………（49）
  第二节　牲祭 ……………………………………………（63）
    一　交换与通神 ………………………………………（64）

二　四种功用 …………………………………………（71）
　第三节　偶像崇拜 ……………………………………………（85）
　　一　原始崇拜 …………………………………………（86）
　　二　人物神 ……………………………………………（91）
　　三　动物神 ……………………………………………（103）

第三章　中国岩画的符咒意义与审美体验 ………………………（109）
　第一节　仿生写实 ……………………………………………（109）
　　一　想象性的缺失 ……………………………………（109）
　　二　类的摹写 …………………………………………（115）
　第二节　变形 …………………………………………………（118）
　　一　几何式抽象 ………………………………………（118）
　　二　指事 ………………………………………………（122）
　　三　局部突出 …………………………………………（123）
　第三节　线与块面 ……………………………………………（126）
　　一　勾勒与通凿 ………………………………………（126）
　　二　两地差异 …………………………………………（130）

第四章　中国岩画的牲祭意义与审美体验 ………………………（134）
　第一节　由祭入礼 ……………………………………………（134）
　　一　巫与祭祀 …………………………………………（134）
　　二　祭祀与礼 …………………………………………（137）
　第二节　仪式性特征 …………………………………………（142）
　　一　蹲踞式图像 ………………………………………（142）
　　二　纹饰与器物 ………………………………………（144）
　第三节　原始崇高 ……………………………………………（148）
　　一　为他情怀 …………………………………………（148）
　　二　自我牺牲 …………………………………………（150）
　第四节　想象的生成 …………………………………………（157）

一　祭祀与想象 …………………………………… (157)
　　二　人面想象 …………………………………… (160)

第五章　中国岩画的偶像崇拜意义与审美体验 ………… (166)
　第一节　以大为美 ………………………………… (167)
　　一　形体之大 …………………………………… (167)
　　二　对比之大 …………………………………… (171)
　第二节　由拜物到拜人 …………………………… (174)
　　一　人格显现 …………………………………… (174)
　　二　本体肖像 …………………………………… (181)

第六章　中国岩画的三重创作心理 ……………………… (184)
　第一节　题材选择倾向 …………………………… (184)
　　一　题材选择 …………………………………… (185)
　　二　题材成因 …………………………………… (205)
　第二节　艺术中的选择 …………………………… (208)
　　一　环境 ………………………………………… (208)
　　二　用色 ………………………………………… (213)
　　三　空间组合 …………………………………… (216)
　　四　程式化倾向 ………………………………… (219)
　　五　最大轮廓化原则 …………………………… (226)
　　六　尚圆 ………………………………………… (231)
　第三节　偶然性创作机缘 ………………………… (233)
　　一　形式的机遇 ………………………………… (233)
　　二　信仰的偶然 ………………………………… (235)
　　三　阐述的偶然 ………………………………… (238)

第七章　中国岩画图像建构的意蕴张力 ………………… (241)
　第一节　多种起源观 ……………………………… (241)

一　艺术的起源 …………………………………………（242）
　　二　心理机制的起源 ……………………………………（245）
第二节　多神信仰 …………………………………………（249）
　　一　多神与感物说 ………………………………………（249）
　　二　众神的差异 …………………………………………（255）
第三节　情感倾向 …………………………………………（258）
　　一　多元性 ………………………………………………（258）
　　二　取甜舍苦的审美倾向 ………………………………（261）
　　三　明朗质朴 ……………………………………………（267）
第四节　悖论 ………………………………………………（275）
　　一　功利性与崇高性的悖论 ……………………………（275）
　　二　杀戮与贵生的并重 …………………………………（277）
　　三　实用与形式的张力 …………………………………（279）
　　四　粗浅与希望的并存 …………………………………（281）

总　论 ……………………………………………………（284）
索　引 ……………………………………………………（296）
参考文献 …………………………………………………（302）
后　记 ……………………………………………………（314）

前　言

目前，国内学者们已经从文字学、文献学、历史学、考古学、艺术学等多方面对岩画进行考订论证。关于中国岩画的创作生成研究主要包括信仰与艺术两种解读。一方面是对岩画的信仰解读研究，其以巫术、祭神为中心，从原始人的信仰维度阐释岩画的意义。学者们将原始人看作是认识论视野中的功利性人，以清醒的因果关系论证原始人的创作方式。所失之处为：对岩画创作的审美生成问题讳莫如深。另一方面是对岩画的艺术解读。学者们从艺术的角度论述了岩画的艺术特质、形式特征。所失之处为：将"岩画是艺术"看作自命题，没有区分岩画形式特征的生成原因，使岩画审美分析缺少理论依据与整体观照。

中国岩画图像研究有待于分析原始宗教信仰与审美追求之间相斥相吸的关系，既要卓有成效地继续抽象出认识的功利创作动因，也要更深入地分析与岩画行为水乳交融的情感创作动因，在宗教信仰与审美追求之间的缝隙与张力中揭示出人类早期艺术创作的复杂心理，探索体验与认识在中国早期艺术中的交叉共构关系，以进一步论证审美活动的本真性、根源性价值。

本书首次综合信仰与审美两领域，论述这两个领域在制造岩画图像时发生的差异及互相牵制关系。本书依据原始人掌握世界的方法与目的，将岩画创作群的信仰分为符咒、牲祭、崇拜三种类型进行论述，既区分了它与后世信仰的不同，也分析了原始信仰三阶段的差异，并在此基础上，分别阐述了岩画图像表达的审美生成。本书还综合探讨了中国岩画所表达的早期人类的审美经验特征，以岩画为图例，为审美活动的源头注解提供更充分的证据，并参考早期其他文献、器物进行对比分析，更进一步开拓了审美活动的源头研究。

绪　论

岩画（rock art，rock-art，由于最早引起全世界重视的岩画在洞穴中，有时也用 parietal art 代称）又称石头画、崖画、山画石、岩石艺术，一般按照技法分为凿刻类（petroglyph，简称"岩刻"）与涂绘类（pictogram，pictograph，rock art painting）两大种。① 许多人对岩画进行过定义，如怀特里（David S. Whitley）认为"岩画是景观艺术。它由放置在悬崖、砾石面、洞穴墙壁、洞穴顶和地面等自然表面上的图像、主题与设计组成"②。贝德纳瑞克（Robert G. Bednarik）认为："岩画的科学定义是：它是记载在岩石表面上的被同类成员创造的有意图的记号组合，能被一般的人类感觉能力所感知，是以概念为中介的，已接受现实的潜意识形式的外在表象。"③ 我国学者陈兆复先生的定义更为具体："岩画，基本上是属于人类在文字产生以前的原始时代的作品，这是在未经人工修整的自然洞窟、崖壁岩阴或在露天单个的巨石上进行绘、刻、雕制而成的艺术品。"④ 怀特里与贝德纳瑞克的定义

---

① 朱媛：《中国岩画的审美之维》，上海人民出版社 2013 年版，第 1 页。
② David S. Whitley, *Introduction to Rock Art Research*, Walnut Creek, Left Coast Press, 2005, p. 3.
③ Robert G. Bednarik, *Rock Art Science: The Scientific Study of Palaeoart*, New Delhi: Aryan Books International, 2007, p. 1.
④ 陈兆复、邢琏：《外国岩画发现史》，上海人民出版社 1993 年版，第 7—8 页。

都未涉及时代问题，避免了时代问题的纠葛，更加客观科学。陈兆复先生的定义涉及了岩画的时代，将岩画限定为原始时代的作品，可能会引起一些争论，但也表明了他对岩画的文化判断，这一点更贴近中国情况。对岩画进行客观的图像分析是科学研究方法的必须途径。但岩画并不仅仅是脱离一定社会时代的客观图像，岩画代表着人类早期的思维特征，将岩画界定为原始时代作品，从广泛意义来说是非常必要的。岩画中的信仰也是人类早期的信仰特征，从这里分析审美生成，也代表着对人类审美活动源头的思考。

一 "中国"与"原始"

为了避免不必要的争议，在论述这个论题之前，题目中的两个概念必须先进行辨析。这也是目前学术界常遇到的问题。第一就是"中国"。我们说的"中国"与最初的"中国"不是同一个指称。中国是个不断变换的共同体。"中国"名称在文献中刚开始出现时是指以河洛为中心的中原地区。如《尚书·梓材》："皇天既付中国民越厥疆土于先王。"①《诗经·大雅·民劳》："惠此中国，以绥四方。"② 中国是与四方相对立的一个区域概念，指京师为中心的地域。随着各朝各代疆土的收缩或扩张，"中国"的指称也在不断发生变化。"中国"除了包含地理意义外，还有文化的意义，特别指从中原地区发展出来的文化含义。在我们看来，岩画所代表的原始文化模式总体上早于中华文化形成的轴心时代。原始文化并不是由中华文化派生而来的，所以"中国"二字也不是指文化意义上的中华文明。在原始文化向中华文化转变的过程中，中华文化形成了新的东西，如关于人的自我意识的大变革；对德行的推重等，但原始文化的有些东西被中华文化以变形的方式保留了下来。如果说我们的成果与中华文明有关系，也仅仅是在源头上具有隐含式的表达。

---

① （清）阮元校刻：《十三经注疏·尚书正义》，中华书局2009年影印本，第443页。
② （清）阮元校刻：《十三经注疏·毛诗正义》，中华书局2009年影印本，第1180页。

绪 论

现在我们说的"中国"指中华人民共和国的行政区域。"中国"这个词语是按照行政概念来划分的，一个行政概念的范围是否等同于岩画分布的范围呢？当然不是绝对对等的。中国地大物博，岩画分布广泛，中国地区岩画的题材、风格、手法都是多样的。可能西部岩画与中东地区会更加近似，北部内蒙古的岩画与蒙古国更近似，到了云南、福建地区风格又是一变了。这样说起来，"中国"作为一个行政概念是毋庸置疑且神圣不可侵犯的。但作为岩画前的修饰，却是在行政影响下的不太严谨的定性。更严谨的说法应该是"凿刻类岩画的原始信仰及其审美生成""涂绘类岩画的原始信仰及其审美生成"或者"云南岩画的原始信仰及其审美生成""具茨山岩画的原始信仰及其审美生成"这样一类题目，因为他们更加具有物以类聚的"类"的特性。而中国岩画只是行政地域性"类"的组合，并不能仅以此就推论出岩画风格上也具有"类"的聚合。

中国岩画各领域独具风格，未能形成文化意义上的统一共同体。在风格上差距较大的中国岩画群中有没有"类"的共性呢？本书的回答是有。考古领域已经发现新石器时期中国的各区域文明在相互影响，公元前5千纪到4千纪，"尽管每个地区发展了自己独特的信仰系统，但各地社群的礼仪背景仍有某些共同因素，例如龙形图像、龟、鸟与圆形、方形等。代表精神观念层面的艺术品和礼仪用品的生产和分配，特别是玉器。跨区域礼仪知识的交流可能也是他们完成的，这导致了大范围内某些共同信仰的形成，并在考古记录中表现出来"。[①] 考古记录证明从公元前5千纪中国区域就开始了文化交流，这使中国各区域人们的信仰有可能形成更多的相似因素。再加上原始信仰在很多方面是共通的，中国区域岩画的类特征虽然不太可能具有强大的凝聚内核，但在某些层次确实表现了一些一致性。虽然本书的最终目的并不是在论述的最后对中国岩画的"类"特征给出一个界线分明的总结，但也

---

① 刘莉、陈星灿：《中国考古学：旧石器时代晚期到早期青铜时代》，生活·读书·新知三联书店2017年版，第220页。

能得出一个大致的范围。这个大致的范围恰好与中国这个行政区，以及中国传统审美活动、艺术创作的一些特征不谋而合。我们为了历史溯源的方便，使用"中国"一词。这个场域是与欧洲相对，我将在中西岩画的比较中，为中西传统艺术的比较追溯一个源头，同时可能会忽视澳大利亚、加拿大、中东、亚洲其他国家等地区的岩画。因为时间、精力、能力的限制，与这些地域的比较留待后面研究者扩展去做，本书的"中国"只是相较于欧洲而言。我们在中国地区找到岩画的"类"的特征是针对欧洲地区的洞穴岩画而言。

用"中国"的最重要原因是在相对而言的岩画"类"特征上找寻这个区域原始文化的思维特征。这些思维特征在很大程度上与整个人类的原始思维相通，笔者希望借助"中国"这个区域的岩画材料来论述人类思维的早期特征。在调查的过程中我发现中国岩画图像的有些形式及题材偏向确实带有显著的地域特征，这个结果是我们在航行中偶然拾获的"珠宝"。

第二个概念是"原始"。人们常将"原始"理解为一个与"文明"相断裂的共同体。"在某些情况下，民族志常公然反映原始主义，即使他们对所研究的对象态度并不是彻底的种族主义者。他们常描绘狩猎文化为幼稚和简单的。"[1] 这种断裂研究历来也有其思想基础。意大利哲学家维柯在《新科学》中认为原始人使用的是诗性词句，而现代人使用的是散文话语："原始的诸异教民族，由于一种已经证实过的本性上的必然，都是些用诗性文字来说话的诗人。〔……〕我们近代人简直无法想象到，而且要费大力才能懂得这些原始人所具有的诗的本性。我们所说的〔诗性〕文字已被发现是某些想象的类型（imaginative genera），大部分是由他们的想象形成的生物。"[2] 维柯这样说并不是称赞，因为他认为："在推理能力最薄弱的人们那里我们才发现

---

[1] David S. Whitley, *Introduction of Rock Art Research*, Walnut Creek: Left Coast Press, 2005, p. 89.

[2] 〔意大利〕维柯：《新科学》，朱光潜译，商务印书馆1989年版，第30页。

到真正的诗性的词句。[……]凡是诗句的语句的来源都有两个：一是语言的贫乏，另一是要使旁人了解自己的需要。"① 马克思与恩格斯对原始时代的判定词是否定的、负面的，如在《路德维希·费尔巴哈和德国古典哲学的终结》中说道："思维对存在、精神对自然界的关系问题，全部哲学的最高问题，像一切宗教一样，其根源在蒙昧时代的狭隘而愚昧的观念。"② "宗教是在最原始的时代从人们关于自己本身的自然和周围的外部自然的错误的、最原始的观念中产生的。"③ 恩格斯在《家庭、私有制和国家的起源》中将史前文化阶段分为蒙昧时代与野蛮时代。这一论点显然来自摩尔根的《古代社会》。摩尔根将人类文化发展阶段根据技术与制度分成蒙昧、野蛮与文明。文明社会与原始社会相区分的标志是文字，"文字的使用是文明伊始的一个最准确的标志"④。在这些研究看来，原始与传统、现代之间设定的沟壑不容跨越。他们也承认前一文明是后一文明的基础，如摩尔根对早期文明社会的论述："这些文明是在此以前的野蛮阶段的各种发明、发现和制度的基础上建立起来的，而且也大量地吸取了野蛮阶段这方面的成就。"⑤ 但人们的研究重心是以差异为主。本书的研究重心以延续性为主。原始人对后世的影响不仅是某种基础，我们认为原始人的信仰与思维方式并不是原始人仅有的。社会发展的某一阶段已经与原始阶段相隔了一段很长的时间，形成了自然独立的思考方式后，原始社会的某些思维依然会出现在文明社会，甚至是代表高级文明的现代社会。正如巫术行为建立在原始人的主要思维方式上，但并不能说原始时期之后就没有巫术行为了。相反，传统社会中巫术思维一直占据很大的比重。如中国传统建筑门窗使用的"蝙蝠"纹，便是利用"蝠"

---

① [意大利]维柯：《新科学》，朱光潜译，商务印书馆1989年版，第31页。
② 马克思、恩格斯：《马克思恩格斯全集》，人民出版社1965年版，第316页。
③ 马克思、恩格斯：《马克思恩格斯全集》，人民出版社1965年版，第348页。
④ [美]路易斯·亨利·摩尔根：《古代社会》，杨东莼等译，商务印书馆1981年版，第30页。
⑤ [美]路易斯·亨利·摩尔根：《古代社会》，杨东莼等译，商务印书馆1981年版，第30页。

与"福"的通音，采用相似律而产生的交感巫术推理。即使是当代社会的一些习俗依然由巫术思维造成，如沿海地区吃鱼不能将鱼翻过来，因为觉得"翻鱼"会影响到船运甚至直接造成"翻船"，这是运用了语言的相似律的巫术思维。浙江绍兴人家里如果有生病，又不容易医治好的人，会将中药渣倒在马路上，让人们踩踏以祛病除灾。药渣与药汤有接触关系，药汤又与病人有接触关系，病人与"病"自然也有接触关系，一连串的接触律作用下"踩踏"这个动作就与"病"联系上了。笔者在上海也发现了同样的在路上的倒药渣行为。倒药渣治病的巫术在当代长江三角洲地区并不稀奇。如此繁华充满现代理性文明的区域竟然私下依然保存这样的巫术习惯，可见巫术行为虽是原始时代的普遍行为，但它影响深远，一直到现在都占据在人类的生活之中。现代艺术更是与原始主义密不可分。20世纪西方先锋派艺术常常与原始艺术元素置于同一空间中，如高更、毕加索等人的创作既要思考原始人的生存意义，又会直接吸收原始艺术的创作习惯。现代艺术常以其他时代来反思本时代文化。现代艺术的构成绝少不了原始艺术的一维。现代艺术与原始艺术之间的纠葛缠绕使原始人的信仰与艺术品创作都不是一去不返的历史空音，而是依然影响着现代人的生活，对现代人有着某种启示意义的历史延续。对原始社会的研究不仅是历史还原，更是对当代人思维潜在可能性的更深入发掘的一个参照。

研究中社会的分层只是为了更好地分析问题、说明问题，迫不得已的概念运用，绝不是想故步自封，而是研究仅存于原始社会的文化特征。用"原始"的意义在于我们所要发现的问题是滥觞于原始时代，有些特性在后世已经湮没，有些特性虽然不是后世社会的主要特征，却在一定程度上遗存了下来。而我们所要研究的特征是原始社会的代表特征，并不是独有特征。社会演变中发生的创新可能是与传统的断裂，但也可能是变异，或者只是增加了其他成分。我们的原始研究并不是断裂性的封闭系统。

既然不局限于最早期人群中，那么本书将采用比较法，以探求人类的共性心理机能与思维特征。比较论的研究可以在现代某个原始部族中挑选材料，但不是以此来解释旧新石器时代、铜石并用时代的这类事实，而是来阐述人类的某种基本特征。本书对人的兴趣大于对史本身，所以不可避免地会跨时间、地区进行人群比较，以阐述人类的某种基本特征。本书对"原始"的使用不仅限于史前，也包括文字使用后的处于偏离中原文明的原始部落，甚至中古、近古的一些材料都会被用来证明原始人的一些思维特征、行迹动向在人类生存群体中的某种变异延续。本书的目的并不在于对史前原始与史后原始做出明确的区分，也希望各位读者不要从这个角度去理解本书。加上中国岩画特殊性导致断代的困难性，也希望大家在尊重这个事实的基础上，暂时不要费尽心力去定言它的创作时间、创作群体，只要将之视为早期中国先民的遗存物就可以了。本书对岩画的断代只是如此，石头上凿刻痕迹年龄恐怕只能等待未来科学测年法的确定了。

　　解释了以上两个概念在本书的运用范围后，笔者需要陈述一下写作目的，以便各位读者能更轻松地进入阅读。本书的目的是想修正一种观点，这种观点认为原始人的生活习俗表现了显著的建立在生存论上的思维习惯与生存模式，以及在我们很多人看来为辅助这种生存论基础而出现的许多类似于现代"艺术"的行为。这种观点常否认原始的这些类似现代艺术的遗留为艺术，因为它们不具备审美内核，是纯功利性的、拙劣的产品。我们承认原始人的"艺术"观念与现代"艺术"观念并不相同，现代艺术，特别是古典艺术理论认为艺术的核心在于"无功利"的鉴赏判断，而原始艺术恰恰是具有某种功利目的的巫术艺术。关于艺术无功利的观点起源于英国美学家夏夫兹博里，后被康德发扬光大，成为古典美学的核心思想。中国近代思想界引进西方美学观时，恰好看重的也是美的"无功利"性。他们试图以艺术的这种特征达到对国人启蒙的目的，这正是美育的路径。艺术中现代人的观念中必须具有"无功利"性，其正与巫术目的相悖。这也是很多人认为原始艺术不是审美活动结果的原因。本书认为审美是人的天性特征，在历史的发展阶段中它会有或隐或显的表现。人对形式、色彩、构图的偏好，有一部分来自血液中。这种偏好在每个历史阶段会因为环境的变化产生选择性的不同，如汉朝人偏于黑色，唐以后的皇帝以黄色为尊，原始社会的人当然也有属于他们社会的历史偏好。岩画的创作深受当时信仰影响。但历史中人对某种形式的偏爱，并不能否认人天性中有一种对形式本身的感觉。这种感觉即使在原始时代也不是完全由巫术等功利行为控制的。原始人的信仰中有其审美生成，这种审美生成与现代人有差异，但在不时地偏离功利性的道路上又与现代人相通。以巫术、崇拜为代表的原始文化解读，将原始活动单一化，这与将现代性界定为"理性"一样犯了单一化理论偏执差错。

二 中国岩画的断代

既然我们这个方向属于实物研究，那么必须对岩画这个研究对象在时间上做个说明，以继续后面的论述。目前中国岩画断代较难，以后这个问题恐怕也一时难以彻底解决。中国岩画的断代难一是因为岩石上的凿刻痕迹没办法用碳十四测年法测年，二是因为中国绝大部分岩画的发现没有确定的与之相匹配的同时代出土物。

中国岩画是绘制在石壁上的，大部分常年裸露在外，漫山遍野地存在着，不像洞穴岩画属于封土遗存，可以找到配搭组合在一起的成套物品，然后用碳十四测年法测年物品以推断整个遗存的年代。岩画虽然数目众多，被西方人认为是石器时代数量最庞大的历史遗留艺术品，如阿纳蒂先生就认为"就史前艺术来说，岩画艺术占据了已知的史前艺术创作数量的99%，这是一种全球广布的现象"[①]，但对它的研究注定较为独立。在中国现在也没找到任何原始部落依然保存了岩画创作的习俗。青藏地区人们在岩壁上刻佛教经文的习惯与岩画图像相差较大，远不能就此解释中国岩画的创作与起源。与美国、澳大利亚这些依然据有原始部落的岩画创作群体相比，中国的岩画研究又更加

---

① [法] 埃马努埃尔·阿纳蒂：《艺术的起源》，刘建译，中国人民大学出版社2007年版，第32页。

孤独了。没有现代与之相印证的同类活动，中国岩画大部分要靠图像对比搜索端倪。

虽然困难，但在岩画界的努力下，遍布各地的中国岩画有了初步的断代结果，并卓有成效。2005年，汤惠生引进的微腐蚀年代观测法是目前国内仅有的岩刻测年的科技方式，不过这种方式也不是万能的。一是因为它还不如碳十四测年法那样得到学术界普遍的运用与认同，二是因为这种微腐蚀年代观测法，需要在岩画附近找一同样质材的且已知年限的石头，如年代记载清晰的石头雕像，才能根据石头的腐蚀程度作对比研究。这种方法条件限制严格，能运用的岩画点实在有限，所以目前只能够作为参考。不过根据微腐蚀断代法在中国岩画断代运用上已经初见成果。根据汤惠生、梅亚文的报告，江苏将军崖岩画基岩凹穴距今11000年左右，刻以凹穴岩画的石棚距今6000年；人面像岩画距今4500—4300年左右。① 将军崖最早的凹穴岩画年代可以追溯到旧石器时代，石棚与人面像都为新石器时代的作品。"人面像相当于青莲岗文化的晚期；石棚（假设其上的凹穴与石棚的搭建年代是一致的）相当于大汶口文化的晚期；基岩凹穴的年代最早，可能与桃花涧旧石器时代晚期的细小石器文化一样。"② 此岩画点中，一万一千年前的旧石器时代的基岩处的凹穴还不见排列的规律，而六千年前的石棚凹穴已经有两两相对的图案排列了。

南部的云南岩画也是早期先民的作品。一般认为云南岩画是云南地区少数民族的先民所作。③ 段世琳先生认为云南岩画代表沧源岩画是古代佤族先民创造的文化遗迹；④ 而邱钟伦先生认为沧源岩画是傣族先民"滇越""鸠僚"和"掸人"的作品。⑤

---

① 汤惠生、梅亚文：《将军崖史前岩画遗址的断代及相关问题的讨论》，《东南文化》2008年第2期。
② 汤惠生、梅亚文：《将军崖史前岩画遗址的断代及相关问题的讨论》，《东南文化》2008年第2期。
③ 汪宁生：《云南沧源崖画的发现与研究》，文物出版社1985年版，第125页。
④ 段世琳：《佤族历史文化探秘》，云南大学出版社2007年版，第3—36页。
⑤ 邱钟伦：《也谈沧源岩画的年代和族属》，《云南民族学院学报》1995年第1期。

20世纪80年代，广西壮族自治区民族研究所请北京大学考古系年代测定实验室对左江岩画进行了碳十四年代测定，发现送出的样品中，岩画压着的样品最近的年代为2370年。这是碳十四测出来的岩画的上限，相当于战国时期。压着画的样品，最早的年代距今2135年，这是岩画年代的下限。再联系其他相佐文物的时间，覃圣敏先生等人认为左江流域崖壁画是在战国早期至东汉这段时间绘制的。①② 2016年申请非物质文化遗产时，官方新闻说法为左江岩画是战国至东汉时期岭南左江流域当地壮族先民骆越人群体祭祀遗留下来的遗迹。这里在族群上采用的是覃圣敏等人的说法，"对于左江崖壁画的作画者，比较完整的表述应该是：瓯骆部族或者部落联盟中居住在左江流域的氏族及部落"③，而"西瓯与骆越本是同族异称"④。

　　战国至秦汉时期左江地区生产力还十分低下，"战国时代的金属器具在这一地区极其罕见，故估计当时的生产工具主要还是大石铲、石斧、石锛之类。大石铲的石料多为片状的页岩制成，质松脆而易损，因而使用效率是不高的。由此可以想见当时生产力水平还很原始低下。"⑤《庄子·山木》："南越有邑焉，名为建德之国。其民愚而朴，少私而寡欲，知作而不知藏，与而不求其报；不知义之所适，不知礼之所将；猖狂妄行，乃蹈乎大方；其生可乐，其死可葬。"⑥《史记·货殖列传》："楚越之地，地广人稀，饭稻羹鱼，或火耕而水耨，果隋蠃蛤，不待贾而足，地势饶食，无饥馑之患，以故呰窳偷生，无积聚

---

① 覃圣敏、覃彩銮、卢敏飞、喻如玉：《广西左江流域崖壁画考察与研究》，广西民族出版社1987年版，第137—138页。
② 林晓：《四十年来国内学者对左江流域崖壁画的研究概述》，《广西师院学报》2000年第3期。
③ 覃圣敏、覃彩銮、卢敏飞、喻如玉：《广西左江流域崖壁画考察与研究》，广西民族出版社1987年版，第150页。
④ 覃圣敏、覃彩銮、卢敏飞、喻如玉：《广西左江流域崖壁画考察与研究》，广西民族出版社1987年版，第150页。
⑤ 覃圣敏、覃彩銮、卢敏飞、喻如玉：《广西左江流域崖壁画考察与研究》，广西民族出版社1987年版，第171页。
⑥ （清）郭庆藩集释：《庄子集释》，《新编诸子集成》，中华书局2012年版，第670页。

而多贫。"① 可见南越之地的文化在当时与中原文明相差甚远。南越之地在秦汉时期还处于原始后期生产水平。我们依然可以用这些图像来说明早期人类的思维方式。

青藏岩画是中国西部岩画的主要代表。根据张亚莎的研究，"西藏岩画产生的时期，主要发生于距今 3000—1000 年之间，即考古学的铜石并用时期或藏史的小邦国时期与吐蕃王朝时期"②。与西藏岩画类似的青海岩画中有许多是史前作品。③ 但不仅如此，还有许多岩画是青铜器时期的作品。笔者于 2016 年暑假有幸得到玉树博物馆与中央民族大学岩画研究中心的照顾，随队考察了玉树通天河流域岩画。玉树通天河流域岩画题材广泛，既有牛、羊、鹿、鹰等具体形象，也有棋盘、凹穴、雍仲符等抽象形象，其中以牦牛、鹿最为常见。从目前青海境内的文物参证来看，青海玉树通天河流域的岩画应为青铜时代及其以后遗存。青海省境内的青铜文化遗存有齐家文化、辛店文化、卡约文化与诺木洪文化。其中辛店文化与卡约文化陶器上都出现了与岩画相类似的动物图案。

青海乐都县双二东坪出土的鹿纹彩陶瓮上有鹿纹形象（如图 0-1）。该瓮属于辛店文化，辛店文化属于青铜文化，因最早发现于甘肃临洮县辛店村而得名，主要分布于黄河上游及其支流，是我国西北地区青铜器时代主要文化之一，距今 3000 年左右。辛店文化彩陶制作精细，纹饰中有鹿、羊、狗、鸟的形象。这些类型在玉树通天流域岩画中都有发现。

此外，青海遍布较广的卡约文化与岩画图案颇为相似。卡约文化因为首先发现于湟中县云固川卡约村而命名，其陶器上常出现大角羊与鹿纹。如循化县阿哈特拉墓地出土地的大角羊纹彩陶罐上的形象与岩画中的大角羊形象十分相似（如图 0-2）。"卡约文化的陶器纹饰有

---

① （汉）司马迁：《史记》，韩兆琦译注，中华书局 2010 年版，第 7601—7602 页。
② 张亚莎：《西藏的岩画》，青海人民出版社 2006 年版，第 124 页。
③ 汤惠生、张文华：《青海岩画——史前艺术中二元对立思维及其观念的研究》，科学出版社 2001 年版，第 165—189 页。

中国岩画的原始信仰及其审美生成

图 0-1 鹿纹彩陶瓮（作者摄自青海博物馆）

图 0-2 大角羊纹彩陶罐（作者摄自青海博物馆）

绳纹划纹、戳印纹、附加堆纹、捏塑纹和彩陶等。……卡约文化的彩陶数量不多，以黑彩为主（偶见黑红双色或红色），有平行直线纹、平行斜线纹、三角折线纹、回形纹、忽字形纹、S形纹、涡旋纹等以

— 12 —

及蛙、羊、狗、鹿等像生纹饰。"① 卡约文化距今大约有3500年。

从辛店文化与卡约文化的动物图像来看,他们都有羊、鹿的形象,却忽视了岩画中更常见的牛的形象。牦牛一般生活在海拔3000米以上的地区。而卡约文化"最高处海拔3000—3500余米。如海晏的约洛石崖、湟源的大小方台、平安的洪水泉、同仁的阿吾乎等遗址都在海拔3000余米以上的高山上"②。由此可见,以大角羊、大角鹿为代表的图像与牦牛图案虽然大部分应该不属同地区,但它们还是有交叉的可能。在海拔的交叉中,却缺失了牦牛图像,不禁让人设想也有可能是因为时间的不同,导致了图像选择差异。牦牛是青海海拔3000米以上畜牧业的主要动物,那里气候更恶劣,经济发展要更困难些。已经进入了繁盛畜牧业的牦牛岩画的时代要更晚一些。通天河流域牦牛岩画的时代都应晚于卡约文化,甚至是辛店文化。当然辛店文化难以作比较,因为它的海拔更低。

青海玉树岩画的大角鹿形象与大角羊形象,与距今3000年的分布在青海的辛店文化和卡约文化上的陶器纹饰相类似。辛店文化主要承于齐家文化,是青铜器时代遗址。在乐都县双二东坪遗址中出土过一鹿纹彩陶瓮,陶瓮上鹿头微向前昂作嘶鸣状,脑后鹿角纹丝状扭缠在一起。青铜器时代的卡约文化陶器中也出现了大角羊的形象。所以青海玉树岩画中的狩猎岩画图像在距今3000年的青铜器时代已然有了。

通天河流域岩画的其他图形也可以大致判断他们时间的先后。从刻痕来看,通天河流域普卡贡玛两幅岩画的刻痕均匀细腻,应为较为坚硬的金属所刻,时代较晚。尕琼岩画的马的图像也是如此。从图像与宗教的关系看,藏区苯教盛行在距今2000年,所以青藏流域的雍仲岩画有可能是那时或以后的作品。从艺术特色来看,尕琼岩画中的鹰、

---

① 高东陆:《略论卡约文化》,《青海社会科学》1993年第1期。
② 高东陆:《略论卡约文化》,《青海社会科学》1993年第1期。

马或过于重视细节，或违背了最大轮廓化原则①，所以时代要靠后。还有与佛教文化相关的塔形图，时间就更晚了。

总的来说，玉树通天河流域岩画中的大量牦牛图像应该是距今3000年之内的作品。通天河域的岩画大部分代表的是青铜器时代的特色。青藏岩画包括了石器文化与青铜器文化时期的作品。

我国东南沿海地区包括珠海、福建、香港、澳门、台湾等地的岩画都为原始作品。福建华安高安岩刻被看作史前作品。②福建华安仙字潭岩画应是商周时期闽族或七闽的遗迹。③珠海宝镜湾岩画在4300—4500年前。④据秦维廉的研究，香港石刻"总括来说，虽然不能说，石刻完全不是新石器时代晚期的作品，但所得的证据，却强烈支持青铜时代的说法（约公元前一千二百至二百年）"⑤。澳门与台湾岩刻都在新石器时代晚期。⑥也有人认为澳门岩画是在新石器时代晚期至青铜时代之间。⑦

既然岩画产生的时间有先后之分，那么岩画能代表什么时代的作品呢？我们目前能知道的只是岩画属于早期先民创作物品。但到底有多早呢？发现于1994年的法国萧维（Chauvet）洞穴海底岩画测年为3万多年前。这大概是目前所发现的最早岩画了。法国南部的洞穴岩画一般都界定在1万多年前。最晚的呢，目前有些原始部落依然在创作它，比如澳大利亚中部的圣山。阿纳蒂记载道：

这是激起活力的时刻，同时也是维护神圣洞穴的时刻：岩画

---

① 最大轮廓化原则的解释请见第六章。
② 汤惠生：《凹穴岩画的分期与断代——中国史前艺术研究之一》，《考古与文物》2004年第6期。
③ 欧潭生、卢美松：《福建华安仙字潭岩画新考》，《考古》1994年第2期。
④ 李世源：《珠海宝镜湾岩画年代的界定》，《东南文化》2001年第11期。
⑤ 秦维廉：《香港古石刻——源起及意义》，中国宗教文化研究社1976年版，第38页。
⑥ 陈兆复主编：《中国岩画全集·图版说明》第4卷，辽宁美术出版社、人民美术出版社2007年版，第132、118、119页。
⑦ 黄静：《粤港澳岩画浅析》，《2000宁夏国际岩画研讨会文集》，宁夏人民出版社2001年版，第450页。

被画了上去，以前的旧画得到了修复。作画的是已经过成人仪式的成年人，部落里的其他人跟在后面，唱着单调忧郁的歌曲。这样做的目的是为了保证祖先的灵魂在成人仪式开始前到场，这种仪式要在岩画完成以后才能举行，目的是要把经过考验的年轻人介绍到成年人的行列里。①

也就是说这上下 3 万多年间，都有人在创作它，使用它。所以如果只是从时间推断他所属的年代也只能是大概的推论。

岩画断代不明确，如果纠缠于旧石器、新石器，新石器后等时间段，它的时间身份不具优势。将旧石器、新石器或者非旧石器、非新石器等定语论说中国岩画都过于单一，并且显得不妥当。特别是中国岩画断代大部分没有科学测年法支撑。中国岩画分布广阔，在岩画发现区域中，社会的发展有快慢之分。在文献资料中，岩画点在河南、湖北、江苏等地区的文明发展当然要远胜于云南、广西等地。所以当河南、江苏、湖北这些地方已然建立国家，创造文字，形成天地君臣父子的血缘宗族秩序，远离氏族部落群居生活方式时，可能其他岩画发现点依然是边缘化于中原文明的父系部落甚至是母系部落生活方式。

虽然如此，岩画由早期先民制作已是全世界岩画界的共识。即使它在现代原始部落出现，也属于发展力不高的早期社会群体所有。之所以形成这种共识有两点原因。其一，能以科学测年法测出来的岩画时间都较为早远。欧洲洞穴岩画有很多被测出来是旧石器时代晚期的作品。如上文所述，以微腐蚀测年法测出来的将军崖岩画的最早年代也在 11000 多年前。其二，在目前依然存在的岩画创作地都是原始部落文明。所以我们有理由认为岩画是早期先民的代表作品。

总的来说大部分岩画都可以归为原始创作，或类似于原始创作的作品。如果需要更严谨的论证，就目前的岩画断代研究来看，以下地

---

① [法] 埃马努埃尔·阿纳蒂：《艺术的起源》，刘建译，中国人民大学出版社 2007 年版，第 107 页。

点的岩画可以看作中国岩画中原始艺术研究的载体：新疆早期岩画及该地区相似风格的岩画①、内蒙古早期及该地区相似风格岩画②、宁夏早期岩画③、西藏早期岩画及该地区相似风格的岩画④、青海早期岩画及该地区相似风格的岩画⑤、江苏连云港⑥、广西左江及附近相似风格岩画⑦、云南沧源及附近相似风格岩画⑧、东南沿海地区等相似风格岩画。河南的抽象岩刻、湖北的手印岩画、东北的森林岩画、金沙江流域岩画虽然还没有经学术界较为确定的断代，但从形式的类似来看都可归为原始遗留。

三　图像的起源

就此我们可以确定岩画是早期人类的活动。中国岩画属于世界岩画中的一部分，同样能为人类早期活动的考证提供实物证据。暂时不

---

① 新疆岩画包括了大量的原始时代作品。苏北海、孙晓艳：《新疆母系氏族社会时期的洞窟彩绘岩画》，《岩画》(1)，中央民族大学出版社1995年版，第73—80页；王炳华：《新疆呼图壁生殖崇拜岩画》，燕山出版社1991年版，第38页。

② 内蒙古岩画有许多是原始作品。(参见盖山林、盖志浩《内蒙古岩画的文化解读》，北京图书馆出版社2002年版，第396—439页；盖山林《阴山岩画》，文物出版社1986年版，第343—347页。)

③ 宁夏岩画大部分是原始作品。(参见龚田夫、张亚莎、乔华《宁岩画的出现、发展及特夏点》，《中央民族大学学报》2005年第2期)

④ 根据张亚莎的研究，"西藏岩画产生的时期，主要发生于距今3000—1000年之间，即考古学的铜石并用时期或藏史的小邦国时期与吐蕃王朝时期"。(张亚莎：《西藏的岩画》，青海人民出版社2006年版，第124页。)

⑤ 青海岩画中有许多是史前作品。汤惠生、张文华：《青海岩画——史前艺术中二元对立思维及其观念的研究》，科学出版社2001年版，第165—189页。

⑥ 根据汤惠生、梅亚文的研究，江苏将军崖岩画基岩凹穴距今年11000年前左右；刻以凹穴岩画的石棚距今6000年前；人面像岩画距今4500—4300年左右。(汤惠生、梅亚文：《将军崖史前岩画遗址的断代及相关问题的讨论》，《东南文化》2008年第2期)

⑦ 根据林晓的综合考察，国内对左江流域崖壁画的时代与族属问题众说纷纭，但可基本定在上至战国，下至东汉时期，其作者有苗瑶先民，唐朝西原蛮与壮族先民的不同说法。(林晓：《四十年来国内学者对左江流域崖壁画的研究概述》，《广西师院学报》2000年第3期)

⑧ 一般认为云南岩画是云南地区少数民族的先民所作。(汪宁生：《云南沧源崖画的发现与研究》，文物出版社1985年版，第125页；邱钟伦：《也谈沧源岩画的年代和族属》，《云南民族学院学报》1995年第1期；段世琳：《佤族历史文化探秘》，云南大学出版社2007年版，第3—36页。)

考虑艺术的本质的问题，即以什么"艺术"内涵来界定"艺术品"的问题，在"艺术品"的相似中，可以说岩画是绘画的起源。许多人认为岩画的创作目的也许与古典艺术、现代艺术不一样，因此反对将岩画当作艺术看待。然而岩画的形式与我们现在说的"艺术品"形式很是近似。岩画介于雕塑与绘画之间。岩刻与浅浮雕有相似之处，但涂绘类岩画却与雕刻没有关系，岩画从形式上来看与绘画最为接近，所以本书更多地从绘画中的图像形式来思考岩画的问题。

不考虑主体创作者与接受者与后来艺术的心理差异，中国岩画至少能在作品的形式上代表绘画这种艺术作品的早期形式表现，甚至某些时候还能代表文字。对艺术的考察具有多种思考，一是参寻作者脉络，发掘作者在当时社会背景下受风俗习惯和作者个性特色影响而形成的艺术创作的走向。二是参寻作品脉络，发掘作品在各个历史时期的变迁。以作品为脉络的，都是将作品看作自足的完整有机体，作者之间的极度差异并不会分解作品这个完整的有机体。按新批评思想先驱艾略特的《传统与个人的才能》中所述，艺术作品是一个完整的有机体。所以作者的缺失并不影响艺术的整体研究。无论是结构主义研究集中于作品结构规律的探索，还是后结构主义理论家作者之死的主张都能在忽略作者的基础上于艺术研究中取得独特贡献。中国岩画的美学研究或艺术研究在作者身份材料暂时不足的情况下至少可以进行形式分析，何况中国岩画只是个体作者缺席，群体创作者却可从不同方面窥一斑而知全豹。

因此从艺术作品构成中说，可以从将岩画这种形式看作绘画的早期部分，以岩画图像来分析绘画的起源问题。关于中国绘画的起源，文献中有三种传说。第一种是始于庖牺。"古者包牺氏之王天下也，仰则观象于天，俯则观法于地。观鸟兽之文与地之宜；近取诸身，远取诸物。于是始作八卦，以通神明之德，以类万物之情。"（《周易·系传》）[①] 八卦是天地自然的拟象，取自于大自然的万事万物。人们

---

① （清）阮元校刻：《十三经注疏·周易正义》，中华书局2009年影印本，第179页。

在日常生活中，观察提炼身边的物象，遂成卦象。八卦中爻象具有象形特征，如"坎"卦为水，"坎"卦的爻形也象水形：☵。与自然物象相比，卦象较为抽象，已经是在具体物象基础上的概括加工。这个起源中，图像更偏重于认识论。人们将自然物象抽象化，取自然物象的规律作为图画。绘画是自然物象较为抽象的表达。这种"近取诸身，远取诸物"的绘画起源观与西方模仿论相似，都认为图像起源于对物象的模仿。不同的是，《周易》中的模仿观是经历了抽象后的模仿，中国岩画的抽象式几何符号符合这种说法。但岩画中的几何符号还未成系统，所以卦象发生的时间应该晚于图像发生的时间。

第二种是始于史皇。《吕氏春秋·审分览·勿躬》："史皇作图，巫彭作医，巫咸作筮。"[①] 与卦象相比，史皇所作的"图画物象"更接近物象原形。且《吕氏春秋》将史皇与巫彭、巫咸并称，认同了史皇的绘画与巫术的紧密联系。史皇作的图像主要用于巫术活动中。将早期图像与巫术相联系与岩画图像表现出来的情况是一致的。

第三种是说史皇、庖牺、仓颉共同肇始。《历代名画记》述："古先圣王，受命应箓，则有龟字效灵，龙图呈宝。自巢燧以来，皆有此瑞。迹映乎瑶牒，事传乎金册。庖牺氏发于荥河中，典籍图画萌矣；轩辕氏得于温洛中，史皇苍颉状焉。奎有芒角，下主辞章；颉有四目，仰观垂象。因俪鸟龟之迹，遂定书字之形。造化不能藏其秘，故天雨粟；灵怪不能遁其形，故鬼夜哭。是时也，书画同体而未分，象制肇创而犹略。无以传其意，故有书；无以见其形，故有画。天地圣人之意也！"[②] 仓颉造字时文字与绘画并未分离，这也形象地说明了中国文字的绘画起源。中国文字起源是象形文字，许多文字的图像直接来于岩画。如下表所示。

---

① 许维遹：《吕氏春秋集释》，《新编诸子集成》，中华书局2009年标点本，第450页。
② （唐）张彦远：《历代名画记》，人民美术出版社1963年点校本，第1—2页。
③ 甲骨文图像引自徐中舒主编《甲骨文字典》，四川辞书出版社2006年版。

表 0-1　　　　　　　　部分岩画图像与文字对照

岩画	甲骨文①
牛：	牛：
雄性鹿：	牡：
脚印：	步：
羊形或鸮形人面像：	羊：
云南沧源人物图像：	美：
虎：	虎：
射手：	射：
云南沧源人物图像：	舞：
太阳：	日：
马：	马：
鹿：	鹿：
广西花山人物图：	大：
广西左江宁明人物图：	立：
车图：	车：

从表中可看出，这些岩画与文字十分接近。有些岩画图像完全可以看成文字的起源。

庖牺的绘画起源说主要指抽象符号，而史皇的绘画起源说更多偏向写实绘画，仓颉造字的书画同体说指的是中国文字中的象形现象。

　　岩画终究不是文字，而是图像。岩画中同时具有写实与抽象两种符号，如写实的动物图像与抽象的杯状穴图像。在史皇的传说中记载了早期图画与巫术的关系，这与岩画的目前研究十分吻合，符合岩画创作的共性。庖牺的传说与占卜相关，是我国《易经》的来源。《易》用来预知祸福，已不仅是简单的交感巫术了。从岩画来看，史皇的传说所指的事实应早于庖牺的传说指称的事实。所以，笔者认为史皇传说与中国岩画的发生更为贴近。中国岩画主要是呈现出巫术目的的模仿性绘画。因为具有以交感巫术为主的原始信仰目的，所以岩画具有很强的功利性，又因为很多作品是模仿性绘画，岩画中又呈现了形式技巧，这也使中国岩画的意蕴同时具有这两方面的表现。这里的"意蕴"主要指依据于岩画图像生成的原因，而对岩画图像产生的多重解读，这些解读综合起来形成了岩画图像的意义与韵味。

第一章 中国岩画意蕴研究的两极走向

人类学兴起的20世纪,原始艺术的解读越来越倚重于田野调查。在这个过程中,巫术行为越发显示出它在原始社会中不容置喙的重要地位。在强大的功利证据面前,揭示情感表现的艺术解读与审美分析愧于实证上的先天不足,只能表现为风格分析,而脱离了审美生成研究。因此,当前中国岩画意蕴研究具有两极走向,一是倚重于信仰研究,二是集中于风格的研究。这两种研究各不相干,各说各话,形成了差异,却未形成张力。

第一节 艺术解读中的争执

19世纪中叶,法国考古学家挖掘出了大量的欧洲史前艺术作品,史前艺术实物真正进入学术界的视野。法国石器时代考古专家爱德华·拉尔泰(Edouard Lartet)法国洞穴中发现了史前遗存的许多艺术品,并得到了许多人的关注。在爱德华·拉尔泰之后,史前艺术逐渐进入学术者的视野,产生了关于它们的各类研究。

20世纪,主要因为人类学的贡献,原始社会研究中的巫术论迅速崛起,并占据了最为重要的地位。巫术论的发现为研究原始社会做出了重大贡献。巫术阐释以生存、繁衍两大功利性目的为基础。在纯功利性的目的论中，巫术论将原始人的行为方式区别与现代人的行为方式。现代人以科学性的理性推论支配行为以达到社会目的，原始人以巫术理性支配行为。当然对现代人的这种说法是大概的，较为理想化的，无数艺术作品与理论著作都证明了现代人行为方式的非理性表现。所以巫术论仅仅是在理性推论范围中将原始人与现代人相区分。现代人的理性是科学的，而原始人的理性是巫术的。理性的特征是推理、逻辑，讲秩序。巫术思维根据相似律、接触律的交感性推理出事件的结果与起因，与意志、情感的思维方式十分不同，而更接近于科学的理性行为，但他们的推论原则十分不同。就科学推理来说，所有的科学结论都要建立在实验的还原上。但巫术的结论并不是建立在实验结果上，而是建立在接触与相似的两大原则上。巫术所带来的结果并不要求现实还原，因为巫术这种理性活动不能严苛界定所有的活动条件。巫术的两大原则是影响原始人活动的主要思维方式。即使目前没有任何文字证据能明晰原始人已经从理论上抽象出这两大原则，并将之记录在文献上，但大量人类学的考察证据已经充分证实了这一点。在新的证据与理论出现之前，目前我们对这个结论深信不疑，这也将成为我们立论的基点之一。

我们对原始人巫术活动的结论引用基本依靠弗雷泽（James George Frazer）在《金枝——对法术与宗教的研究》中的成果，一百年来不仅未能有人撼动，还被广泛运用于人类学各个领域。该研究影响广泛，以至巫术观在原始文化领域独占鳌头，以巫术论来分析原始文化形成了人类学的共识，并在此基础上发展了萨满论等其他的巫术论的近亲者。

对《金枝》的成果在艺术界迅速做出反应，并产生重要影响的首先是法国的S.雷纳克（Salomon Reinach，又译为赖那克），他于1907年成书《阿波罗艺术史》，指出原始人描绘动物是为了"以魔术的交感性引诱它们"[1]。S.雷纳克最初明确主张原始绘画中大量出现的动物形象是巫术行为。从此巫术论在原始艺术领域一发不可收拾，一直到

---

[1] ［法］赖那克：《阿波罗艺术史》，李朴园译，商务印书馆1937年版，第10页。

现在，对原始文化的解读已经离不开巫术论范围。

中国岩画领域也是如此，学者们习惯于用丰产巫术、狩猎巫术、生殖巫术来解释岩画起源，有时候大家用的是生殖崇拜这个词语。户晓辉的《岩画与生殖巫术》很明确地表达了巫术论的观点，他认为："人类自身的繁殖才是原始社会发展的决定性因素，生殖母题在远古巫术仪式、艺术、神话和宗教中有着举足轻重的作用。"① 在书中，户晓辉将岩画中弓箭图像、太阳神图像都释读为生殖意义。笔者也以为中国岩画中的许多弓箭图像都与生殖意义相关，只是户晓辉先生的解释可能过于重生殖意义，而忽视了弓箭图的其他意义。在岩画图像阐释的学术论文中充斥着对类似于户晓辉先生的对岩画的巫术解读，主要包括丰产巫术、狩猎巫术、生殖巫术。除巫术外人们还讨论岩画中的崇拜现象，如陈兆复先生在《古代岩画》中将岩画作者的原始宗教论述为三种崇拜：自然崇拜、图腾崇拜与祖先崇拜。②

以巫术论为代表的信仰解释无可置疑。除此之外，学术界依然有一些对岩画的艺术解读著作。如《中国岩画艺术》（班澜、冯军胜著，内蒙古人民出版社 2008 年版），《中国岩画发现史》（陈兆复著，上海人民出版社 2009 年版），《阴山岩画文化艺术论》（班澜、冯军胜著，内蒙古人民远方出版社 2000 年版），《中国岩画艺术图式》（宁克平著，湖南美术出版社 1990 年版），《中国岩画的审美之维》（朱媛著，上海人民出版社 2013 年版）是此类代表。

1990 年版的《中国岩画艺术图式》是最早研究中国岩画艺术特征的专著。该书将岩画风格分为写实、象征、图案装饰化三类，认为原始岩画艺术属于低层社会创作，具有一定的形式感。这本书因为太过简略，书中主要观点论述不够细致。

2000 年，班澜和冯军胜著《阴山岩画文化艺术论》对内蒙古阴山这一区域岩画的艺术风格作了论述。文中认为原始人的思维方式主要

---

① 户晓辉：《岩画与生殖巫术》，新疆美术摄影出版社 1993 年版，第 74 页。
② 陈兆复：《古代岩画》，文物出版社 2002 年版，第 165—198 页。

是表象思维，承认原始人具有极强的联想和幻想能力。阴山岩画反映了原始人狩猎与采集两种生活方式。岩画创作应是遵循快乐原则的游戏。阴山岩画受北方文化影响总体形式倾向于阳刚之美。阴山岩画的线条、意象、造型都风格质朴而多样。与西方岩画的写实性相比，阴山岩画是写意的。此部书对阴山岩画的艺术特征做了细致的评述，许多观点都符合岩画事实，如认为阴山岩画是真率素朴，又充满各式变化都符合阴山岩画的基本情况。

2008年两人再次合著的《中国岩画艺术》中延续了上一本书的一些观点。作者从造型、线条、象征等方面分析了中国岩画的多样化。"此书还分析了中国南北岩画审美特征的差异，认为北方岩画多大规模群猎和放牧的画面，也可以看到牧民迁徙的场景，南方岩画看不到大规模的猎、牧图像，而是以农耕的生产、生活画面为主；北方岩画采用凿刻手法，是恢宏、刚健的，南方岩画采用涂绘手法，是诡谲、阴柔的；北方以写意为主，南方以象征为主；北方岩画表现的是生命的冲动，充满暴力与挣扎，造型多以夸张手法张扬主体感受，南方岩画表现的是世界的神秘，充满智性的直觉，造型多取隐喻的手法，含蓄而冷静。"[①] 北方以群猎、放牧为主，南方以农耕、生活为主，这大致没有错，但说南方诡谲、神秘、含蓄而北方暴力，恐怕还需要更充分的论证。在信仰方面，《中国岩画艺术》认为岩画表现了古代狩猎到牧畜到生产私有化的变革，表现人从依附于天地神灵的自然权威观，到发展为巫、王权威观，形成天地人并称的世界观的变革。这种信仰观的发展也可以进一步商榷。这本书还认为中国岩画造型是从写实发展为抽象、装饰的。这个观点也可以讨论。

2013年笔者的《中国岩画的审美之维》从构形要素、成象特征、题材意蕴、民族特色几个方面论述了岩画的形式特征，并试图在信仰范围外证明这些形式特征的独立性。该书取得了一些成果，但重点在形式分析，未能兼顾信仰，论述信仰与审美之间相斥相吸的关系。

---

① 朱媛：《中国岩画的审美之维》，上海人民出版社2013年版，第8页。

此外，有些论文也对岩画的艺术表现做出了精彩的论述。如李彦锋著《岩画图像叙事的"顷间"性》认为岩画中的图像叙事是一般性的"顷间"而不是莱辛与布列松所说的高潮前的，具有艺术张力的"倾间"。① 此论点对岩画的叙事特征研究颇具启迪意义。大部分论文是从艺术风格如写实、写意、刚健等方面进行论述。讲到表现手法也多涉及象征、拟象、抽象、夸张等特点。

围绕着中国岩画的研究主要出现了两种解释——艺术与巫术，当然岩画解释并不止这两种。但我们的目的是讲信仰与审美生成，所以选了最令人信服的巫术论、崇拜论与我们的论述重心"审美"论，而对于季节符号论之类的解释就暂不考虑。信仰与审美两种解释并不相融，以巫术论、崇拜论为中心的信仰观以功利目的为基础，建立在近似理性的因果基础上，而审美以游戏、情感表达、无目的形式偏好为目的，建立在非理性的基础上。

当然，在宗教艺术中，功利性与艺术性已经结合在一起了，他们结合的方式许多方面与原始艺术相通。许多原始艺术使用的办法同样用在宗教艺术上，但二者有不同。简单地说，宗教艺术的巫术性质没有原始艺术这么明显，原始艺术在表现他们功利的时候直接明确，而宗教艺术却用了大量较为隐晦的象征手法。宗教艺术以艺术的方式表现宗教意义，岩画中艺术韵味要淡薄得多。岩画中的艺术表现看起来似乎还处于不自觉的状态。与宗教艺术相比，岩画中巫术与艺术的分裂更明显，岩画研究也处于二者的分裂状态。

在原始艺术研究中，在信仰与审美的徘徊中，审美被逐渐排斥在外。本来二者是不必发生争论的，但学术界总是将之作为二元对立的两方。回顾历史，一百年前的研究结构与现在相似，学术立场却正好相反。欧洲洞穴岩画于19世纪末被发现，20世纪初得到了学术界的身份认可。岩画刚出世时，人们对原始信仰还不太了解，于是出现了反宗教的争执，"19世纪末提出了史前艺术的宗教性问题；特别是由

---

① 李彦锋：《岩画图像叙事的"顷间"性》，《民族艺术》2009年第2期。

于当时单从意识形态方面去论证，遂产生意见分歧，一派认为史前人没有宗教，只是'为艺术而艺术'；另一派认为旧石器时代的人一如现在的原始人，搞的是'巫术艺术'"。① 19世纪末"为艺术而艺术"的观点还较为盛行，但因为自身过于单纯，所以后来被"巫术艺术"论所替代表明了学术界的进步。只不过，这种进步将人类对形式与题材的情感依赖忽视不见，有些"过犹不及"。

现在的情况与19世纪末正好相反，但延续了20世纪的研究成果。岩画的艺术研究大多不能说明什么问题。人们停留在写实、抽象、写意等论点的反复探讨中，不仅未能进入思维领域，而且对形式研究也不具系统，未能深入。在岩画界，艺术研究多被排斥。艺术大多时候都处于社会的边缘领域，在一个社会阐释中处于下风属于正常情况，但当前许多学者的思维习惯将审美基本剔除在外就有些奇怪了。这是一个一开口就要受到人类学界、艺术学界（研究原始艺术的艺术学界总是宣称他们做的是人类学研究，重心也放在功利性研究上）质疑的领域，而且受到的质疑并不是小心谨慎的学术探索，而往往是已经具有先入观念的直接排除法。仿佛将原始研究与审美联系起来就是以现代人的身份，"六经注我"地乱说一通。这种形式受国际上人类学研究影响。因为是原始艺术研究，所以岩画研究者大都是考古学与人类学者。考古学者们集中于材料的客观性质，如时间、数量、地点等问题的分析。考古学者们因为专业的原因只对客观的数据感兴趣，而人类学视野的研究早已淡化了"审美"的身影，所以不要说岩画，整个原始社会的研究都被研究热门的权利话语抵制出研究学界，包括艺术人类学界。艺术人类学研究重心的"艺术"不再是以审美界定艺术，这使人很奇怪，既然他们不认为艺术包含审美，他们到底是凭借什么认为自己研究的是"艺术"？难道这个学科只能是"艺术"人类学，这其中的"艺术"只是现代艺术的影子，在他们的领域被抽走了灵魂，行尸走肉般迎合考

---

① [法]安德列·勒鲁瓦-古昂：《史前宗教》，俞灏敏译，上海文艺出版社1990年版，第83—84页。

学、人类学的研究趣味？如果这样的话，那么艺术人类学的研究叫"类似于现代艺术的物品的人类学"恐怕更加合适。

所以在中国原始艺术研究中，审美活动在原始时代是被淡化的话题。但说审美活动不存在于原始社会，那要如何解释学者们所做出的艺术形式分析呢？人们多将之解释为初级的绘法，原始人这样画是因为只能这样画！他们是没有艺术选择的，所以没有自主的艺术创造力，一种完全被动的囿于技巧、思维的形式选择，当然不具备审美的自由价值。事实是不是这样呢？通过我们的分析，可以发现原始人的艺术选择范围虽不如现代人，但还是可以选择的。所以并不能武断地判定它不存在。但即使有了选择还需要分辨这种选择是依据人们本身对形式的偏好，还是依据信仰的目的。

从信仰方面是否完全可以解释一些形式选择呢？户晓辉先生说道："如果说原始人还在图象制作中保持着对物品形状的关注，那是因为他们相信：物品的形状不但赋予它们以'力'，而且还限制着这些'力'的性质和大小，一旦这形状改变了哪怕是最小的细部，这些属性就不为人所控制了，原始社会中的图象仿制和图象继承，其根本原因即在此。"[①] 依据户晓辉先生的意见，原始人的形式选择是为了更好地获得神秘的力量，这些图像应遵循信仰目的。但在我们的研究中又发现，即使是遵循信仰的选择也具有地域差异。信仰论可以很好地说明这些选择的目的，却没有办法阐释一些差异。如同样是原始信仰，许多部落崇拜鸟及植物，但岩画中却少有鸟类与单一的植物形象。岩画创作群绘制动物图像时一样也呈现了地域差异。这些变化都说明原始人艺术行为不是按单一功利思维行事的。此外，在我们的研究中还发现，原始人经常会背离功利目的，而为形式本身所牵引，做出匪夷所思的事情。所有这些都使我们思考，原始图像除了功利性目的，还含有人类对形式的某种偏爱，这种偏爱或许是因为原始人的某些情感。这些情感不仅是功利性的出于对丰产与繁衍目的的激情，还包括人们

---

① 户晓辉：《岩画与生殖巫术》，新疆美术摄影出版社1993年版，第121页。

对事件走势的故事叙述；一厢情愿的某种偏向；个体与集体关系的思考等情感。

即使是信仰活动本身，也隐藏着一些类似于崇高的精神。在岩画、青铜器上及原始社会的人类学考察中都可以发现原始人的一些类似于崇高的行为。这种类似于崇高的精神与巫术的功利性目的相互支撑，才形成了原始人信仰的整体活动。

第二节　原始社会的多意解读

讨论原始人是否具有审美活动的论证并不囿于对艺术品专项研究，作为原始社会遗留物的研究始终要与特定社会人类属性所联系，以使我们在历史比较中，在以史为鉴中讨论出更适合人类的生存方式。在对原始人的功利追求与情感诉求的综合中，可以见到早期人类的思维特征。即使在生产条件那么低劣的情况下，人类所做的也不全是吃喝住行的功利行为。非功利性的情感驱动人类的活动，这在早期社会就已经呈现。

古典哲学时期人们对原始人的评价并不高。中国历来称一切未受儒家教化的民族为蛮夷，其中当然包括原始人。西方也是如此。18世纪时人们将原始信仰的人看作是未开化的，"德·布罗斯和贝吉埃意见一致的地方是，异教的特点是幼稚，不论'未开化的人'是否还需要其他什么东西，他们确实需要成长"[①]。18世纪初，笛福的《鲁滨逊漂流记》中可以看到鲁滨逊与星期五的差异正是那个时候人们眼中文明人与未开化人之间的隔阂。休谟也说："心灵是由低级向高级逐渐上升的：它通过对不完善之物进行抽象，从而形成一种关于完善的观念；同时，通过慢慢在其自身框架的粗俗部分中区分出更高贵的部分，

---

① ［英］埃里克·J. 夏普：《比较宗教学史》，上海人民出版社1988年版，第24页。

它学会了只把更加崇高和高尚的后者移置到神身上。"① 进化论形成的19世纪，人们运用进化论的方法论述社会的运行历程，认为社会是从低级到高级，从无序到有序的运行过程。如社会达尔文主义之称的赫伯特·斯宾塞（Herbert Spencer）《第一项原则》以不断前进的演变为社会运行脉络。从斯宾塞后，进化论成为社会学的一种潮流，出现了以巴隆·邦逊（Christian Karl Josias Bunsen）为代表的人类道德进化史观、以马克思为代表的人类生产力进化史观等进化论社会学者。即使是以原始社会为研究中心的人类学界也以此为圭臬。如泰勒《原始文化》："甚至在把蒙昧部落同文明民族进行比较的时候，我们也清楚地看到，文化落后社会的生活怎样一步一步地上升到比较进步民族的生活，而各种不同民族在发展过程中即使有所不同，其区别也难以看出，有时甚至完全一样。"② 他将遗留的原始社会与人类的早期社会归为一类，将之同属于初级文化领域："我这时所大胆支持的论点，简言之，现在所研究的蒙昧在很大程度上是跟人类的早期状态相符合的，高级文化就是从人类的初级文化逐渐发展或传播起来的。同时，归根到底是，一般进化比退化远远占优势。"③ 进化论与泰勒对原始文化的同情相悖，导致他在对原始文化的价值判定上表现得有些模糊。

西方对原始人的正名与反思要早于中国。在理性高歌的古典时代，人们对以理性奠基的现世充满自信。这种从柏拉图开始，经中世纪神学论证巩固后，再由笛卡尔所奠基，由黑格尔所总结的现实理性自信在古典盛行的18世纪已经遭到质疑。启蒙运动中的卢梭非但没有歌颂理性精神，反而对科学与艺术带来的文明忧心忡忡，而眷恋早期社会。他在1750年的《论科学与艺术的复兴是否有助于使风俗日趋纯朴》一文中说道："当生活中的享受愈来愈多，艺术一天比一天完美，奢

---

① ［英］大卫·休谟：《宗教的自然史》，徐晓宏译，上海人民出版社2003年版，第5页。
② ［英］爱德华·泰勒：《原始文化》，连树声译，广西师范大学出版社2005年版，第5页。
③ ［英］爱德华·泰勒：《原始文化》，连树声译，广西师范大学出版社2005年版，第23页。

侈之风到处蔓延的时候，人的勇敢精神便消磨了，军中的士气便瓦解了。这一切，都是人们在阴暗的实验室搞科学和艺术所产生的结果。[……]所有这些事例告诉我们，无论在军事上和其他类似的事情上，科学研究只会削弱人的勇气而不会鼓舞人的勇气的。"①卢梭的论证中充满了对前文明时代人类的想象，这些想象是否成立还需要进一步的论证。在卢梭看来，受文化、礼仪束缚与熏陶的文明人没有个性，只有被温情面纱所覆盖的虚情假意的共性，"今天，人们的衣着愈来愈考究，说话愈来愈文雅，以致使取悦的艺术有了一套一定之规。在我们的风尚中流行着一种邪恶而虚伪的一致性，好像人人都是从同一个模子中铸造出来的；处处都要讲究礼貌，举止要循规蹈矩，做事要合乎习惯，而不能按自己的天性行事，谁也不敢表现真实的自己。"②似乎前科学的人类在各种活动中充分展示了他们的个性。事实上，我们都知道没有道德约束的原始人要享受欲望的时候可能比现代人更百无禁忌。具有原始情结的思想家们对原始人的赞叹大都带着他们因为厌恶文明人的虚伪而产生的情感偏向。与文明人相比，原始人的可爱之处最大地体现在他们率真任性，不假掩饰。原始人在各种社会的遗存反复述说着人类最基本的渴望——生存与繁衍。生命最基本的冲动昭示了人类蓬勃顽强的生命力。

在19世纪与20世纪期间，人们已经普遍认识到生命的基本精神不仅是高扬的理性，还有直觉、意志、冲动、情感等。幼稚，未经充分理性教化的这些特质使"原始人"在厌弃现代文明的原始主义学者眼中是更好的人生选择。这时候人们对原始人的看重已不再是把他们当作文明社会的开端。人们承认原始人也有理性，虽然没有现代人成熟。原始人的生活方式是与现代人相反的另一种方式，原始文化具有补充现代文化不足的参照意义。这样的思考同样进入了艺术家的视野。小说家们写出了《月亮与六便士》《查特莱夫人的情人》《飞越疯人

---

① [法]卢梭：《卢梭全集》第四卷，李平沤译，商务印书馆2012年版，第402—403页。
② [法]卢梭：《卢梭全集》第四卷，李平沤译，商务印书馆2012年版，第384页。

院》这样的作品。绘画界中出现了高更、毕加索等从原始文明中汲取营养的艺术家。在原始主义者看来，原始文明高于现代文明。方克强先生论述原始主义含义时说道："原始主义是一种尚古的文化现象和思潮，以怀疑文明现状，要求返璞归真为其特征，以原始、自然状态作为价值评判的准绳和理想。"① 20世纪的原始主义者们可能存在对原始文化的拔高。为了对抗现代文明的不足，表现他们对现代文明的不满，他们幻想似地给予了原始文化诸如野性、生命力等誉词。与此同时，原始文化的一些特质不再作为卑下之物被社会排斥，反而变得令人憧憬了。

现代人类学的成果对原始人形象又进行了重新塑造。与哲学家相比，人类学家对原始人的肯定更贴近实际。1871年泰勒在《原始文化》中虽然承认万物有灵论是自然宗教的产物，是低级文化形式的特征，但呼吁人们重视对原始文化的考察，因为其中包含了系统性的理性："某些热心于研究原始人一般宗教基础的人，越来越多地认为它们只是有趣，而认识它们对于其余的人类并无益处。然而实际上，这些宗教和仪式远非各种荒谬笑料的无意义的混合，相反，它们本身是有系统的和极其合理的，即使是大体上的分类，也表现出了它们形成和发展的原则，而且这些原则证明了它们本质上的有理性，但是却作用在长期高度无知的精神条件之下。"② 泰勒并没有将原始人与现代人完全断裂开来，承认了他们具有理性。

人类学家们还认为原始人已经具有了荣誉感。以英国人类学家布罗尼斯拉夫·马林诺夫斯基（Bronislaw Kaspar Malinowski）为代表的反唯经济论人类学已经试图更加全面地解释生产水平低下的原始人生活。马林诺夫斯基在《西太平洋上的航海者》中考察了新几内亚特罗布里恩群岛上土著居民的"库拉"活动。"库拉"是一种岛上的交换活动，但这种交换是脱离了实用价值的交换，它既不以实用为目的，

---

① 方克强：《原始主义与文学批评》，《学术月刊》2009年第2期。
② ［英］爱德华·泰勒：《原始文化》，连树声译，广西师范大学出版社2005年版，第16页。

也不以增值为目标。"库拉"更像是一种礼仪活动。臂镯与项链是库拉的两种主要交换品,这两个东西从来不会派上任何实际用场,人们只是因为拥有它而感到满足。但这种拥有与我们的占有又不同,因为参加了库拉的人,从来不会把任何物品保留一到两年的时间,要不然他就要被人指责小气。马林诺夫斯基评到:"虽然这个东西从来不会派上任何实际用场,但拥有者还是会获得一种特殊的乐趣,这种乐趣仅仅源自如下一种纯粹的事实,即他拥有这件物品,他有资格拥有这件物品。"① 如果你以为他们拥有这件物品的自豪感完全来自于他拥有的多,那又有偏差,"他们拥有是为了给出——在这一方面土著人与我们显然不同。一个人拥有一件东西之后,自然就会被期望把那件东西拿出来大家一起分享、分布,把拥有者当作信托人与保管者。"② 库拉交换的东西无用,虽然贵重,但又不能在自己手里长期保存,土著人拥有它的最终目的是为了在交换中显示自己的慷慨。很显然,显示自己慷慨在很大的程度上是背离吃喝住行的经济目的的。

以往人们的思考与考察成果让我们知道,原始人行为活动不是单一性活动,它也包含着各种冲动。我们需要在岩画中进一步论证原始人思维的繁杂性,以为原始社会的研究提供材料佐证。

第三节 三种原始崇拜形式

岩画处于巫术与万物崇拜共存期。这里既有以太阳为代表的人们对日月星辰的自然崇拜,也有以人面像为代表的近似于图腾的崇拜,还有各种写实的狩猎巫术图画。从万物有灵论来看,自然崇拜与巫术行为并不矛盾。这时候人们虽然崇拜神,但也承认人自身巫术能力的

---

① [英]布罗尼斯拉夫·马林诺夫斯基:《西太平洋上的航海者》,张云江译,中国社会科学出版社 2009 年版,第 55 页。
② [英]布罗尼斯拉夫·马林诺夫斯基:《西太平洋上的航海者》,张云江译,中国社会科学出版社 2009 年版,第 57 页。

重要性。神的崇拜还没有完全摒弃人的力量。而人作为万物之一，具有与其他物一样重要的灵性也是完全可以理解的。因此本书将分符咒、牲祭（下文又常称为牺牲）、偶像崇拜[①]三方面来论述岩画的原始信仰及审美生成。这样做是因为岩画在表意的符咒、牲祭、偶像崇拜三方面具有思维上发展的先后顺序。岩画以符咒为主。大部分中国岩画都是符咒意义。在符咒的基础上逐渐发展出牺牲献祭与偶像崇拜。

符咒、牲祭、偶像崇拜这三种行为各代表原始人的一种处理事情的方式。符咒是巫术活动的衍生品。当岩画图案作为符咒时，它展示了原始人的巫术信仰。牺牲或牲祭是神人相通活动中的衍生品，它或是用来沟通天地神人的中介，或者根本就是神人利益的交换品。当牲祭作为辅助神或祭司出现时，它是沟通神人的主要中介。当牲祭作为讨好神，向神献祭的物品时，它又是神与人之间的利益交换品。偶像崇拜已经具有宗教偶像集各种能力于一身，能普救大众的模式，是神的化身。偶像崇拜的岩画便是早期神形象的刻画。

在社会向国家发展的过程中，王权得到了巩固与加强。具有向心力的中央集权表现在考古遗存的各个方面，如部落聚集地、金属冶炼坊、器物制造等方面。从图像制造上也可管中窥豹，推测王权集中的程度。王权集中的图案象征并不是表现在符咒中，而是在牲祭与偶像崇拜中。从青铜器上的饕餮纹看，牲祭被专属化是世俗王权的一个象征。而从西方中世纪宗教诛杀巫师的事件来看，偶像崇拜到了一定的专制时期，必然是反感巫术的符咒运用的。因此，以符咒、牺牲、偶像崇拜所代表的三种思维，不仅彼此间的目的、方式不同，所代表的社会结构也不尽相同：巫术是原始信仰中人人都可运用的信仰方式；以牲祭为中心的祭祀包括了对神的崇拜与巫的信仰；偶像崇拜的极致应是不再倚重巫术行为。早期社会的偶像崇拜没有完全排除巫术。

献祭图案与偶像图像不能离开符咒意义组合。符咒意义却可以离

[①] 有些宗教的教义将偶像崇拜与神的崇拜区分开。本书不区分真神、假神，所有的超自然的神的崇拜都称为偶像崇拜。

开牲祭与偶像而单独存在。符咒是一种纯巫术行为。巫术活动中，人们以岩画为符咒，达到某种目的，这个过程施咒者是主观能动的，不需要借助于不可预知的神灵力量。牲祭与偶像这两种图像同属于原始宗教，都是以谄媚神的方式而获得预期目的。符咒与献祭、偶像这两种图像是可以同时出现的。弗雷泽虽然将巫术活动与宗教活动在思维逻辑上加以区分，但也认识到这种思维有时是会同时出现在同一个活动中。如在中安哥尼兰：

> 当雨水没有适时降临时，人们便去修缮那座"雨神庙"。清除那里的荒草，首领一面把麦酒倒进一个埋在地里的罐子中，一面说道："乔塔大师，您对我们心肠太硬了！您让我们怎么办呢？我们确实要完蛋了！给您的孩子雨水吧！这是我们献给您的麦酒。"然后他们分喝剩下的酒，即便是小孩也得喝上一口。接着他们就手持树枝载歌载舞。当他们返回村子时，就会发现由一个老太婆放在路边的一桶水，于是他们就把树枝浸入水中，并高高地挥动它们以便把水珠撒向空中。在这之后就等着雨水从赶来的乌云中降落下来。[①]

弗雷泽指出："在上述的行为中我们看到了巫术与宗教的结合；用树枝洒水是纯粹的巫术仪式，而祈祷雨水和奉献麦酒则完全是宗教仪式。"[②] 祭神仪式中常出现巫术行为，原始人的许多活动都同时包含了两者。相对而言，巫术行为的发生因为早于宗教祭神行为，所以具有更多单独存在的可能。

本书认为中国岩画是以符咒为中心，同时也出现了大量的祭祀中的牲祭图像与偶像崇拜图像。与西方社会组织形式逐渐向偶像崇拜聚

[①] [英] J. G. 弗雷泽：《金枝》，汪培基、徐育新、张泽石译，商务印书馆 2013 年版，第 112 页。

[②] [英] J. G. 弗雷泽：《金枝》，汪培基、徐育新、张泽石译，商务印书馆 2013 年版，第 112 页。

拢，排斥巫术不同，在中国的传统社会发展中，巫术与宗教其实是一直并存的，并没有过于激烈的冲突。在中国传统文化的三教——儒、道、释中同时运用了符咒、牲祭、偶像塑造三种方式。不可否认若论到符咒的话，佛道二教都是有的，但用得最多的是道家的道士们。道士们的符咒种类繁多，符咒以巫术的方式起作用。佛教的符咒如舍利子、莲台、净水瓶、如意、万字符等圣器多与佛本身有关，且已经具有更多的偶像崇拜因素。从偶像崇拜来说，儒家虽然有祖宗崇神，但国家宗庙里祭祀的多为被世人奉为圣人的祖宗神。除拜神以外，还有让人瞻仰学习的意图，神性较为世俗。倒是道教道观所敬奉的元始天尊之类属于偶像，更具有超现实的神的意义。但从中国现存塑像遗存来看，佛教雕像的规模与艺术成就远远超过道家。光从这一点看，佛教倾向于偶像崇拜是当之无愧的。牲祭方面，以儒家为尊。牲祭最主要出现在儒家文化主张的祭祀活动中。儒家对偶像塑造没有那么大的热情。儒者们专注于祭祀仪式的各种细节中，以维护仪式的神圣性。佛家不可杀生，不能用动物做牲祭，而代之以烧香、念经之类的行为。道家以符咒为主，就算是通于天地的中介，也经常以符咒的方式出现。但儒家就不同，各种礼仪中祭礼的东西尤其严格，并以之来区分等级。所以可以说，在儒释道三教中，在原始信仰的传承中，儒家偏牲祭；道家偏符咒；佛家偏偶像崇拜。

如果符咒、牲祭、偶像正如我们说的具有发展的前后顺序，那么也可以说道教文化具有更多的原始性。佛教文化具有更多的倚仗神的宗教意义。而儒家文化乃是建立在原始的沟通人神信仰基础上的。儒家祭祀中的三牲五牲表明不同的祭祀规格，其沟通人神的中介是具有道德担当的圣人。比如伏羲（又称为庖牺）画八卦。作八卦的目的是"以通神明之德，以类万物之情"[1]。汤、禹都是沟通人神的大巫师。在中国习惯称呼的"巫"不仅是符咒的运用者，也是可以沟通神人的中介者。巫的后者功能正是我们今天所说的萨满、祭司。儒家所推崇

---

[1] （清）阮元校刻：《十三经注疏·周易正义》，中华书局 2009 年影印本，第 179 页。

的圣人可以知天命，起的也是沟通人神的作用。汉时董仲舒的天人感应论正是儒家倾向在此处的理论注脚。

仅从符咒、牲祭、偶像三者来说。道家的方式最为靠近原始文化。佛家的方式最接近宗教文化。而儒家的方式是最接近萨满文化的。三者并没有优劣之分。符咒可掌控外物，事可由人，这与道家逆天改命的修仙大道追求相通。牲祭请神降世，多为预测功能。儒家的文化体系包含很多的知天顺命思想。偶像崇拜以神为重心，天机也多为不可泄露。基督教文化中人类大都不能明白神的安排，因要信仰顺从就可以了。佛教也是如此，福祸吉凶也多为不可预测的。

三教并举的中国古典文化在信仰上表现了中国传统文化的包容特性。自隋在政体上提出三教并举后，三教之间虽有思想上的争论，政权上的推崇或排挤，却少血腥倾轧厮杀。这既说明了中国唯实用为旨的务实特征，也说明三教的教义都没有过强的排他性。符咒、牲祭、多神偶像崇拜三种信仰方式在人类社会初期就相互渗透在一起，彼此间具有很强的互融性质。三教于这三方面的各自侧重与共存也可能是三教可并存的原因之一。

第二章　中国岩画的信仰意蕴

岩画群体的信仰观念纷纭复杂，信仰崇拜题材与方式各不相同。从中国岩画来看，中国岩画的作画时代处于巫术与宗教的混合期。因为属于神性塑造的未完成状态，中国岩画创作群体主控意识强，而非顺天命的征兆性被动信仰。依据中国岩画创作方法与目的，本书从符咒意义、牲祭意义、偶像崇拜意义三方面论述中国岩画图像的原始信仰特征，探讨中国岩画群体的信仰图像观念及其建立于功利目的因果范畴上的理性思维方式。

第一节　符咒

符又可称符咒、符文、符瑞、符箓、丹书、墨箓，是道家的重要工具。符有预言吉凶与操控事物两种用途。中国岩画的图像具有符咒意义，并主要运用了符咒意蕴中的掌控事物功能。中国岩画通过变形、叠加、颜色选择等方式施用了它的符咒作用。岩画中动物图像的符咒意蕴主要指涉食物与生殖，而岩画中抽象符号的符咒意义也指向了生殖与丰产及其他自然崇拜，并在一定程度上表现了原始人的二元思维。

一　符咒的功能

中国人对符咒并不陌生，在俗世的道家文化中，符箓经常被道士们拿来趋吉避凶。他们认为符箓中含有超自然的神秘力量，以保证法术实施的顺利完成。人们对符的运用主要包括了两种功能：一是预测吉凶，二是掌控事物。

文字记载中的符文的运用最早可追溯到甲骨文中的占卜。人们以动物骨壳烧后呈现的裂纹来判断吉凶祸福。《周易》以蓍草摆出来的纹样来预测命理运势。另外，《尚书》记载的河图洛书、龟龙之图，春秋时晋国的师旷擅长的星象音律，汉代风行的谶纬都是具有预测功能的符文。早期文献中符出现的面貌多为探求预兆，这种符被认为来源于上天的启示。《周礼·天府》郑注："凡卜筮实问于鬼神，龟筮能出其卦兆之占耳。"[1] 晋葛洪在《内篇·遐览》说："郑君言符出于老君，皆天文也。老君能通于神明，符皆神明所授。"[2] 唐司马承祯《修真精义杂论·符水论》中曰："夫符文者，云篆明章神灵之书字也。"[3] 人们认为符之所以可以探求预兆是因为其为神灵所赐，符的作用来自于神灵。人通过符得知神的启示，以探知祸福，但此处还没有挖掘符可为人所用的能动的作用。人与符的关系多属于偶然，人偶然遇到符像而认知事物，人并没有创造符的能力。在《山海经》中常有"见"而"知"这样的情况发生，如《中山经》中豪山上有鸣蛇"其状如蛇而四翼，其音如磬，见则其邑大旱"[4]，又有蛇"其状如人面而豺身，鸟翼而蛇行，其音如叱呼，见则其邑大水"[5]。这些符都有预见未来的用途。可以预测吉凶的符又与牺祭中的辅助神相关，我们在下章牺祭

---

[1] （清）阮元校刻：《十三经注疏·周礼注疏》，中华书局2009年影印本，第1675页。
[2] 王明校释：《抱朴子内篇校释》，《新编诸子集成》，中华书局1980年标点本，第335页。
[3] 《道藏》第4册，文物出版社、上海书店、天津古籍出版社1988年影印本，第954页。
[4] 《山海经》，（晋）郭璞注，（清）郝懿行笺疏，上海古籍出版社2015年标点本，第154—155页。
[5] 《山海经》，（晋）郭璞注，（清）郝懿行笺疏，上海古籍出版社2015年标点本，第155页。

第二章 中国岩画的信仰意蕴

这一部分将论述这个问题。这一类的符像是天赐的征兆，而且这种征兆常带有变化。对人来说，它是被动的赐予。

自汉开始，符的运用逐渐为道教所重点掌握，而且集中于借助文字的力量。据刘仲宇先生分析，汉代民间巫师使用的巫符是道符的前身，"他们使用的符，主要是由汉字拼合而成，嵌以星图、以及据说为收鬼、缚鬼之物。这类物，宜称作巫符，它们正是道符的直接前身。"[①] 道符主要以文字为主。加入文字的符不仅仅能探求预兆，还可为人用来改造自然事物的运行规律。汉时《太平经》中记载了大量的符文，多具有操控外物的功能。道家符文的功能主要是召神劾鬼、降妖镇魔、治病除灾。画符的人已经不再满足于被动地等待上天的预兆，他们积极主动地试图掌握符中更多的神秘力量。

符这种原为神的东西是如何为人所用来改变人物命运、人世格局的呢？北宋张君房的《云笈七签》卷八释《曲素诀辞五行秘符》云："符者，文也。五色流精凝而成文也，混化万真，总御神灵。"[②]《云笈七签》卷七《符字》说："是则五行六物，莫不有精气者。以道之精气布之简墨，会物之精气以却邪伪，辅助正真；召会群灵，制御生死；保持劫运，安镇五方。"[③]《关尹子》中卷第四符篇通篇讲精神魂魄。[④] 在人们看来，符里面含有灵、精气、魂魄等肉眼看不到的神秘事物。而灵、精气、魂魄这些神秘事物，人也是具备的。所以人可与符相通，可以感应、寻求甚至是操控符中指涉的神灵，以达到自己的目的。早在周代已经有类似的同类相感的思想，如《周易》有"同声相应，同气相求"[⑤] 的论述，《庄子》《管子》《韩非子》也都有类似的表述。《管子·内业》述："凡物之精，化则为生。下生五谷，上为列星。流

---

① 刘仲宇：《道符溯源》，《世界宗教研究》1994年第1期。
② 《道藏》第22册，文物出版社、上海书店、天津古籍出版社1988年影印本，第51页。
③ 《道藏》第22册，文物出版社、上海书店、天津古籍出版社1988年影印本，第41页。
④ （周）尹喜：《关尹子》，中华书局1985年标点本，第25—35页。
⑤ （清）阮元校刻：《十三经注疏·周易正义》，中华书局2009年影印本，第28页。

于天地之间，谓之鬼神；藏于胸中，谓之圣人。"① 早期思想常认为万事万物的规律都有一个基本的核心，此核心在变化万千的形态中化身为各种事物。事物之间因为有了这个核心而可以相通、相应、相感。中西方不同的是，中国思想家往往不会将这种核心明确地表述出来，而是以一些玄之又玄的概念来笼统指称。不能明确述说清楚的核心并不影响人们对它的实践运用。实践中的灵、精、魂魄与哲学上的理、道、气都起着声气相应相求的作用。道教符咒便是通过此类的神秘核心沟通于人物之间。道符的作用主要在鬼神世界，"符的造型和运用都蒙着深厚的神秘色彩，它的功能是施之于想象的，肉眼凡胎看不见的鬼神世界的。……符的功能，基本的在于能召劾鬼神"。②

综上可见，符通过某种感应的规律预测祸福或掌控事物或事件。符通过感应的方式掌控外物的行为与弗雷泽论巫术原则的确立是相通的。弗雷泽认为巫术一定是交感巫术。他将巫术原则归结为两个方面："第一是'同类相生'或果必同因；第二是物体一经互相接触，在中断实体接触后还会继续远距离的互相作用。"③ 无论是第一种遵循相似规律的同类相生，还是第二类遵循互相接触后远距离的相互作用，都与符咒的相互感应相同。符咒在掌握事物中采用的是巫术原则。巫术中的交感与我国早期文献中的同声相应，同气相求的思路是一致的，都是指事物中灵的相通。我们指出岩画的符咒意义是特指这一点。符咒与神灵的关系与祭祀与神灵的关系不一样。符咒是可以直接掌控神灵的，让神灵为我所用。符咒中的神灵没有"神"那样高高在上、统领一切的力量，只具有"灵"的意义，所以才可以被人指挥、利用。道家符文的功能主要是掌控事物或事件的发展方向，岩画中的符咒也明显具有这样的功能。从时间顺序来看，可以发现符咒先是如岩画般可以供各人运用以掌控外物。后在文献记载中逐渐与神灵相关，以探求

---

① 黎翔凤校注：《管子校注》，《新编诸子集成》，中华书局2004年标点本，第931页。
② 刘仲宇：《道符溯源》，《世界宗教研究》1994年第1期。
③ ［英］J. G. 弗雷泽：《金枝》，汪培基、徐育新、张泽石译，商务印书馆2013年版，第26页。

第二章 中国岩画的信仰意蕴

预兆。道教兴盛后,符再次被道士们运用,以掌控外物,作用于鬼神。

制造符的人为了使符具有更大的效能,会使用一些技巧,包括图像变形、多符叠用、颜色选择等。道家的符文是使用"字"或"字的变形"来达到符的效果。岩画是以"图像"或"图像的变形"来达到掌控事物的效果。之所以有这种功能是因为符是可以通灵的。道符的变形主要指字的变形书写。岩画的图像也多有变形,或是局部突出,或是抽象指事。比如以手印代表个人就是一种局部突出的变形,而岩画中"点"的指事功能多与生殖相关。除了变形的方式,还有图像的叠用方式。道符的叠用也称符的复文,指用字堆砌而成的符号。岩画的叠用包括两种情况。一是具体图像的叠用,二是抽象符号的叠用。就叠用情况来说,虽然不如欧洲洞穴那么明显,中国岩画中也常有叠用现象。一些图像在不同的时期绘在岩面上,形成图像的前后打破关系。岩画中不同图像组合的表意行为当然也是一种叠用。

除了图形表示叠用,还有色彩作用。从色彩的选择来看,符主要是红色与黑色,而红色又更胜一筹。中国的传奇故事中常有利用符箓的斩妖除魔的行为。如《太平广记》卷四百四十四记载了士人以符杀猿猴的故事。颖川人陈岩遇一个妇人被她迷惑,将她带回家。后陈岩发现妇人性格乖张,发起脾气来损物伤人,致家室不宁。一位居士听到妇人的哭声,立刻判断出这是山兽化形为人所发出的哭声。陈岩请居士出手相助,"居士出墨符一道。向空掷之。妇人大叫一声,忽跃而去,立于瓦屋上。岩窃怪之。居士又出丹符掷之,妇人遂委身于地,化为猿而死。"[1] 正因符箓中含有强大的斩妖除魔的法力,才能一击而中。在这则故事中,墨符与丹符的效果不一样。墨符具有震慑作用,可能还具有一定的杀伤力。丹符却可直接叫猿现出原形,委地而死。故事说明了在符咒运用中红色的作用要大于黑色。因为故事没有清楚记载符的内容,丹符效力因符号不同的变化在此故事已不可追究,不过红色的杀伤力胜于黑色是我们可以确定的。

---

[1] (宋)李昉等编:《太平广记》卷四百四十四,中华书局1961年影印本,第3632页。

以上故事除了说明唐人认为红色的威慑力大于黑色，还有一点我们要注意，故事中符咒是定向性的。没有万能的符咒，任何符咒都具有特定的作用。在这个故事中，黑色用于震慑，红色用于杀伤。

中国南部岩画的涂绘类岩画大部分是红色绘制。如云南沧源、广西左江、湖北巴东县岩画、金沙江流域洞穴岩画都是如此，新疆岩画有岩刻也有涂绘，其中涂绘岩画也有许多用红色涂制，有一些是黑色。法国南部的萧维洞穴中大量地运用了黑色的颜料，同时也有红色。但在萧维洞穴岩画的图片中很难感到红色的优越地位。红色虽然在史前占据首要地位，但也不是处处都占据上风。这说明中国涂绘岩画偏向红色，即使大部分原因是受染料来源的限制，至少也有一部分原因是因为颜色上的自主选择。

早期文献中符的颜色的功用也比较明显。孔子说："周监于二代，郁郁乎文哉！"（《论语·八佾》）[①]《说文解字》里释："文，错画也。象交文。"[②] 两种或多种纹路的交织借喻礼仪社会多种规则法度之间的协调关系。多种色彩协调搭配五彩纹也是人们视觉上对"文"的追求。《山海经》中有关于五彩为祥瑞的论述。如《山海经·大荒西经》："五采鸟三名，一曰皇鸟，一曰鸾鸟，一曰凤鸟。"[③] 三种鸟都是中国传统神话中的祥瑞鸟。再如《山海经·南山经》："有鸟焉，其状如鸡，五采而文，名曰凤皇。首文曰德，翼文曰义，背文曰礼，膺文曰仁，腹文曰信。是鸟也，饮食自然，自歌自舞，见则天下安宁。"[④] 山海经的祥瑞都以五彩著称，说明周时颜色以五彩为祥，周人喜欢多彩的颜色。这与中国涂绘岩画偏向于红色不同。岩画中的色彩追求与周代文献中的色彩追求属于两个不同的符号系统。原始社会的红色因为与血相关，蕴含着非同寻常的法力。人们在猎杀动物时会

[①] 程树德集释：《论语集释》，《新编诸子集成》，中华书局2014年标点本，第235页。
[②] （清）段玉裁注：《说文解字注》，中华书局2013年点校本，第429页。
[③] 《山海经》，（晋）郭璞注，（清）郝懿行笺疏，上海古籍出版社2015年影印本，第357页。
[④] 《山海经》，（晋）郭璞注，（清）郝懿行笺疏，上海古籍出版社2015年影印本，第19页。

发现随着血的流逝，动物的生命力会逐渐减弱，并走向死亡，所以血很可能凝聚着生命的灵力，与血颜色相似的红色自然可以更容易为原始人所接受。

如此可以看出，符咒的作用是通过图案或字的变形、叠用、运用不同颜色等方式来掌握外物，召劫鬼神。符咒的图案、字形、颜色都与指涉的事物相关联。岩画虽是无字符咒，但手法在这三方面与之近似。与道家符咒以文字为主相比，岩画的符咒是图案，既可利用图案与事物间的相似发生作用，又可利用图案与图案之间的接触产生作用。

符咒虽然与鬼神相通，与神像之间又有重要的区别。第一符咒永远不是万能的。符咒具有定向的功用。某些材料如丹砂、血液等可以加强符咒的作用，但是每个符咒的具体作用都是具有规定的。岩画中的符咒作用也是如此。一样的岩画符咒也许有两样作用，可以既管生殖又管狩猎，但却不能管丰产。有些岩画符咒关联到丰产与生殖，却又与狩猎无关。岩画为了区分各自符咒功能的不同，形象性很突出：表示狩猎时，动物图像旁常附有猎人与箭的图像；表示生殖时又突出人物与动物的生殖器官；表示丰产时，岩画上就具有了显著的植物图像。除了杯状穴、涡形纹等抽象符号，岩画中具象符号的表意范围都较为清晰。而偶像却可以是万能的，可以兼有多个甚至是所有的功能。第二在祭祀活动中神是被讨好的对象，人们没有能力改变神的意志，只能通过讨好神来达到自己的目的。而巫术活动是操纵巫术者指挥灵。在指挥灵与讨好神的相差中，也就出现了图像的差异。

当我们界定岩画的符咒信仰意义时，是指符咒通过同声相应，同气相求的"灵"之间的相互感应的巫术功能掌握事物发展方向的作用。在符咒功用中，岩画图像借助于相似、变形、局部截取等方式发挥它的功用意义。岩画符咒图像与它的目的是一一对应的，岩画符咒图像行使的是定向的巫术功能，这使岩画符咒图像的类型特别丰富。

二　肖像符咒

岩画图像本身含有一定灵力，通过相似律与接触律而作用的交感巫术，岩画可以达到改变事物的目的。在岩画制作中，人们通过符咒要改变的通常是食物与生殖两方面的效果。因为岩画符咒图像所能取的作用是较为固定的，所以岩画符咒中有很多是一一对应的肖像性表达。

狩猎巫术目的在于通过图像符号的绘制以达到辅助狩猎的目的。著名的西班牙阿尔塔米拉中受伤的野牛就是狩猎巫术的典型代表。图中牛四肢蜷缩，身躯与头部团在一起，是一幅受伤后倒地抽搐的牛像图。受伤的牛如符咒一般，通过相似律作用，能影响到人们在狩猎中遇到的狩猎对象。这些被图像诅咒的动物将会像图像一样受伤倒地。中国狩猎岩画中出现了许多食草性的如羊、牛、鹿之类的动物形象以及手持弓箭的射手。在甘肃肃北蒙古族自治县别盖乡大黑沟中有许多射手图案，人物穿着裙装引弓而射，人物的前方或周边会有被狩猎的动物图形，并且人物没有刻画生殖器，表现出较为单纯的狩猎图案，而不像有些人物狩猎图将人物的生殖器官刻出，具有更多的生殖图像倾向。中国北方、西北方经常可见的畜兽类岩画深刻地传达了人们对于食物本身的兴趣。在中国岩画的狩猎题材中动物形象的数量要远远多于射手形象的塑造。从原始信仰角度来看，这些或单独，或成群，甚至有时候是重叠地出现在岩面上的形象表达的诉求多半不能离开食物（后面我们会谈到即使是食物选择，也包含了审美倾向）。原始人画牛、羊、鹿的目的在于希望能够获得更多的此类食物以满足他们的生存要求，画得越多、越好，越能获取生存资料。岩画图像通过相似律的作用在所模仿的动物身上产生符咒效应。

生殖目的岩画也常与动物相关。在表现动物时，有些动物的图像将雄性生殖器绘出以使这些岩画具有生殖符咒意义。原始人在某些动物形象中区分性别的意图是如此明显，雄性刻画了生殖器，雌性在肚子中或肚子下刻画幼崽。中国岩画中的动物肖像与人物肖像的性别表现更多的以雄性为主。所以表现雌性生殖器官的凹穴应是母系氏族的产物，是母系氏族生殖崇拜的象征，其年代会更早于雄性生殖崇拜图案。

第二章　中国岩画的信仰意蕴

　　在所有的岩画动物中，鹿是最能代表雄性的。岩画甚至世界上整个旧石器时期在描绘鹿时都类似：多是对雄鹿的刻画。雄鹿的形象是雄性的象征，"根据人种史的比较研究，雄鹿是一种雄性的象征，这一点已得到普遍的承认，并且在中国文化与我们自己的文化中都已得到证实"①。对于地球上绝大多数鹿群来说，雌鹿与雄鹿的区别在于，雌鹿没有雄鹿那样的树枝般的叉角。驯鹿可能是例外，因为这个种群的雌鹿长了雄鹿一样的枝角。岩画中的鹿绝大部分都是带枝角的，所以人们也常将岩画中的鹿当作驯鹿。如法国学者安德列·勒鲁瓦－古昂在谈到欧洲旧石器时代的艺术时就说："壁画看来主要属于索鲁特时期或马格德林前期与中期，而在雕塑艺术达到鼎盛时却消失了。这就说明了一个已被人指出的例外现象，即驯鹿在壁画形象中十分罕见，而在雕塑艺术中却屡见不鲜，这是因为马格德林中期末气候还十分寒冷，既存在着最后一批绘有壁画的洞穴，同时也出现了日益增多的驯鹿。"② 不管是对雄性鹿，还是更近似雄性鹿形象的驯鹿的刻画，我们可以断定的是在岩画中，鹿都常以接近于雄性的形状出现。而且，与安德列·勒鲁瓦－古昂所谈到的不同，在中国岩画中鹿的形象较为普遍，特别是北方岩画中常可见到。

　　狩猎岩画中的弓箭射手也可以表示生殖的符咒，生殖类骑射图的弓箭不仅是武器的作用，而是起连接作用的符咒。在很多狩猎图像中，一些射手的男性生殖器官被画了出来。如青海省海西蒙古族藏族自治州天峻县卢山有一幅对射图，两人相对而射，弓箭相连，生殖器勃起。这更接近生殖符咒（如图 2-1）。宁夏平罗县大水沟也发现了类似的对射图，甚至有三人对射图，人与人通过弓箭相连。有些图不用弓箭，直接用横线将人与人连接起来。这些可能都与交媾相关。图 2-2 是青海海北藏族自治州刚察县舍布齐沟的猎牛图。后面骑马狩猎者生殖器

---

① [法] 安德列·勒鲁瓦－古昂：《史前宗教》，俞灏敏译，上海文艺出版社 1990 年版，第 22—23 页。
② [法] 安德列·勒鲁瓦－古昂：《史前宗教》，俞灏敏译，上海文艺出版社 1990 年版，第 98—99 页。

同样勃起。新疆阿勒泰地区哈巴河县唐巴勒塔斯萨依的一幅生殖崇拜岩画更明确地表达了箭的生殖意义。画面下方两个人物臀处结合，人物右面一弓箭手射出的箭与这两个人物的臀部相连。此处岩画表明弓箭不一定要与猎物或敌人等形象相组合，形成敌对关系，它也可能是生殖崇拜中的重要符咒，形成的是联结关系。同样在宁夏中卫市东园乡北山大麦地等处都可看见许多生殖类骑射图。

图2-1 对射选自《中国岩画全集》

图2-2 猎牛选自《中国岩画全集》

有些表示生殖符咒的肖像图像显得更大胆直接，其中一个代表是新疆呼图壁县康家石门子沟岩刻。这块岩画大概占据面积 120 平方米，长 14 米，高 9 米的画面上布满了上百个人物肖像。① 据专家检测这些图像是不同的时间叠加而成的，而最终成形的这幅人物群像图表现了强烈的生殖崇拜愿望。② 岩画中较大的人物肖像图像十分清晰，人物上半身都呈倒三角形，肩宽腰细，下半身双腿修长，有些人物甚至画出了臀部与大腿的肌肉线条。最能体现此处岩画表示生殖期盼的特征有以下几点：(1) 岩画中很多人物的腹部都直接画出了如图 2-1、图 2-2 一样的男性生殖器。(2) 图像中有类似于交媾的图形。如图 2-3 中部偏右处有两个躺着的人物，似乎象征着在行夫妻之礼。如果这个还不够明确的话，再看图 2-3 中左边的男性生殖器与其他图像相比形状被特意夸大，很可能表现正在与他左边女性的交媾。(3) 图像中还有对交媾的象征表达。有一幅画在一个肩膀上画了两个头，象征二人为一体的交媾行为。(4) 岩画中有孕育肖像。图 2-3 左边的一幅图画人物的胸腔中还有一个人头，将子宫位置上移，象征孕育后代。图像中还有许多几十厘米长，挨得紧紧的小人物形象，很可能是表达子孙绵延不绝。新疆呼图壁县康家石门子沟最终成形的人物群像图是中国生殖岩画中场面最大，人物最多的图像。不仅如此，在表现生殖意义时，它还运用了多种形式。其关联的多种形式表意的生殖符咒意义十分明确。

福建华安仙字潭岩画也是一幅生殖崇拜图像。岩面上刻着呈蹲踞式形状的人物图。这些人物具有明显的性别特征。男性有尾状生殖刻画，女性以子宫处的圆点状及身躯两侧的圆点表示性别特征（如图 2-4）。与新疆石门子沟相比，华安仙字潭的生殖刻画要更加抽象，带有指事性特征。

岩画中肖像图案的符咒意义较为明确，主要是为了食物与生殖的

---

① 王炳华：《新疆呼图壁生殖崇拜岩画》，北京燕山出版社 1992 年版，第 3 页。
② 学术界对这幅人物群像图有不同的意义解读：有父系生殖崇拜论，有母系社会图像论，有舞蹈图说，还有西王母文化论。本书采用了生殖崇拜论。具体论述见张嘉馨、吴楚克《康家石门子岩画调查与研究之一》，《艺术探索》2018 年第 4 期。

原因。食物类以肖像描摹为主。生殖类稍微复杂些。有些加入了"箭"的象征手法，有些用指事性的方法塑造图像。但生殖类的表意也比较清楚，不会引起太大的争议。

图 2-3 康家石门子岩画选自《新疆呼图壁生殖崇拜岩画》

图 2-4 仙字潭摩崖石刻选自《福建华安仙字潭摩崖石刻研究》

三 抽象符咒

原始图像中写实性肖像图案与几何图像都出现在各种遗存中。"神经心理学模式（The Neuropsychological Model）显示至少在萨满领域，几何图形与肖像图形能轻易的综合发生，因此他们之间的区别在文化历史概念中并无意义。"① 它们总是同时出现在某种文化遗留里。以上论述的肖像岩画的符咒功能指向比较清晰，而抽象岩画的符咒功能需要更多的人类学考察以便相互参照。中国岩画的抽象图案主要包括凹穴、手印、网状纹、漩涡纹、重圈纹等。这些纹饰有些与新石器时期的陶器重合如重圈纹、漩涡纹，有些与陶器相似如网状纹，有些是岩画内独立的纹饰如凹穴、手印。

凹穴是中国岩画中常见的几何图，它或圆或方，还有一些是不规则的菱形。石头上凹下去的地方，对先民来说特别有意义。文献中常称凹穴为脚印，有让人受孕的作用。《诗经·生民》述："厥初生民，时维姜嫄，生民如何，克禋克祀，以弗无子。履帝武敏歆，攸介攸止。载震载夙，载生载育，时维后稷。"②《史记·周本纪》载："周后稷，名弃，其母有邰氏女，曰姜原。姜原为帝喾元妃。姜原出野，见巨人迹，心忻然说，欲践之，践之而身动如孕者，居期而生子。"③ 伏羲也是其母履大迹而生，《太平御览》卷七八引《诗含神雾》之说："大迹出雷泽，华胥履之，生伏羲。"④《路史》也有类似的记载。女子在怀孕前，在野外行走时踩到了神的脚印，所以应孕生子。从《山海经》中可以看出早期有一段时间人心中的神不一定长着人脚，所以地上的脚印可能是各种形状。岩画中的那些杯状穴也可能是这些脚印的变形。这些脚印都与生育相关。《韩非子》中甚至记载了人工刻脚印的行为：

---

① David S. Whitley, *Introduction to Rock Art Research*, Walnut Creek: Left Coast Press, 2005, p. 114.
② （清）阮元校刻：《十三经注疏·毛诗正义》，中华书局2009年影印本，第1137页。
③ （汉）司马迁：《史记》，韩兆琦译注，中华书局2010年标点本，第199页。
④ （宋）李昉等编撰：《太平御览》卷七八，中华书局1960年影印本，第364页。

"赵主父令工施钩梯而缘播吾，刻疎人迹其上，广三尺，长五尺，而勒之曰：'主父常游于此。'"① 由文献中可看出，类似脚印的凹穴对古人有非同寻常的意义，一般来说都与生殖相关。

现在没有办法还原当初与凹穴相关的仪式。只能推论这两者有很大的相通性。中国岩画中有一些凹穴很明显与繁殖有关。如江苏连云港的植物人面像旁就伴随着凹穴图案。根据测年，这些凹穴比人面像的时间还要早。江苏将军崖岩画基岩凹穴距今 11000 年左右，刻以凹穴岩画的石棚距今 6000 年；人面像岩画距今 4500—4300 年左右。② 所以先是有了一定意义的凹穴岩画，再有表示植物繁殖的人面像图像。在将军崖岩画中石头上凹穴的生殖意义早于人面像。可以推测也许是人们认为将军崖的岩石具有生殖之灵的意义，所以才在这里刻上人面像图案。

中国人类学考察的资料同样证实凹穴与生殖意义的相关性。永宁纳西族祈求生育的活动影射了凹穴的原始意义，"向'打儿窝'投石子。'打儿窝'是两个天然石洞，位于前所河西岸的悬岩上。不育的人在悬岩下往石洞里投石子。认为石子进去了，妇女就能怀孕，否则不会怀孕"③。四川、云南等地也有类似的风俗，"四川盐源县前所有一个打儿窝，该窝为一石洞，人们路过此处必往洞中投石，进则生子，不进则不育。据说该洞下通地河，也是巴丁拉木女神的女阴。云南永宁摩梭人把当地的干木山奉为女神，山上有一石坑，人们认为这是女神的生殖器，祈拜能生育。四川喜德县泸沽观音岩上，有一个摸儿洞，里面堆满石块和泥沙，妇女求育时多到此烧香，用手在摸儿洞里摸石沙，得石块者生男，摸到泥沙者生女儿。"④ 石坑也可能与一种游戏相

---

① （清）王先慎集解：《韩非子集解》，《新编诸子集成》，中华书局 1980 年标点本，第 297—298 页。
② 汤惠生、梅亚文：《将军崖史前岩画遗址的断代及相关问题的讨论》，《东南文化》2008 年第 2 期。
③ 严汝娴、宋兆麟：《永宁纳西族的母系制》，云南人民出版社 1983 年版，第 132 页。
④ 宋兆麟：《巫与祭司》，商务印书馆 2013 年版，第 61—62 页。

关。纳西族的男孩子会玩一种掷坑游戏,"在地上挖一个小坑,参加者每人拿一圆石片,依次往坑内投掷,以石片距坑远近来判断输赢。"① 这种游戏的原始信仰意义可能与受孕有关。

美国加利福尼亚州原住民的岩画中有一类用凹穴和手印表示女性青春期来到的工具性岩画。"工具岩画的一个好例子由加利福尼亚原住民为了庆祝女性青春期首期而提供。这包括在一些地方的杯状穴岩画与另一些地方的手印。尽管这艺术缺乏深层次的肖像意义,却在两种情况中都包含了重要的象征。象征符号与神圣的仪式发生地相关,这地方被灌注了超自然的力量。在另一层意义中,杯状穴与手印象征着他们的创造者已经'接触到了神圣'这一信仰,这种做法为年轻的女性部落成员增加了一个继承人,她继承了前辈同样做的事情。"② 这些地方的手印与杯状穴具有巫术符咒功能,因为人们要通过接触这些符号才能获得某种力量。杯状穴表示具有能提供生殖能量的符咒,手印表示接触。人通过手印的接触,与杯状穴通灵,达到生殖目的。中国岩画也有很多凹穴与手印符号,如新疆喀什地区叶城县棋盘乡有一幅彩绘手印图,手印上装饰着白点,可看作凹穴与手印符号的重叠。当然在中国岩画中这两种符号并不是必然搭配在一起的,如著名的江苏连云港的将军崖上凹穴与植物人面像相结合,却没有发现手印。湖北省恩施州巴东县天子岩发现了几百个涂绘类手印,却无凹穴。

岩画中凹穴可能还包含了其他的意义。中国岩画点多处发现凹穴,这些凹穴形状与文献中说的人的脚印有很大的区别。我们已经可以从帛画、文献、玉器等远古遗存中知道远古时代神不一定长着人脚,所以岩画中凹穴可能并不代表生殖脚印,它更可能代表着子宫,脚印的传说只是用来表示接触。除了生殖意义,凹穴还表露出了原始人的其他一些思维特征。

---

① 严汝娴、宋兆麟:《永宁纳西族的母系制》,云南人民出版社1983年版,第138页。
② David S. Whitley, *Introduction to Rock Art Research*, Walnut Creek: Left Coast Press, 2005, p. 95.

中国目前发现的最有代表性的凹穴岩画在河南具茨山及其周边，其他地方也有岩刻凹穴，如江苏连云港狮子山、大伊山、蜘蛛山都有不规则的凹穴图像。连云港将军崖的凹穴与人面像、太阳像相组合，狮子山的凹穴与线条相组合。宁夏同心县韦州镇青龙山上发现了如星辰随意排列的凹穴，有的凹穴之间呈十字形。在厦门市思明区日光岩的一个石棚下方也发现了凹穴。但这些凹穴岩刻都不如河南凹穴那般数量庞大且规整。具茨山位于河南省新郑市。具茨山与黄帝遗迹有关。《庄子·徐无鬼》记述"黄帝将见大隗乎具茨之山"[1]。《水经注》述："大隗，即具茨山也。"[2] 皇甫谧《帝王世纪》记新郑是有熊氏之墟，黄帝的都城。具茨山岩画是否是黄帝文明的遗存，还有待于更多的资料证实。但具茨山是中原岩画代表这点却是毋庸置疑的。具茨山岩画以抽象符号为主，主要是凹穴与类似于网状纹的棋盘纹岩画。

具茨山的凹穴很有特色。一是形状有特征，一般的凹穴都是圆形的或近似于圆形的杯状。具茨山的凹穴除了圆的，在具茨山太白岭、小尖山、大宗祠、大天嘴、雁窝滩等地发现了方形的凹穴。二是组合有特征。具茨山有很多凹穴不是独立的，或排列无序的，而是很有规律的组合，主要包括对状凹穴与梅花状凹穴。近来，人们在河南唐河县也发现了类似的排列状、梅花状凹穴，还有棋盘图。说明这种岩画图像是这个地区的特色。只不过它是否属于黄帝时期的遗存还要等待更多的证据。唐河县岩画证明具茨山岩画风格不是单一现象，很可能是代表着中原地代的岩画特征。

河南的梅花状的凹穴并不是五瓣梅花，说它是"梅花状"只是个略显诗意的称谓，想严谨呆板些也可以称之为环状凹穴。环状凹穴中间有一个单独的凹穴，多为圆形，少见方形，这个单独的凹穴周转一环是较为均匀的凹穴，这些凹穴围绕着它，形成梅花图案，如图2-5所示。有很多凹穴外围一环多为六点，六点组成的环型凹

---

[1] （清）郭庆藩集释：《庄子集释》，《新编诸子集成》，中华书局2012年标点本，第824页。
[2] （北魏）郦道元：《水经注校证》，陈桥驿校证，中华书局2013年标点本，第502页。

第二章 中国岩画的信仰意蕴

穴可能是环形玉器的象形。玉器是先秦时期重要的祭祀礼器。《山海经·中山经》论洞庭山的祭祀说："祈酒太牢祠，婴用圭璧十五，五采惠之。"① 红山文化、良渚文化中都出土了许多玉器，且有许多细致精巧的作品。六点形成了圆环正好是玉的形状。除六点外，还包括十二点、八点、十一点、四点、五点、七点等，这些环状凹穴也都可以看作一种玉器。

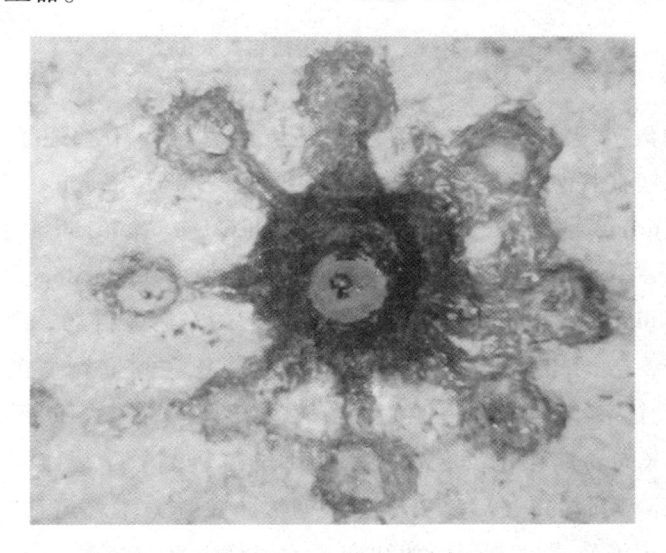

图 2-5　环状凹穴选自《具茨山岩画》

　　河南的对状凹穴也被称为双排凹穴。因为这些凹穴常常以双排或双数的形式出现，所以我们用对状称呼它，如图 2-6 所示。对状凹穴与梅花状凹穴常取双数，这与先民的二进制思维相关。泰勒很早就发现了这一点："新荷兰人没有超过'2'的数词名称。瓦昌迪人的计数表示法是'co-ote-on'（1），'u-tau-ra'（2），'bool-tha'（很多）和'bool-tha-bat'（非常多）。如果绝对需要表示数字'3'和'4'，他就说'u-tau-ra coo-ote-on'以表示前面的数字，而'u-tau-ra u-tau-ra'表

---

① 《山海经》，（晋）郭璞注，（清）郝懿行笺疏，上海古籍出版社 2015 年标点本，第 237 页。

图 2-6　凹穴作者摄自具茨山

示后面的数字。"① 列维-布留尔的《原始思维》中叙述了相似的事件："海顿在托列斯海峡西部各部族那里发现 1 = urapun，2 = okosa，3 = okosa urpun，4 = okosa okosa，5 = okosa okosa urpun，6 = okosa okosa okosa，[……] 我还在穆拉奴发现 5 = nabiget，10 = nabiget，nabeget，15 = nabikoku，20 = nabikoku nabikoku。"② 在安达曼群岛，"语言词汇非常丰富，数词却只有两个：1 和 2。3 的意思实际上是'多一个'，4 是'多几个'，5 是全部，他们的算术止于此。"③ 中国的算术常与谶纬相关。《周易》中的爻象突显了明确的二进制数学思维，这种思维是用来探测天命的。《后汉书·方术列传》论述方术之道："然则数术之失，至于诡俗乎？……极数知变而不诡俗，斯深于数术者也。"④ 方术预测与数字演算相关。具茨山岩画两两相对的点，及梅花点与这种二进制思维的爻象极为相似。《周易》中的爻具有预测功能，用来作爻象的蓍草可以做变化以适应时运的诡奇多变。具茨山上的单个岩画两两相对的小洞穴比《周易》的二进制要简单得多，而且岩画中的凹穴与蓍草相比是不能随意变动的。岩画中的凹穴并不能随着天命而变化，从而对未来做出预测。对状凹穴表现出来的二进制雏形只能说明

---

① [英] 爱德华·泰勒：《原始文化》，连树声译，广西师范大学出版社 2005 年版，第 199 页。
② [法] 列维-布留尔：《原始思维》，丁由译，商务印书馆 1981 年版，第 215 页。
③ [法] 列维-布留尔：《原始思维》，丁由译，商务印书馆 1981 年版，第 215 页。
④ (宋) 范晔：《后汉书》，中华书局 1965 年标点本，第 2706 页。

先民对两两相对的东西非常感兴趣。《老子》中充满着二进制思维的表达，如"万物负阴而抱阳，充气以为和。"① 关于此类的文献记载非常多。《红楼梦》中有一段关于阴阳的通俗阐述，倒可为中国人的阴阳观做个总结。《红楼梦》第三十一回史湘云论阴阳道："天地间都赋阴阳二气所生，或正或邪，或奇或怪，千变万化，都是阴阳顺逆。……阴阳可有什么样儿，不过是个气，器物赋了成形。比如天是阳，地就是阴，水是阴，火就是阳，日是阳，月就是阴。"就连蚊子，蛇蚤，蠓虫儿，花儿，草儿，瓦片儿，砖头等物也无不有阴阳。这些都说明了二进制思维在古人心目中的重要地位。

所以凹穴可能还与数的推演相关。古代卜筮是对"数"的掌握，从"数"中推算预测人事吉凶。《庄子·天下》："古之人其备乎！配神明，醇天地，育万物，和天下，泽及百姓，明于本数，系于末度。六通四辟，小大精粗，其运无乎不在。其明而在数度者，旧法世传之史尚多有之。"② 《汉书·艺文志》记："数术者，皆明堂羲和史卜之职也。"③ 数字推演是占卜者重要的手法。

凹穴的排列又与星辰相似（如图 2-7），古人又常依据星宿变化占卜未来。在科学层面，天文的观测还可以测量四季时长，以指导农时。新石器时代晚期的陶寺遗址（2600BC—2000BC）已经发现了与天文台类似的事物，"南部小城发现了一组夯土台基和若干夯土筑成的圆心构成一个半圆形平面结构。整个建筑占地约 1 万平方米，被认为是确定季节变化的天文观测台。一些考古学家对此持怀疑态度，但这一解释也得到天文学家强有力的支持。在一个大墓中发现了一个漆杆，被认为是在陶寺中期（2100BC—2000BC）用于测量春分、秋分和冬至日影长度的圭表，进一步暗示陶寺的权贵者可能参与了天文观测。倘若此结论可靠，那么这个建筑就是中国最早的观

---

① （魏）王弼注：《老子道德经注校释》，楼宇烈校释，《新编诸子集成》，中华书局 2008 年标点本，第 117 页。
② （清）郭庆藩集释：《庄子集释》，《新编诸子集成》，中华书局 2012 年标点本，第 1062 页。
③ （汉）班固：《汉书》，中华书局 1962 年标点本，第 1775 页。

象台。"① 先民很早就将星辰运转与农业生产相联系起来。日月星辰不仅与季节变化的时令相关，还可能是掌管风雨的神灵。《左传》："山川之神则水旱疠疫之灾，于是乎禜之。日月星辰之神则雪霜风雨之不时，于是乎禜之。"②《说文解字》也说："禜，设緜蕝为营，以禳风雨、雪霜、水旱、疠疫于日月星辰山川也。"③ 连云港的植物纹与太阳、凹穴的组合很可能是暗示了农业与天文的联系。凹穴除了可以解释为生殖符号、数的推衍符号外，也可以解释为星辰符号。如童永生的解读："它所反映的天象是南方天空的景象。岩画将落日置于右侧，表示的是西向，画面左侧呈带状分布的星象是银河，表示的是东向，所以处在中间的星象一定是南天星象。大多数星用点表示，其中有一些在点外又加了一个圆圈，以表示星的亮暗不等。"④ 凹穴的三种符号意义：生殖符号、推衍符号、星辰符号分别承担着不同的符咒意义。生殖符咒掌握生殖，星辰符咒控制气候；推衍符咒最为玄秘，可能包括对天理人运的掌控。

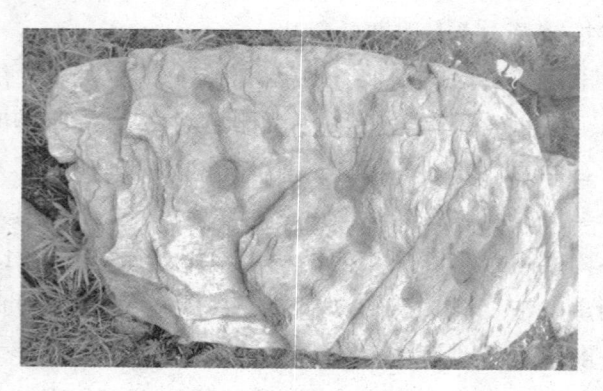

图 2-7 凹穴作者摄自具茨山

---

① 刘莉、陈星灿：《中国考古学：旧石器时代晚期到早期青铜时代》，生活·读书·新知三联书店 2017 年版，第 235—236 页。
② （清）阮元校刻：《十三经注疏·春秋左传正义》，中华书局 2009 年影印本，第 4394 页。
③ （清）段玉裁注：《说文解字注》，中华书局 2013 年点校本，第 6 页。
④ 童永生：《连云港将军崖岩画中的原始农业文化解读与考证》，《南京农业大学学报》（社会科学版）2011 年第 2 期。

第二章　中国岩画的信仰意蕴

岩画中的抽象图形还有网状纹、菱形与三角形。后两种符号不是独立的图形。菱形出现在人面像的网格形中，三角形常出现在人体躯干的描绘中，如图2-3所示。具茨山抽象纹中的网状纹吸引了学术界的注意力。网状纹不仅出现在中国，在其他国家也有出现。如在德国乌尔姆的福格尔赫德（vogelherd）洞穴，"用象牙制成的猫科动物小雕像，出自奥瑞纳文化层。这个动物雕像的身上被用各种工具的尖端刻上了许多标记。在中部，可以看到网状的图案，就像要缚住这个动物"。[1] 从图像中看，德国的这个网状图案是平行四边形状。具茨山也有类似的网状纹，这些网状纹更整齐，大都成四方形，所以大家常称之为棋盘（如图2-8）。具茨山的太白岭、小尖山、双咀东等地均有棋盘岩画。具茨山的十二爻岭有"网格3个"[2]。澳门的东涌和寇娄岛也有"棋盘岩画"。

图2-8　棋盘纹岩画作者摄自具茨山

这些棋盘纹岩画是用来下棋的吗？是不是先民的游戏？具茨山风后岭山顶岩石上凿刻了一幅象棋棋盘，九宫格中的米字图案也赫然存

---

[1]　[法] 埃马努埃尔·阿纳蒂：《艺术的起源》，刘建译，中国人民大学出版社2007年版，第94页。

[2]　刘五一编著：《具茨山岩画》，中州古籍出版社2010年版，第74页。

在。但如果说是为了游戏而刻，此棋盘位置险峻，不宜下棋，倒像是为了符合仙人下棋传说而专门凿刻的。其他地方的网格图多为横纵方格图，也可见到米字格图。这些网格图与棋盘形状相差就较远了，很可能并不是游戏的意义。但这些棋盘纹中并没有动物，也不能断定是网。中国岩画中棋盘画的由来依然是个谜。

在新疆、青海、内蒙古、台湾、贵州等地还出现了漩涡纹与重圈纹的岩画。漩涡纹是早期社会较为青睐的一种纹饰，因为是年代久远的抽象符号，漩涡纹也有多种意义。陶器中的漩涡纹又可能与太阳、风雨雷电相关。学术界一般认为圆圈纹可能是鸟纹的进一步简化。马家窑时期的漩涡纹是鸟纹的发展，马家窑时期的漩涡纹到了马厂时期演变为四大圆圈纹，是鸟纹的进一步发展。此观点以严文明为代表："鸟纹经过一个时期的发展，到马家窑期即已开始旋涡纹化，而半山期的旋涡纹和马厂期的大圆圈纹，形象拟似太阳，可称之为拟日纹，当是马家窑类型的旋涡纹的继续发展。可见鸟纹同拟日纹本来是有联系的。"[1] 也有学者认为涡纹与圆圈纹与水相关。刘溥与尚民杰持有此类观点："涡纹演变为四大圆圈纹脉络清晰，它是一种写实图案到装饰图案的演化，涡纹与圆圈纹图案本身有一定的联系，但与太阳并无关联。我们以为涡纹起初是一种写实的图案，它是取材于当时人们十分熟悉的水。这些涡纹常常绘于盛水器上，这似乎也可反映出人们对于水的渴望，从马家窑期一些彩陶图图案中以起伏的曲线来表示流水的做法中亦可看到这一点。"[2]

岩画中漩涡纹的意义可能与水或一些涡状动物相关。广西花山与水神祭祀相关，花山岩画中甚至出现了船的形象，但并没有在广西发现显著的圆圈纹或漩涡纹。中国岩画中有些地方的漩涡纹更接近于流水的形状。因为漩涡纹的出现常与水相关，所以在岩画中更可能是对流水的模仿。如新疆吐鲁番地区托克逊县柯尔碱村的柯尔碱沟沟南的

---

[1] 严文明：《甘肃彩陶的源流》，《文物》1978年第10期。
[2] 刘溥、尚民杰：《涡纹、蛙纹浅说》，《考古与文物》1987年第6期。

一块花岗岩上刻着一幅泉水图,泉水图中就有漩涡纹。新疆巴音郭楞蒙古自治州且末县莫勒切河谷也有一组类似卷云纹的涡纹。台湾万山孤巴察峨岩刻以蛇状的水波纹和漩涡纹为主。香港大屿山南端海滨的正方形漩涡纹离海岸只有300米。岩画中的漩涡纹更接近于流水的形状。因为漩涡纹的出现常与水相关,所以在岩画中更可能是对流水的模仿。

漩涡纹也可能是某类涡状动物。① 它可以是蛇。蛇是南方古越族的主要崇拜对象。古越族的黎族、壮族、高山族、蜑人等都有崇蛇的风俗,"越族崇蛇习俗源远流长,直到现在,某些越族后裔民族仍然保留着崇蛇习俗。"② 《说文解字》释"蛮"字时说:"南蛮,它种,从虫。"段玉裁注:"从虫之所由,以其蛇种也。"③《说文解字》又释"闽"为:"闽,东南越,蛇种。"④ 在战国帛画、汉画像中伏羲女娲常为人首蛇身。浙江仙居岩画发现了蛇的图案。浙江仙居岩画中蛇的图案更近似于长形的波纹线条,确实接近蛇的形象。漩涡纹还可能是蜗牛形象,"所谓句龙,所谓旋虫,其实是同一物,即蜗或螺——亦即女娲和嫘祖的象征。"⑤ 从红山文化看龙的原型很像蜗牛,所以句龙可能是蜗牛,漩涡纹又可能是蜗牛与龙的前身。图2-9是大兴安岭克一河双峰山岩画的龙形漩涡纹。岩画中的涡状纹可能是流水与某类动物。漩涡纹如果只是流水中的漩涡仿形,那么它是象形方式的写实图案。如果是蜗牛或蛇,那么就具有一定的抽象意义。

重圈纹或圆圈纹是某种自然物的标志。重圈纹与圆圈纹在早期图像中常表示眼睛。鸮面纹的眼睛为重圈纹。人面像的眼睛常为重圈纹。除眼睛外,宁夏贺兰山,宁夏平罗县崇岗乡归德沟等地还有独立的重圈纹。有学者认为它们是雷纹。倪志云认为马厂文化的大圆圈纹"很

---

① 陈文华:《几何印纹陶与古越族的蛇图腾崇拜》,《考古与文物》1981年第2期。
② 吉成名:《越族崇蛇习俗研究》,《中央民族大学学报》1999年第6期。
③ (清)段玉裁注:《说文解字注》,中华书局2013年点校本,第680页。
④ (清)段玉裁注:《说文解字注》,中华书局2013年点校本,第680页。
⑤ 何新:《诸神的起源》,生活·读书·新知三联书店1986年版,第130页。

中国岩画的原始信仰及其审美生成

图2-9 龙形漩涡纹选自《呼伦贝尔草原文化与大兴安岭彩绘岩画》

可能是以鼍类麟皮蒙面的鼓的形象的表现"①，"半山——马厂文化彩陶大圆圈纹乃是以累累的'鼍鼓'的形象象征着震响于天空的霹雳雷霆。"② 所以彩陶上的圆圈纹与风雨雷电相关。倪志云先生的论证建立在他认为"⊕"字形为鼓的基础上，"⊕"这个部件由雷中字拆解而来。雷与鼓在巨响中相应，鼓纹很可能是与雷电相关。虽然鼓的"⊕"形与重叠的圆圈形在形状上还有一些距离，但陶器中的圆圈纹中常布有密致的网格纹，所以"⊕"字也可能是重圈纹发展到一定的阶段的简化体。在广西左江花山岩画中有与"⊕"形相似的符号出现，学术界一般也认为是鼓的形象。花山岩画常绘在临江高于水面20米及以上的地方。岩画崖壁前左江如遇汛期，水面湍流。风雷交加时，对古人的行船来说，更有风险。如花山岩画是用来祭礼水神的，辅于雷鼓，当然会具有多方面的意义。

还有学者认为"⊕"是太阳纹，如何新所述："中国上古新石器时期的陶器和其他器物中，以及商、周、秦、汉的青铜器和其他器物

---

① 倪志云：《半山——马厂文化彩陶艺术的观念主题》，《文物》1989年第4期。
② 倪志云：《半山——马厂文化彩陶艺术的观念主题》，《文物》1989年第4期。

中，那种经常、大量地被表现的十字以及类十字（戈麦丁）图案，如果不能说全部都是的话，那么也肯定有相当大的一部分，是以描写太阳神的图形作为其母题的"①。也有人认为"⊕"形成属于生殖崇拜符号。如潘守永与雷虹霁研究商代玉器上的"⊕"符号，认为它位于人形的"臀部"，是"性别的标志，具体而言，是'阳性'的标志"②。因为"以'鸟'寓意'男根'是中华性文化的一大特色，有大量的民族学材料和民俗事例。雕刻有'⊕'符号的玉佩皆做成鸟形，应该与'阳性'是有联系的"③。但这个符号在中国玉器上只发生在商代，而商代文化与岩画是不同的文化系统，所以两位先生的研究成果对岩画图像可以做一个参考，但不能以此确定它属于性别符号。因为岩画中并不常见鸟的图案，特别是具有"⊕"符号的广西花山没有鸟形符与之相配，说明岩画中的圆圈纹并不是从鸟的图案发展而来，更不能就此认为它是生殖崇拜符号。与性别符号相比，岩画中的圆圈纹更可能是雷纹或与太阳符号相关。

  岩画中的卍字符也称万字符，雍仲符号，是值得注意的符咒。在新疆、青海、西藏等地的岩画中常能见到这样的万字符号。卍字符在新石器时代的陶器中就已经出现了，如马家窑文化的马厂类型陶器上，就有右旋与左旋的卍字符。学者们常将卍字符看作太阳的象征，具有吉祥如意的含义。在西藏的原始宗教苯教中也代表着好的意义。岩画中的卍字符常与太阳相组合，应该与光明、温暖相关。在公元前第二个世纪，苯教从象雄等地传入吐蕃。《新唐书》记其："其俗重鬼、右巫，事羱羝为大神。喜浮屠法，习咒诅。"④ 卍字符在苯教中正是一种符咒。

  抽象几何纹是可以互相搭配在一起的。比如凹穴与沟槽图案的结合。如新疆柯尔碱沟的泉水图以多个圆形的凹穴为泉眼，泉眼处涌出

---

① 何新：《诸神的起源》，生活·读书·新知三联书店1986年版，第9—10页。
② 潘守永、雷虹霁：《古代玉器上所见"⊕"字纹的含义》，《民族艺术》2000年第4期。
③ 潘守永、雷虹霁：《古代玉器上所见"⊕"字纹的含义》，《民族艺术》2000年第4期。
④ （宋）欧阳修、宋祁：《新唐书》卷二百一十六，中华书局1975年标点本，第6072页。

中国岩画的原始信仰及其审美生成

条条细流，流向四面八方。泉流扩展处刻着羊的图像。具茨山上的对状凹穴图与网格图、沟槽图案可相互搭配。具茨山凹穴与沟槽常刻在同一岩面上。包括单个凹穴与沟槽的组合与梅花状凹穴与沟槽的组合。这些组合至少显现了各个凹穴之间是具有一定联系的。

岩画抽象符咒除了以上的几何纹饰的符号外，还有以部分代整体的抽象方式。与文献多处记载的脚印不同，手印图才是岩画图像的代表。目前中国岩画中没有发现明确的、具有代表性的脚印图，却有多处手印图。中国岩画的手印图基本是涂绘的，分为阳纹与阴纹。中国岩画的手印图基本是阳纹，也有阴纹。如云南耿马芒光岩画点的同一个岩面上就出现了阳性手印和阴性手印。在中国的新疆、湖北、云南等地都出现了绘制的手印纹。在湖北省恩施州巴东县天子岩发现了一处手印岩画"在高山绝壁，绿树密布的荒芜山崖，出现了长约20米、宽1.4米左右的手印岩画，其岩画点岩壁奇特，岩下有一块宽10多米的斜面平地，在离平地1.5米到2.6米左右的岩壁上，布满与真人手一样大小的手印，密密麻麻有400多只，数量之大，堪称全国之最。……它属于阳纹手印，应该是当时的古人们，用工具将颜料涂抹到自己的手掌上，然后再按在岩石上所致。"[①] 这些手印颜色为红色，表现了手印创作者们对红色的钟爱。在同一个岩面上手印图不仅是对手印符咒效果的认可，也是对这块岩画岩面灵性的认同。新疆巴音郭楞蒙古自治州且末县莫勒切河谷出现了许多手印图。有些手印图是单独出现的，有些手印图杂列在羊、牛、鹿及狩猎人物中。新疆喀什地区叶城县棋盘乡有一幅彩绘手印图：手掌朝下，有些手掌上装饰着白色的点。岩面除了手掌印外，还有类似羊的小动物，同样身带白点的蛇形物，以及白点。白点具有一定的神圣意义，如果这里的手印也代表接触的话，那么这幅彩绘手印图依然诠释了"接触神圣"的意蕴。白点与凹穴也比较近似，也可能表示生殖意义。

人们对手印的意义有多种猜测。盖山林先生在解释手印含义时，

---

① 陈文武：《长江三峡岩画引论》，《三峡论坛》2010年第1期。

列举了人们对它的多种猜测：或表示手势语言，或希望自己打猎有所收获，或战争后表示已方胜利，或代表五、多等数量符号等。① 朱狄先生更是列出了手印的八种解释："代表'我'、画家的签名、狩猎巫术、对祖先灵魂的问候、下意识的消遣、自残行为、手势语的一种、指示路人的标志。"② 手印当然不可能是画家的签名。如果是的话，手印的出现应该比较固定，就像甲骨文中占卜者的签名一样。手印也不应该是下意识的消遣，因为湖北东马县天子岩的大型手印群表明手印画是群体行为，具有特殊的意义。手印更可能代表人的存在，或者是计数工具，以及表示"接触"这个符咒意义。手印虽然是具象符号，意义却十分抽象、广泛。在不同的岩画点，手印应该具有不同的意义。

岩画中抽象符号的意义都比较含糊，现在还不能清晰地确定它们的意义，只能在一定的范围内圈定他们的含义。可以确定的是，这些抽象符号至少不是完全的装饰意义，更多的是指称式的意义。

从符咒的功能来看，符咒主要起预测吉凶与掌控外物之能。岩画中的符咒是指后者。以狩猎岩画与生殖岩画为代表的"吃"与"性"是岩画符咒的主要类型。说明从符咒类岩画来看，岩画的目的更偏向于功利性的人类基本生存。岩画的抽象符号意义不够明确，现在能确定是他们中的独立图案依然起着符咒的作用，这些符咒也多与人的巫术相关。

第二节 牲祭

牲祭是祭祀活动的主要角色。古代五礼分为吉礼、凶礼、军礼、宾礼、嘉礼。祭祀神与祖先的礼为吉礼。《周礼·春官·大宗伯》：

---

① 盖山林：《中国岩画》，广东旅游出版社2004年版，第59页。
② 朱狄：《艺术的起源》，武汉大学出版社2007年版，第143页。

"以吉礼事邦国之鬼神示。"① 以吉礼祭祀的对象包括一统世界的天神、分类细致的各方物神与祖先。岩画中牲祭作用倾向于吉礼。牲祭的作用是为了在祭祀中沟通人与神之间的交流，使人之所求、所愿达于上听。从这个意义上说萨满在很大的程度上也是充当牲祭的作用。具体论证如下。

一　交换与通神

牲祭用于沟通人神，又并不是神，只是神与人之间的中介。就如青铜器之中的饕餮纹，饕餮并不是神的形象，何以又有了神的威力？张光直先生在论述这个问题时说道："青铜彝器是巫觋沟通天地所用配备的一部分，而其上所象的动物纹样也有助于这个目的。"② 牲祭是用来沟通天地人神的中介物。岩画中牲祭形象既包括献于神的牺牲，也包括沟通人神的萨满。

牲祭起着沟通人神的中介作用，同时又是与死亡相联系的。剥夺牲祭性命的原因有两种。一是作为交换，以生命的代价换取神的垂怜。这种牲祭的目的在于愉神。以交换为手段的愉神不是使神快乐，而是要打动神灵的情感，获取神灵的同情心。人们要从神那里获取原本是属于神的东西，为了得到神的谅解就向神献上祭物。这时候的牲祭是一种商品，用来与神交换。

中国传统祭祀采用的牲祭常出现牛、马、羊等动物。《尚书·召诰》记："越三日丁巳，用牲于郊，牛二。"③《毛诗·小雅·信南山》太守："祭以清酒，从以骍牡，享于祖考。执其鸾刀。以启其毛。取其血膋。是烝是享。苾苾芬芬。"④ 骍牡指赤色的雄性牛。这都是用牛来祭祀神。《周礼·春官·甸祝》说道："师甸，致禽于虞中。乃属

---

① （清）阮元校刻：《十三经注疏·周礼注疏》，中华书局2009年影印本，第1633页。
② 张光直：《中国青铜时代》，生活·读书·新知三联书店1983年版，第323页。
③ （清）阮元校刻：《十三经注疏·尚书正义》，中华书局2009年影印本，第449页。
④ （清）阮元校刻：《十三经注疏·毛诗正义》，中华书局2009年影印本，第1011—1012页。

第二章 中国岩画的信仰意蕴

禽。及郊，馌兽，舍奠于祖祢，乃敛禽。禂牲、禂马、皆掌其祝号。"郑玄注："师甸，谓起大众以田也；致禽于虞中，使获者各以其禽来致于所表之处。……禂读如伏诛之诛，今侏大字也。为牲祭求肥充，为马祭求肥健。"① 牲指全牛，"牲，牛完全也"（《说文解字》）②，又可指牛、羊、猪、犬等更多的动物，如《周礼·地官·牧人》中的"掌牧六牲"，郑玄注"六牲谓牛、马、羊、豕、犬、鸡"③。人们掌握了畜牧业技巧后，可以自行养殖牛马，所以可养殖的动物为主要祭祀动物。从这个选择可以看出祭祀选用牲祭的原则不在于极其稀有，而在于可得并健硕。

中国岩画的动物形象以牛、马为主。除此之外，北方与西北方还有许多的鹿的形象与羊的形象。西藏地区的牦牛虽在原始社会不属畜牧业，但也是可得并健硕的。这些形象不一定与文献记载中的牛、马一样作为牺牲，如前文所述岩画中动物的图像还有符咒。但这里面也可能有牲祭，这需要依据图像做具体分析。有些图像是符咒图案，如狩猎图、动物追赶图、带箭动物图、突出生殖器的动物图；有些图像可能是牲祭图，如形体较大，身有纹饰的动物图；出现在祭祀场面的动物图。岩画中的牲祭形象不全是可养殖的动物，除牛、羊、鹿等食物类动物，还有虎、狗类动物。原始牲祭动物种类更加广泛。

原始献祭的特征非常独特。原始献祭多多少少含有做错了事忏悔，祈求神灵原谅的意思。但原始信仰的忏悔愉神与传统宗教中的忏悔愉神在目的中很不相同。原始信仰为了得到谅解而奉上牲祭，被谅解的行为并不会终止，而是一而再、再而三地重复着。人们也不会以此为耻，担忧某一天神会失去耐心，而不再原谅人的冒犯。在传统宗教中，无论是西方基督教中的自我忏悔，还是中国帝王的罪己诏，忏悔的目的既是为了求得神的原谅，也是为了避免自己再犯错，或减少自己再

---

① （清）阮元校刻：《十三经注疏·周礼注疏》，中华书局2009年影印本，第1761页。
② （清）段玉裁注：《说文解字注》，中华书局2013年点校本，第52页。
③ （清）阮元校刻：《十三经注疏·周礼注疏》，中华书局2009年影印本，第1558页。

犯错的机率。原始献祭的忏悔愉神没什么诚意，不存在不再犯错的目的，两物交换的意图更加明显。原始人的献祭更像是纯粹的物品交换，人们献上某物打动神一时的情感，以获得自己需要的东西。

中国南部克木人的案例清楚地说明了这种区分。克木人因为怕惹怒谷神而举行祭祀仪式。克木人认为割谷、脱粒都是对谷神的冒犯，为了在进行这些活动时不至于触怒谷神，克木人会以食物向谷神献祭，以获得神的原谅。"山谷或旱谷是克木人的主要食物，在他们的生活中起着极其重要的作用，自然，稻谷也被赋予了神秘的力量。他们认为稻谷同人一样有灵魂依附，因而也会同人一样发怒、烦恼，山谷的歉收就与谷神有莫大的关系，也与人的运气有关，因此必须在适当的时候举行仪式以取悦谷神，确保山谷的丰产。这种奉献谷神的仪式一般是在播种的那天，以及在收割后谷子进入谷仓前举行。"[1] "在脱粒打谷的第一天，在开始打谷之前，必须先杀一只鸡奉献给神，显然，脱粒亦是对谷神的冒犯。届时，女主人爬到谷堆的顶端，在那儿向谷神献祭。祭毕，将一束束的稻谷从谷堆顶扔下，开始脱粒工作。需要说明的是，克木人的收割和脱粒工作皆在地里进行，因此脱粒之后的工作就是将稻谷运送回家。在运谷之前，又有一只鸡被杀死，鸡血淋到稻谷上，奉献给谷神。"[2] 谷属于谷神之物，谷物的收获乃是从谷神那里掠夺了财产。克木人深信自己的生产劳动会得罪相关神灵，他们以牲祭"贿赂"神灵，以得到神灵一次又一次的劳动许可，赐予他们丰硕的劳动果实。

为什么原始人可以重复渎神之罪，而自信不会被神灵谴责，大概就是由于他们用牲祭的生命为他们的所取付出了代价。现实中有时这种代价会非常残忍，如出征、造房、造桥时采用的人祭都以人的性命换取所求事情的成功。某些时候，他们更加一厢情愿。如云南佤族的

---

[1] 李成武：《克木人的信仰和仪式》，孟慧英编《宗教信仰与民族文化》第二辑，社会科学文献出版社2009年版，第87页。

[2] 李成武：《克木人的信仰和仪式》，孟慧英编《宗教信仰与民族文化》第二辑，社会科学文献出版社2009年版，第97页。

"猎头血祭"仪式，以俘虏的头祭祀神灵。他们又怕牺牲复仇，就以牛、猪等作为牺牲祭奠被砍的人头，祈求被杀的人宽恕自己。"佤族实行猎头祭谷，又派生出砍牛尾巴和偶普等祭祀活动，即以牛、猪作为牺牲，祭奠被砍的人头，祈求被砍头的人对自己宽恕。他们认为被砍的人头和头发永久活着，如果不举行祭祀，他们就要报仇。"① 大家可以发现，这种交换充满了一厢情愿。或许，原始人认为物种的生命是等价的，夺取了一种后，就可以以另一种顶替，在这个交换过程中他们不太计算交换差异中的不平衡。

除了献上马、牛、鸡这样的食物，还可以直接献血。血祭是牲祭的一种重要形式。涂绘类岩画多为红色，常让人将它与血的牲祭功能相联系。在古代，血具有符咒与献祭的双重功用。血具有符咒的作用。如《吕氏春秋·慎大览》记载："衅鼓旗甲兵，藏之府库，终身不复用。"高诱注道："杀牲祭，以血涂之曰衅。"② 所以这里以血涂器物的目的在于封存，牲祭的血是用来封存事物的符咒。更多的时候血是用来献祭的。《周礼·大宗伯》："以血祭祭社稷、五祀、五岳。"③《管子·揆度》："轻重之法曰：'自言能为司马不能为司马者，杀其身以衅其鼓。自言能治田土不能治田者，杀其身以衅其社。自言能为官不能为官者，刖以为门父。'"④ 这时血便是献祭作用。"血祭的起源不是偶然的，而是原始时代的人们经过长期观察而形成的。在不同民族、部落间的战争中，大量的人被杀死，俘虏最初也是全部被杀死。被杀的人的鲜血沾红了一片片土地，人血的肥力是很高的，在血沾过的土地上长出的庄稼或草与其他地方不同，果实大而多。古人不解其因，便以为土地神爱喝人血。于是，定期在地里以人血滴洒于地，祭祀土地神。"⑤

---

① 宋恩常：《云南少数民族研究文集》，云南人民出版社1986年版，第646页。
② 许维遹集释：《吕氏春秋集释》，《新编诸子集成》，中华书局2009年标点本，第359页。
③ （清）阮元校刻：《十三经注疏·周礼注疏》，中华书局2009年影印本，第1635页。
④ 黎翔凤校注：《管子校注》，《新编诸子集成》，中华书局2004年标点本，第1374页。
⑤ 何星亮：《中国自然崇拜》，江苏人民出版社2008年版，第10页。

可见在祭祀中，剥夺牲祭性命的其中一种重要原因是以物换物。除此之外还有一种原因是通神。因为只有灵魂可以飞升，通神的牲祭需要舍去肉身，以灵飞升。当通神的牲祭是动物时，多将动物杀死。当通神的牲祭是人时，人可进入迷狂状态，以象征灵魂与肉体的割裂。能通神的用来祭祀的人我们通常称之为萨满或巫觋。

萨满或巫觋可以通神，但本身并不是神。《山海经·大荒西经》记："有灵山，巫咸、巫即、巫盼、巫彭、巫姑、巫真、巫礼、巫抵、巫谢、巫罗十巫，从此升降，百药爰在。"① 这说明远古时代巫文化很是昌盛，分有各类巫，应该是专司于各方面的通神工作。《国语·楚语下》："民之精爽不携贰者，而又能齐肃衷正，其知能上下比义，其圣能光远宣朗，其明能光照之，其聪能听彻之，如是则明神降之，在男曰觋，在女曰巫。"②《说文·巫部》："巫，祝也。女能事无形，以舞降神者也。"③ 又说："觋，能斋肃事神明也。在男曰觋，在女曰巫。从巫见。"④ 许兆昌先生将先秦时巫的功用分为：释梦，预言，驱厉，驱疫除病，求雨，攘除灾异，安排木主、辨认神号共七种。⑤ 总体来说可概括为驱病除灾，预示吉凶。许兆言先生认为："从理论上讲，先秦社会的巫，其神奇力量源于神灵的附体，源于与神之间的交通，而不是其本身即具备'超自然力'。如男巫冬堂赠可以无方无算，就是因为他能'与神通言，当东则东，当西则西，可近则近，可远则远，无常数。'女巫逢邦之大灾，歌哭而请，也是希望能'以悲哀感神灵也'。一旦神灵离体，巫也就等同于凡人。是以人间君主一旦认为巫者失去灵通，等于凡人时，就可以对他行使生杀之权，如《左传·成公十年》所记。"⑥ 萨满或巫觋获得了异己的神的灵力才可以实现通

---

① 《山海经》，（晋）郭璞注，（清）郝懿行笺疏，上海古籍出版社2015年标点本，第358页。
② （战国）左丘明：《国语》，上海古籍出版社2015年标点本，第376页。
③ （清）段玉裁注：《说文解字注》，中华书局2013年点校本，第203页。
④ （清）段玉裁注：《说文解字注》，中华书局2013年点校本，第204页。
⑤ 许兆昌：《先秦社会的巫、巫术与祭祀》，《史学集刊》1997年第3期。
⑥ 许兆昌：《先秦社会的巫、巫术与祭祀》，《史学集刊》1997年第3期。

第二章 中国岩画的信仰意蕴

神，一旦失去这种力量，他们就变成了普通人。

通神的过程是放弃自身的过程。为了能通神，承载神的躯壳空虚弱小，并常由病体担任。科尔沁的萨满歌《迎神》唱出这一过程："啊哈嗨，在帽子上边显灵吧，哲哲，哲呀嗨，溶进我的全身来吧，哲哲，哲呀嗨。"① 为了达到通神的迷狂效果，萨满的延续有时会专门在精神病患者中展开。黑龙江流域的达斡尔族萨满传承便是如此。满都尔先生记载道："达斡尔族萨满的产生和训练，非常隆重而富有神秘色彩。老一辈萨满死后若干年内要产生新一代萨满。据说长期患神经错乱等病者，就是上一代萨满的神灵选中的继承者，其家属和族人要请一名老萨满为师，选择冬季或初春农闲季节举行领神仪式，学习掌握当萨满的基本要领。这种领神仪式要举行一个冬春甚至两三个冬春，直到学者跳得神志不清时，就认为是上一代萨满的神灵已附体，便举行吃血仪式，请他的诸神降临来吃血，至此一个新的萨满便产生了。"② 精神病者因为自身神志不清，最容易陷入迷狂，达到能通神的境界。

有时候生病也是得以成为萨满的代价。满族石姓穆昆寻找萨满继承人时要生病为代价，"过去太爷抓叉玛抓的都是年轻的、聪明的，现在一直没抓，再说抓谁家的，谁也不干。因为凡是神抓叉玛在成为叉玛之前，都得病一场，特别遭罪。"③ 活跃在20世纪的满族石姓穆昆萨满石殿峰就是因为幼年时重病缠身，久治不愈才被人怀疑为是神抓的叉玛。赫哲族的萨满传承也与病相关，"萨满一般是传承的，但它与一般世袭不同，并不是萨满的儿子当然当萨满，而是其父亲辈的萨满的神找上儿子，其儿子不得不应允当萨满的。所谓找上门来，有这样的传说。是萨满有了儿子后，儿子到一定年龄时患了病，请萨满治病，而萨满认为小孩的病是其父辈萨满供的神在作祟，因此这时其

---

① 陈永春：《科尔沁萨满神歌审美研究》，民族出版社2010年版，第57页。
② 满都尔图：《达斡尔族》，民族出版社1991年版，第116页。
③ 苑杰：《满族石姓穆昆的萨满》，孟慧英编《宗教信仰与民族文化》第二辑，社会科学文献出版社2009年版，第75页。

儿子必须答应当萨满，否则他的病就不会好，或者将会变成残废。"①赫哲族人是否做萨满是神的选择，萨满技术的传承又叫领神，一个人可不可以接受领神必须得有疾病，甚至是精神病做征兆，"赫哲的萨满不是世袭的，也没有某阶级或某种人的限制。他们相信某人须做萨满，完全要凭神的意思。年龄在十五六岁到二十四五岁之间的人，害了精神病，久而不愈，请萨满跳神治病亦不见效时，乃由萨满祷告许愿云：'如病人得愈，愿教领神。'病人若果因此而得痊愈，即须至萨满处谢神了愿。再经过数月或一二年后，许愿领神者如又患病，是为领神时期的征兆。"②达斡尔人萨满的传承也与之相似，"充任萨满者多为长年患慢性病，弄得消瘦如柴，或者神经失常，多年不愈者，经萨满或者占卜者认定后，由其家长或族长出面，请一老萨满为师举行领神仪式，学习祷词和祭神本领，被请为师者的老萨满，达斡尔人称为'额格·雅德根'，意为母萨满，为徒者称为'库克·雅德根'，即子萨满。"③蒙古族非世袭的萨满也是如此，"非世袭博（萨满），蒙语称'陶目勒'博，意即被相中了的博。被谁看上了呢？当然是被博的神灵看上了。其表现是本人或亲人得病，长期无法治愈，请博看后，博就说：这是被博的神灵看上了，不当博，病是不能好的。于是不得不当博。"④生病不仅是做萨满的先决条件，也是有些萨满进级的条件，赫哲的萨满经过授神仪式后，"如在三年期中这萨满得病，即可进级改换三叉或五叉鹿角神帽，然因尚未满三年期限，仍不能为人跳神治病。从前萨满进级至三叉鹿角神帽，即能为人治病；后有萨满因急于进级而装病的，因此才规定以三年为限期，不以品级

---

① 《中国少数民族社会历史调查资料丛刊》修订编辑委员会黑龙江省编辑组：《赫哲族社会历史调查》，满都尔图等编《中国各民族原始宗教资料集成·赫哲族卷》，中国社会科学出版社1999年版，第223页。

② 凌纯声：《松花江下游的赫哲族》，民族出版社2012年版，第128页。

③ 满都尔图：《达斡尔温克蒙古（陈巴尔虎）鄂伦春族萨满教调查》，满都尔图等编《中国各民族原始宗教资料集成·达斡尔族卷》，中国社会科学出版社1999年版，第332页。

④ 白翠英、邢源、福宝林、王笑编：《科尔沁博艺术初探》，满都尔图等编《中国各民族原始宗教资料集成·赫哲族卷》，中国社会科学出版社1999年版，第684—685页。

为标准。"① 这种恍惚包括两种原因，一是萨满们被神灵附体，二是萨满们的灵魂脱离肉体，而游于天地之间。不管是哪一种原因，萨满都做出了死亡的牺牲。前者肉体虽然还存活着，但萨满的灵魂被神灵取代，导致萨满灵魂的死亡；后一种是灵魂脱离而导致的肉体死亡。

因为可以通神，人们认为萨满们具有一般人所不具有的超自然能力，有时是人，有时还会由动物充当。"在中州的土著人中，灰熊被认为是男性萨满，它是危险的，有时还恶毒。有时，鸟类想象与符号也被指定为萨满，人们认为萨满们有能力像鸟一样飞。"②

由此可知，原始牲祭的两种功能。一是作为两相情愿的物品交换，尽管有时在这种交换活动中交换物的价值相差较大。二是作为沟通人神的中介。两者皆可由人或物充当。在恍惚中，萨满可上天入地，随心所欲达到心之向往。在岩画中也是如此，而且比这还要稍稍复杂一些。

二 四种功用

岩画中的牲祭具有以上所述的两种作用。并在这两种作用的基础上具体分为四种功用。一是牺牲，二是愉神，三是通神，四是通神辅助。除此之外，岩画与牲祭相关还有一个原因。岩画的创作者也往往是一些通灵人员。"最早的对土著萨满的解释是'写的人'，意思是制作岩画的人。"③ "在一些地区（加利福尼亚的中南部的大盆地），求神启示仅限于萨满们，只有萨满们可以做画。"④ 当岩画只能由部分人创作时，它就由大家都可运用的符咒功能，转换到了只可由少部分人掌握的沟通人神的中介作用。所以规定只能由专属人员制作的那些岩画都因为创作者的通灵身份，具有了沟通人神的牲祭意味。但因为中国岩画创

---

① 凌纯声：《松花江下游的赫哲族》，民族出版社 2012 年版，第 130 页。
② David S. Whitley, *Introduction to Rock Art Research*, Walnut Creek：Left Coast Press, 2005, p. 81.
③ David S. Whitley, *Introduction to Rock Art Research*, Walnut Creek：Left Coast Press, 2005, p. 89.
④ David S. Whitley, *Introduction to Rock Art Research*, Walnut Creek：Left Coast Press, 2005, p. 98.

中国岩画的原始信仰及其审美生成

作者的个体身份难以考证，所以我们这里只谈岩画中的四种牲祭功用。

  第一是牺牲。如上文所说，牺牲是在祭祀活动中用来与神或某种精灵相交换的物品，遵循以物换物的思维。西藏任姆栋岩画中有一幅记载祭礼活动的岩刻。这幅岩刻的左下角有九排羊，当是牺牲的形象（如图2-10）。中间的十个坛子可能是用来装血或酒的。坛子右上方有一条盘着的大鱼形象，鱼腹中又有小鱼，所以这幅图具有生殖崇拜的意义，是为了求取生殖而举行的祭祀场面。不过也有人认为，"这幅岩刻即是规模宏大的祭祀太阳神活动的真实写照"[1]。图中有一个太阳，这样猜测也具有一定的道理，但太阳右面有一更大的生殖符号，按照以大为美的原则，太阳在这里是次于生殖符号的辅助作用。不管祭祀的是哪一种神，这一百多只羊都是具有明确意义的牺牲形象。这幅画证明中国岩画中的动物具有在祭祀活动中的牺牲意义。它们在祭祀活动中充当牺牲品，以换取生殖繁荣或其他的吉祥目的。

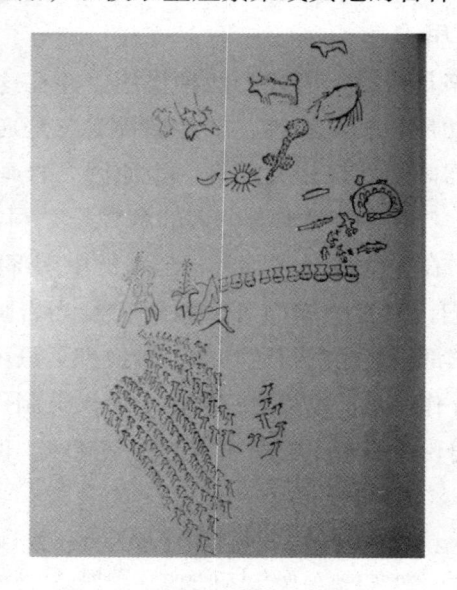

图2-10　牲祭选自陈兆复《古代岩画》

---

[1]　陈兆复：《古代岩画》，文物出版社2002年版，第165页。

第二章　中国岩画的信仰意蕴

既然岩画中的动物可以做牲祭物品，那么遍布于内蒙古、青海、宁夏等地的画在山脚、山壁上的羊都有可能是献祭于山神的祭祀。特别是那些身上没有箭头，没有人物或动物进行猎取，也没有刻画生殖器官，并且体形硕大的动物图。这些图像没有表现出明显的符咒倾向，没有在皮毛、体型上特别装饰突出，并且占据单独岩面，也不太可能是动物神，那么它们的出现有三种可能，第一种是出于模仿而模仿，这已经进入了纯粹的审美活动领域，是被多数信仰论者所反对的。如果是这种情况，那么我们可以得出结论，宣布岩画的动物图是审美活动的表现，岩画具有明显的审美特征，是审美活动的产物。这种推论恐怕不能令所有人满意。第二种可能是符咒，通过图像的复制希望获得此物。但因为它们上面没有箭、猎人、狩猎动物、生殖符号之类的符咒伴随图案，而从其他大量的岩画中我们可以发现，岩画作者们完全有能力掌握更明显的符咒图案。如图 2-11，猎手手中持有弓箭，射杀动物的符咒意义非常明显。所以很可能这其中的图像是属于第三种情况：牲祭。它们是画在山脚下与山坡上的祭祀品，等待着山神的收取。这也能说明为什么中国北方岩画图像包含了很多的食物图像，这些动物属于牲祭，是献给山神或某种神秘力量的交换物。

图 2-11　狩猎选自 Introduction to Rock ART Research

所以岩画中的有些动物图像可能是祭祀式的动物图像。我们在青海玉树考察时，根据尼玛江才先生的讲述，在当地的一些传说中，人们认为画在岩画上的动物图像是献给山神的祭祀。这是一些岩画点的当代人对岩画的理解，虽并不能代表岩画创作者的原意，但我们也要慎重考虑这个可能。

第二是愉神。牺牲当然也可以愉神。除以物易物的愉神方式外，岩画中还有仪式性的愉神，主要表现为舞蹈图。舞常与通神的巫相联系。《说文·巫部》："巫，祝也。女能事无形，以舞降神者也。象人两袖舞形，与工同意。"① 《商书》："恒舞于宫，酣歌于室，时谓巫风。"② 这都说明巫者可以用乐舞来通神。王国维论到："古代之巫，实以歌舞为职，以乐神人者也。"③ 音乐与舞蹈很容易带来愉快的感觉。无论是古时民间的踏歌、清乐，宫廷的宴乐，祭祀的雅乐，还是当代的追星潮都说明了乐舞给人带来的无法抗拒的快感。古人很早就认识到这一点，孔子的美育思想"兴于诗，立于礼，成于乐"便有寓教于乐的指向。《吕氏春秋·古乐》还提到了舞蹈的宣泄作用："昔陶唐氏之始，阴多滞伏而湛积，水道壅塞，不行其原，民气郁阏而滞著，筋骨瑟缩不达，故作为舞以宣导之。"④ 由此可见，古人很早就认识到舞蹈可以治病，调理身体。早期人没有现代人体育治疗的观念，所以很容易将舞蹈的治愈效果联想为神的某种恩赐。

舞蹈可以通神的原因更重要的是它可以细腻地表达人的想法。《尚书·舜典》中记舜的话"诗言志，歌永言，声依永，律和声"⑤，已经指出了音乐与表达思想的重要联系。《毛诗大序》更是进一步阐释了乐舞这方面的功能："诗者，志之所之也，在心为志，发言为诗。情动于中而行于言，言之不足，故嗟叹之，嗟叹之不足故永歌之，永

---

① （清）段玉裁注：《说文解字注》，中华书局2013年点校本，第203页。
② （清）阮元校刻：《十三经注疏·尚书正义》，中华书局2009年影印本，第345页。
③ 王国维：《宋元戏曲史》，中华书局2015年版，第1页。
④ 许维遹集释：《吕氏春秋集释》，《新编诸子集成》，中华书局2009年版，第119页。
⑤ （清）阮元校刻：《十三经注疏·尚书正义》，中华书局2009年影印本，第563页。

歌之不足，不知手之舞之，足之蹈之也。"① 这是认为乐舞最能够表达人的思想感情。如果乐舞最能表达人的想法，那么以乐舞为中介当然更能获得与神灵的沟通，达到愉神的目的。后世，乐舞中的乐独立出来，更为频繁地成为沟通天地的中介。《礼·乐记》："大乐与天地同和。"②《易·豫卦》："先王作乐崇德，殷荐之上帝，以配祖考。"③ 因为舞蹈可以最好地表达人的情感，所以人们常用舞蹈来通神，并认为舞蹈可以起到很好的通神作用。

中国岩画出现了以乐舞愉神的图像。最典型的代表是广西左江花山岩画。广西左江花山岩画有大规模的通人神的祭祀图。2016 年 7 月 15 日联合国教科文组织宣布中国左江花山岩画入选世界遗产名录。广西左江花山岩画成为中国首个入选世界文化遗产的岩画点。左江花山岩画共有 70 多个地点，其中以崇左宁明县明江河畔的花山岩画规模最为宏大。此岩画被用红色绘制在长 200 多米，高 50 米左右的沿江悬崖上，可辨认的图像有 2000 来个。

这些图像中有很多人物在进行蛙形蹲踞式舞蹈。图像中人物既有正面人物形象，也有一些侧面的拜神形象（如图 2－12）。岩画中人们整齐划一的蹲踞式舞蹈按照《毛诗大序》的阐释路径应是表达人的思想情感。左江流域频发水患，《思乐县志》称："左江汹涌异常，奔波可怕，睹浩淼以心愁，顾婴孩而泪下。欲离苦海，有翼难飞，思上青天，无棹可驾。三朝暴雨，祸即遍于州圩，两夜狂澜，势欲乎于台榭。"左江岩画起舞愉神所要表达的意愿与水患相关。人们为了避免灾害，在此地举行大型歌舞以祭祀水神。左江岩画中还有很多的铜鼓形象，更进一步证明这里画的是大型的愉神的乐舞场面。巫舞经常用鼓来伴舞。王逸《楚辞章句》论到："昔楚国南郢之邑，沅湘之间，其俗信鬼而好祀，其祠必作乐鼓舞以乐诸神。"④《诗·陈风·宛丘》：

---

① （清）阮元校刻：《十三经注疏·毛诗正义》，中华书局 2009 年影印本，第 563 页。
② （清）阮元校刻：《十三经注疏·礼记正义》，中华书局 2009 年影印本，第 3316 页。
③ （清）阮元校刻：《十三经注疏·周易正义》，中华书局 2009 年影印本，第 62 页。
④ （汉）王逸编著：《楚辞章句》，上海古籍出版社 2017 年标点本，第 42 页。

"坎其击鼓，宛丘之下。无冬无夏，值其鹭羽。"①《九歌·东皇太一》："扬枹兮拊鼓，疏缓节兮安歌，陈竽瑟兮浩倡，灵偃蹇兮姣服，芳菲菲兮满堂。"②《九歌·礼魂》："成礼兮会鼓，傅芭兮代舞；姱女倡兮容与。"③左江岩画中狗、环首刀等物都是通神的辅助物。总之，左江岩画绘制的是人们以舞为中介与神灵相沟通的大型祭祀场面。

图 2-12　花山岩画作者摄自广西崇左宁明

除了广西左江，其他处的岩画也常可发现舞蹈图。如新疆的彩绘岩画。在新疆富蕴县唐巴勒塔斯洞窟彩绘岩画中有一些舞蹈图，"这个洞内有一男一女两个持弓猎人，表明当时男女都狩猎。猎物对象是大兽马与骆驼；除此以外，洞内所有人员都在舞蹈。舞蹈形式都是两脚叉开。手势则有三种不同形式；即两手向左右斜伸；两臂平举；两手向上斜举。"④新疆阿勒泰市汗德尕特乡巧尔黑岩刻"中刻着一幅四人舞蹈图。画面上四个人，手牵着手，迈着整齐的步伐，正在轻快地跳舞。"⑤青海奈齐郭勒河谷的野牛沟还发现了与彩陶舞蹈纹相似的圆

---

① （清）阮元校刻：《十三经注疏·毛诗正义》，中华书局2009年影印本，第800页。
② （汉）王逸编著：《楚辞章句》，上海古籍出版社2017年标点本，第43页。
③ （汉）王逸编著：《楚辞章句》，上海古籍出版社2017年标点本，第65页。
④ 苏北海、孙晓艳：《新疆母系氏族社会时期的洞窟彩绘岩画》，《岩画》（1），中央民族大学出版社1995年版，第79页。
⑤ 赵养锋：《略谈阿尔泰山岩画中的舞蹈图》，《岩画》（1），中央民族大学出版社1995年版，第43页。

第二章 中国岩画的信仰意蕴

圈舞岩画,"根据微腐蚀方法测定,这里的岩画是公元前1300年左右的作品。这里最弥足珍贵的一幅岩画是众人手拉手舞蹈的场面,这与在大通和宗日发现的著名的马家窑彩陶上的舞蹈场面非常相似。"① 云南沧源岩画中也出现了圆圈舞,如图2-13。云南沧源岩画有许多舞蹈图,有些人还戴着羽毛,穿着舞裙。这些都是萨满巫师形象,羽毛、舞裙之类的都是通神的辅助物,就像广西左江舞蹈图中人物戴的帽子,腰间挂的长剑一样。除了这些辅助物,舞步与舞蹈的姿态显然也很重要。大禹祈水时有"禹步","禹步"就是一种专门的舞蹈。葛洪《抱朴子内篇·登涉》记:"往山林中,当以左手取青龙上草,折半置逢星下,历明堂入太阴中,禹步而行[……]又禹步法:正立,右足在前,左足在后,次复前右足,以左足从右足并,是一步也。次复前右足,次前左足,以右足从左足并,是二步也。次复前右足,以左足从右足并,是三步也。如此,禹步之道毕矣。"②《洞神八帝元变经·禹步致灵第四》:"禹步者,盖是夏禹所为术,召役神灵之行步。[……]然禹届南海之滨,见鸟禁咒,能令大石翻动。此鸟禁时,常作是步。禹遂模写其行,令之入术。自兹以还,术无不验。因禹制作,故曰禹步。"③ 岩画中的蹲踞式舞蹈,圆圈舞都是特定的愉神舞步,而且这些舞步不仅仅出现在岩画中,原始艺术中这两种舞步是随处可见的。

与岩画相似,青海、甘肃等地也出土了手牵手的舞蹈彩盆。如1973年于青海大通县孙家寨出土的舞蹈纹彩陶盆。该彩陶盆"口径29厘米、腹径28厘米、底径10厘米、高14厘米"④,彩图中舞蹈人物五人一组,共三组,手牵手踏步而舞。人物头上戴着头饰,股间露出的

---

① 汤惠生:《经历原始——青藏游牧地区文物调查随笔》,广西人民出版社2004年版,第12页。
② 王明校释:《抱朴子内篇校释》,《新编诸子集成》,中华书局1980年标点本,第302—303页。
③ 佚名:《道藏》第28册,文物出版社、上海书店、天津古籍出版社1988年影印本,第398页。
④ 青海省文物管理处考古队:《青海大通县上孙家寨出土的舞蹈纹彩陶盆》,《文物》1978年第3期。

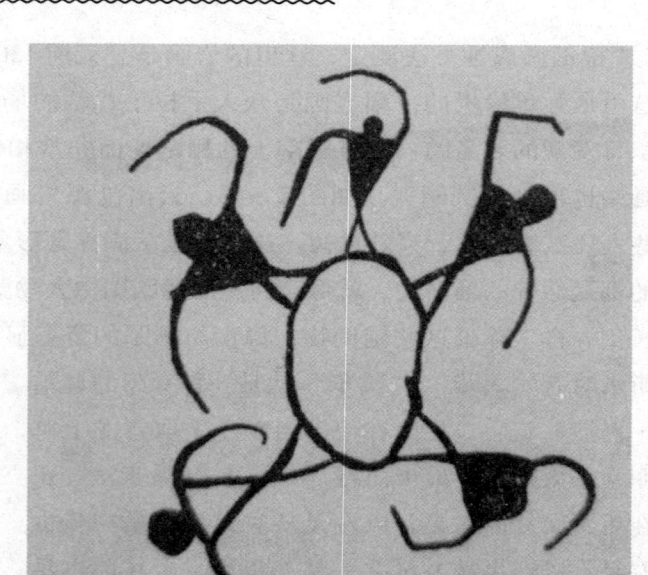

图 2-13 舞蹈选自《云南沧源崖画的发现与研究》

舞饰向同一个方向摆动。这新石器时期的舞人的尾部应合了后世"操牛尾"的记载。《吕氏春秋·古乐》记载:"昔葛天氏之乐,三人操牛尾投足以歌八阙:一曰载民,二曰玄鸟,三曰遂草木,四曰奋五谷,五曰敬天常,六曰建帝功,七曰依地德,八曰总禽兽之极。"[1] 操牛尾而投足是一种特殊的舞蹈,它与愉悦农业神相关,其中的奋五谷,依地德、遂草木都指向了农业经济。除了操牛尾外,还有头饰,武器之舞。《庄子·天道》:"钟鼓之音,羽旄之容,乐之末也。"[2]《礼记·乐记》:"比音而乐之,及干戚羽旄,谓之乐。"郑玄注:"干盾也,戚斧也,武舞所执也。羽,翟羽也;旄,旄牛尾也;文舞所执。"[3] 这里已经将文舞与武舞区分开了。新石器时期还没有严格的文武乐之分,

---

[1] 许维遹集释:《吕氏春秋集释》,《新编诸子集成》,中华书局2009年标点本,第118页。
[2] (清)郭庆藩集释:《庄子集释》,《新编诸子集成》,中华书局2012年标点本,第472页。
[3] (清)阮元校刻:《十三经注疏·礼记正义》,中华书局2009年影印本,第3310页。

尾饰、头饰、腰饰、舞步等都表现出舞者的舞蹈具有了一定的类别。结合陶器与岩画中的舞蹈图案，可以断定原始人不仅习惯于以舞愉神，而且分出了不同类别的舞蹈。这些愉神图像也是类似于萨满的牲祭图。愉神自然要以某种行为与神相感应，获得神的喜爱。这类图像中不一定有神出现，但人们愉神的目的却很明显。在岩画的人物图中常见舞蹈性的愉神图。愉神图与以物换物的牺牲不同，带有更多的仪式意义，甚至是装饰符号。

第三是通神。萨满们进入迷狂状态可以看作放弃自己现世的生命，从而进入另外一个超自然界。这种说法在后原始社会曾经作为严肃的理性思考而出现，柏拉图及新柏拉图主义者们在解释理式世界（或上帝）时就认为当人们获得肉体进入现实社会时，就因为离开了以前所处的理式世界，从而遗忘了这个世界。只有人们进入迷狂状态时才能回忆到以前的理式世界，因此对柏拉图来说人们学习知识不是对新事物创新性掌握，而是回忆起理式世界的知识。柏拉图的思路与萨满的恍惚状态何其相似。否定现世的思考不仅发生在古希腊，基督教义中常强调的放弃自身，信仰上帝的教义与之异曲同工。智慧苹果之所以成为罪恶一是因为人类违背了契约，更重要的原因是这颗果实是颗智慧的果实。人类拥有智慧而能思考，获得了主体性的存在。而对超自然力量——上帝的亲近，必须放弃主体的独立思考，也是让人类自己"死去"。所有的信仰皈依多多少少在一定程度上都要求人们放弃自己的独立存在。中国道家思想中老子的"涤除玄鉴"说，庄子的"心斋坐忘"说，佛教的"明心见性"说认为人要摒除杂念，进入心境澄明的境界，才能体悟到事物的玄理。这些思考都认为接近真理的途径之一是放弃自我，特别是自我清醒意识，身不由己为另一股力量所主宰，才能达到与真理的合一。这种与真理的合一，岂不就是原始祭祀中萨满们放弃自身，达到人与神的合一的转换！不仅是宗教，在心理学上也出现了类似的论证。20世纪奥地利心理学家弗洛伊德对潜意识的发挥也是更强调潜意识对人类行为的影响，当显意识"死去"时，人被催眠、入梦时，潜意识的区域才可能更清楚地敞开。心理学上以催眠的方法进入潜意识领域，也是先放弃主体的有意识思考。

　　岩画中对主体意识的放弃往往以死亡或迷狂为代价。为了通神，岩画中的通神之物应该是死亡之物。一些狩猎的射手画被看作与"假死"状态的萨满相关。如图 2-11 的那幅画常被解释为一个猎手穿着羊头伪装正在狩猎大角羊的写实绘画。为什么要伪装成大角羊呢？并不是教大家在狩猎时要伪装，而是因为："肖像的首要在于这不是一个人穿着羊头伪装，而是他部分地转换成一只羊。搭配这种身体转变的是他夸大的阴茎。夸大的阴茎在羊人中是一个共同的物理特征，这种特征的出现在羊人中比在人类形象中还普遍。这与处于恍惚状态的与性的觉醒象征相关。图中人在射大角羊，这是一个物理攻击行为。事实上，大角羊被画成已经死了的形象：他大大的举起的尾巴是羊的死亡姿势。攻击与死亡都被包括在图像中。对这最常见的象征的解释是萨满的恍惚状态：他的'死'使他进入了超自然界，这种死亡建立在真实的死亡与恍惚状态（包括崩溃与失去意识）的相似中。猎人与羊之间的对等由人与动物的合并建立，或者说这种情景是一个仪式上的萨满自动牺牲：当他进入超自然界时产生了他自己的'死亡'。"[①]在这里死亡的羊才能具有通神的作用。羊的尾巴有下垂的，也有上翘的。就我现在看到的图片而言，成年大角羊的尾巴确实是下垂的。图中的大角羊也是四肢无力下垂、关节松弛状态，判断它为死亡姿势具有一定的道理。从那幅图可以看出，岩画作者已经意识到了萨满与死亡的关系。当然一般来说萨满不会真正死亡，而是进入迷狂的状态。但在中国狩猎岩画中狩猎者并不会伪装成一只羊，所以很难说中国岩画中狩猎者是死亡的萨满。

　　与欧洲岩画不同，中国岩画中动物没有明显的象征死亡的状态，与生殖目的相联系的中箭动物图象征死亡。箭是一种符咒，起着连接

[①] David S. Whitley, *Introduction to Rock Art Research*, Walnut Creek: Left Coast Press, 2005, pp. 117-119.

的作用，或者射杀的作用。在祭祀场面没有发现中箭动物的刻画。中国岩画祭祀图案的通神图为人面像以及一些人物图。人面像祛除了人面的特征，加入其他自然物的形象特征，也是为了让其他物的精灵可以占领自身。为了让其他灵可以更轻易地入住体内，就要使人的灵性衰弱。人面像上各种各样的黥面纹便是遮掩了人面本来的面目，是对人面的刻意破坏。

通神物也可以由人来充当。这些人物往往形象高大，处于岩画中的显著位置。广西花山与云南沧源祭祀图中的重要祭祀人物形象都要大于图像中的其他人物形象，且其他人物对这些中心的大人物有围绕之势。通神的人物图常处于特定的舞蹈动作中，以舞蹈的激情暗示他们进入了某种迷狂状态。

第四是通神辅助。通神的巫师、萨满或祭司会有通神的辅助。克雷维辽夫提到巫师、萨满、祭司"随着他在宗教发展过程中作用的增长，并逐渐筹置了专门的道具、法器以及作为个人尊严和职业的其他标志（神仗、铃鼓、木鱼、法衣、头式）"。[①] 许尔特克兰茨讲道萨满的具有四个重要组成部分："（1）以信仰超自然界并与之交往作为思想前提；（2）有以群体的名义活动的人——萨满；（3）辅助神灵赋予萨满以灵感；（4）有萨满的异常昏迷经验。"[②] 第3点指通神辅助可以为精灵。通神辅助主要有两种形式：一是各类法器、道具；二为神灵，而大多时候这类神灵由动物担当。

通神辅助在岩画中具有多样性的表现。首先，萨满旁的动物图像是萨满的精神助力者，它是特定的，又具有地域特征。如"非洲南部的圣以萨满岩画而闻名于世。旋角大羚羊是圣地最重要的精神力相助者。在他们的岩画中旋角大羚羊是最普遍的绘画动物。"[③] 中国岩画中也能见到这种精神力相助者。如广西左江崖画中的狗形象（如

---

① 郑天星：《国外萨满教研究概况》，《世界宗教资料》1983年第3期。
② 郑天星：《国外萨满教研究概况》，《世界宗教资料》1983年第3期。
③ David S. Whitley, *Introduction to Rock Art Research*, Walnut Creek：Left Coast Press, 2005, p. 98.

图 2 – 14）与新疆呼图壁上的老虎形象（如图 2 – 3）。左江花山崖画的蹲踞式人物常站在狗的形象上。狗是舞蹈着的通神者的通神辅助。呼图壁生殖岩画中的老虎形象同样是辅助动物。

图 2 – 14　花山岩画作者摄自广西崇左

除了狗，老虎也是岩画中明确出现的通神形象。新疆呼图壁的生殖崇拜岩画中具有虎类形象。老虎经常成为通神辅助者。道教就常以虎通神。道教中有三蹻形象。《抱朴子·杂应》记："若能乘蹻者，可以周流天下，不拘山河。凡乘蹻者道法有三：一曰龙蹻，二曰虎蹻，三曰鹿卢蹻。"[①] 战国时期已经发现了人虎结合的器物。1957年于洛阳西郊发掘的战国墓发现白玉雕成的伏兽玉人两件，其中一件伏兽玉人"高2.6，长1.8，宽0.9厘米，裸体，骑虎上"[②]。更早的新石器时代已经有了虎为"蹻"的形象。如张光直论述的："濮阳45号墓的墓主是个仰韶文化社会中的原始道士或是巫师，而用蚌壳摆塑的龙、虎、鹿乃是他能召唤使用的三蹻的艺术形象，是助他上天入地的

[①] 王明校释：《抱朴子内篇校释》，《新编诸子集成》，中华书局1980年标点本，第275页。
[②] 考古研究所洛阳发掘队：《洛阳西郊一号战国墓发掘记》，《考古》1959年第12期。

三蹻的形象。"① "龙、虎、鹿显然是死者驯使的动物助手或伙伴。"② "濮阳的新发现,与濮阳资料与古代道教中龙、虎、鹿三蹻的密切联系,使我们了解到古代美术中的人兽关系就是巫蹻关系。人便是巫师的形象,兽便是蹻的形象;蹻中以龙虎为主,其他的动物(包括鹿)在古代美术形象中种类也是很多的。"③ 不管中介如何变化,又存在多少差异,虎是比较常见的辅助神形象。

鹿与虎一样是常见的通神辅助。"事实上,从旧石器时代晚期开始,鹿便作为萨满通神的一种工具而普遍见于从西班牙到鄂尔多斯的欧亚大陆,尤其是在欧亚草原地区,其中最常见的是中亚和中国北方草原地区的鹿石。"④

当然原始信仰的中介与道教的中介或者战国时代的中介不是完全一致的。如新石器时代的濮阳三蹻不一定就是道教中可载人登峻涉险的三蹻。这三种图案在新石器时代并没有经常成套出现。"蚌壳龙、虎、鹿等动物图案并不是象征墓主的三蹻,原始道教中的三蹻与蚌壳龙并没有直接的联系。"⑤ 引人上天,穿越时空的其他动物如龙、凤不为岩画所特有。长沙出土的两幅目前中国最早的帛画,上画龙凤充当三蹻。如1949年出土于长沙陈家大山的楚墓中的帛画《龙凤仕女图》(又称《龙凤升天图》等),画中一龙一凤引导墓主升天。1973年长沙子弹库一号墓的《人物御龙图》画的是墓主乘龙升天的场景。由此可知,战国时候龙凤的"蹻"的作用是毋庸置疑的。《山海经》中也有类似的记载。如《海外东经》记载乘龙的形象,"东方句芒,鸟身人面,乘两龙"。⑥ 不仅如此,《山海经》中蹻还有其他形象,如"东

---

① 张光直:《濮阳三蹻与中国古代美术上的人兽母题》,《文物》1988年第11期。
② 张光直:《濮阳三蹻与中国古代美术上的人兽母题》,《文物》1988年第11期。
③ 张光直:《濮阳三蹻与中国古代美术上的人兽母题》,《文物》1988年第11期。
④ 汤惠生:《经历原始——青藏游牧地区文物调查随笔》,广西人民出版社2004年版,第41页。
⑤ 何星亮:《河南西水坡蚌壳与新石器时代的龙崇拜》,何星亮编《宗教信仰与原始文化》第一辑,社会科学文献出版社2007年版,第153、125页。
⑥ 《山海经》,(晋)郭璞注,(清)郝懿行笺疏,上海古籍出版社2015年标点本,第278页。

海之渚中,有神,人面鸟身,珥两黄蛇,践两黄蛇,名曰禺𧑮"①;"南海渚中,有神,人面,珥两黄蛇,践两黄蛇,曰不廷胡余"②。这是以蛇为蹻。蛇经常成为其他物种的辅助工具,"有巫山者,西有黄鸟。帝药,八斋。黄鸟于巫山司此玄蛇"③。文献资料可以说明动物是常见的辅助神,而岩画中明确有虎与狗为通神辅助。

其次人面像也可能是萨满的通神辅助绘画。在非洲的圣地"图像通常显示了人与动物的综合图像——萨满转换成他的精神相助者"④。图2-15中的猴面像动物特征明显,与这个论述十分接近。猴面像动物的兽类面貌更加具体,符合人兽图的标准。猴面将一般岩画中的人面排除在图像之外,造成了一定意义上人的"死亡"而达到通神目的。

巫师或萨满身上的佩饰也是通神的辅助工具。广西花江崖画人物身上的长剑、铜鼓,云南沧源岩画的羽毛、佩饰都具是通神的辅助工具。这些佩饰表明人物不同寻常的身份。符咒人人都可以使用,但通神需要更复杂的条件,这些图像需要辅助性饰物才能起到通神的作用。

与符咒图像不同,岩画中的牲祭形象分为四个层次:牺牲、愉神、通神、通神辅助。在以物换物的牺牲图中,动物图像是按照先民们特定的手法进行的写实性描绘,愉神之中注重舞步与装饰。在通神作用中,中国岩画以人面像为主。通神的人物形象高大,在图像中居于显著位置,并伴有舞蹈动作;动物图像明确出现了狗与虎。通神辅助物表明岩画的牲祭作用所需要的图像范围变得专门化。岩画的牲祭作用表现出了巫术与祭祀活动已经逐渐为部分人所专用,而不像符咒一样

---

① 《山海经》,(晋)郭璞注,(清)郝懿行笺疏,上海古籍出版社2015年标点本,第336页。
② 《山海经》,(晋)郭璞注,(清)郝懿行笺疏,上海古籍出版社2015年标点本,第347页。
③ 《山海经》,(晋)郭璞注,(清)郝懿行笺疏,上海古籍出版社2015年标点本,第344页。
④ David S. Whitley, *Introduction to Rock Art Research*, Walnut Creek: Left Coast Press, 2005, p. 98.

只要符合程序，人人可用。

图 2-15 猴面像选自《中国岩画全集》

第三节 偶像崇拜

按照弗雷泽的观点人类形成巫术活动的思维要早于宗教思维。这种观点被广泛认同。我国学者在论述原始信仰时也常支持这个论点。"据民族学调查资料，万物有灵和自然精灵观念可能产生于旧石器晚期，而自然神观念则形成于新石器时代。"[①] 巫术思维是基于相似律与接触律的交感巫术。巫术活动者们认为通过这两个规律可以控制事物

---

① 何星亮：《中国自然崇拜》，江苏人民出版社2008年版，第10页。

的发展。宗教思维是通过愉悦神，获得神的恩赐来满足自己的愿望。偶像崇拜是宗教思维的雏形。作为偶像的图像不是人类可以利用的符咒，而是人类愿望直接申诉的对象。符咒效果的实现包含着法力的运用，这种法力是人可以掌握的，而在偶像崇拜区域，人的法力发生了退化。神是被崇拜与愉悦的对象。在岩画中一些图像是被祭拜的对象，已经部分地或全部地起着偶像的作用。

一 原始崇拜

"崇拜"一词在《现代汉语词典》中解释为："尊敬钦佩。"《书·仲虺之诰》："钦崇天道。永保天命。"① "崇"有敬重并遵守的意思。《南齐书·百官》论左仆射的职能："领殿中主客二曹事，诸曹郊庙、园陵、车驾行幸、朝仪、台内非违、文官举补满叙疾假事，其诸吉庆瑞应众贺、灾异贼发众变、临轩崇拜、改号格制［……］"② 这里的崇拜已经具有祭拜的含义了。原始信仰中神与巫术的关系错综复杂，偶像崇拜中的神格还未完全从巫术中脱离出来，其表现方式也是多样的。

在不同的历史时期偶像崇拜的表现方式也不一样。由宗教统治的时代，偶像崇拜基本是对神的崇拜，人们通过讨好神，愉悦神，让神为己所用。宗教时期的神多为人格神。前宗教时代的偶像崇拜不仅是类似于人的神，还有很多物神。

原始偶像崇拜的第一个特征是拜偶像。基督教教义中有劝诫人类去除偶像的教义。摩西十戒之一就是教导人们不得拜偶像。基督教崇拜神的去偶像化，避免了以物质崇拜代替精神崇拜的后果，更好地保证了崇拜单一神的纯洁性。多神论宗教保留了图像的神圣意义，可以拜偶像，如佛教与道教，这是因为他们与原始偶像崇拜一样同属于多神论世界。佛教与道教虽然是多偶像崇拜，但他们又与原始的偶像崇拜不一样。在历史的发展中，佛教与道教多为人格神，不像原始宗教

---

① （清）阮元校刻：《十三经注疏·尚书正义》，中华书局2009年影印本，第342页。
② （梁）萧子显：《南齐书》，中华书局1972年标点本，第319页。

第二章 中国岩画的信仰意蕴

一样具有更多的动物神、植物神等自然神。偶像崇拜活动中供奉偶像就等于供奉神祇。这些雕刻、图像可以代表神祇本身。

这种将神的图像认同为神的做法也掺杂了巫术，遵循的是巫术的相似律。这也可能是基督教排斥拜偶像的另一个原因：不拜偶像，排除的是这种遵循巫术规律的行为，使宗教崇拜更加纯正。所以原始崇拜的第二个特征是偶像崇拜中包含着巫术行为。将图像与神联系起来本身就是建立在相似律上的巫术行为。原始偶像崇拜具有明显的巫术痕迹。如新疆石门子生殖崇拜岩画。岩画中绘制了大型人物形象的祖先神。画面以双人头并置、身体处绘有人头，及男性生殖器官刻画等方式，在祖先神的形象塑造中运用了巫术手法。如图2-3左边正中大型的女性形象具有两个头，从两个头的位置来看有主次之分，隐喻一个人繁衍出另一个人。此形象偏左另一个人物形象的胸腔出现了一个人头，也是同种隐喻。图中男性生殖器的刻画隐喻的是男性生殖神。在这幅表示生殖意义的祖先崇拜图中保留着原始时期纯朴的巫术想象。

在一神论信仰中，神与巫术符咒的差别显而易见。一神论中，真神只有一位，这神是万能的，而巫术只有局部特殊功用，某种巫术只能运用于某个领域，没有哪种巫术可以统领所有的领域。在多神论信仰中，二者的差别需要更进一步加以说明。古希腊神话与北欧神话都是多神论国家。我国也是个多神论国家。相对于一神论信仰世界，我们与原始信仰的继承关系要更亲近一些。多神论中权力被分化，各神各司其职，某种神往往定位于某种具体的事物。因为较为定向，在神起具体作用的操纵过程中，往往伴随有巫术道具。也就是说多神信仰中神与巫术活动经常结合在一起。如我国的月老神话，管人间姻缘的月老将一根常人看不清楚的红线绑在两个人的脚上，这两个人在这世上便可以结为夫妻。月老是管姻缘的神，给人拴红线的动作又是一种巫术行为。神与巫术分化的第一步在于巫术专业化了，只能由巫师或萨满等专职人员施行。月老是个老人的形象，他的形象与结为夫妻这种行为的形象并没有确实的功能联系。所以月老这个神的形象已经完全从"结为夫妻"这个功能中分化了出来。从巫术到神的演化中，神所拥有的符咒特征逐渐淡去，而变为注入更多情感的化身。在一神论的《圣经》里面神创造世界时不需要借助巫术活动。神说有了光，于是就有了光。完全由意志决定，不需要过程性的巫术活动。与之相比，月老的形象虽然已经神化了，但"月老"牵红线的动作还是巫术阶段的。多神偶像崇拜中常常包含巫术行为。除月老红线外，太上老君的金丹，北欧神话中雷神的锤子都具有巫术符咒意义。所以，处于多神论世界中的岩画，它有些偶像形象并伴有巫术活动是很可能发生的。

早期宗教呈现为原始崇拜的第三个主要特征是对物的崇拜。法国人类学家布罗赛斯在《实物神崇拜》中提出了"拜物教"（fetishism）的概念。布罗赛斯认为除了犹太人，所有的民族都是从拜物教开始的，拜物教"有赖于一种同样古老的对某种世俗事物和物质对象的崇拜，它可称作'神物'，如在非洲黑人中间（他只是听那些访问过非洲黑人的人说），因此我称之为'神物崇拜'。"[1] 拜物教指原始人的自然崇拜。他与宗教崇拜不一样。在自然崇拜中，人们并不崇拜形而上的，超越于现实的神。形而上的，超越于现实的神是指宇宙的最高神，如基督中的"上帝"，伊斯兰的"安拉"，佛教脱出轮回的众佛，儒家所说的天命、天道中的"天"等。原始宗教人们崇拜周围随处可以出现的事物，所以"拜物教"也指实物神崇拜。原始社会中也有至高无上的神，但这些神还是会与实物相联系，如"雷神"崇拜。"最初的异教"奥林匹斯山的宙斯形象便是雷神。维柯《新科学》："拉丁人首先根据雷吼声把天帝叫做'幼斯'（Ious），希腊人根据雷电声把天帝叫做宙斯（Zeus）。"[2] "最初的异教人类的创建者们〔……〕把爆发雷电的天空叫做约夫（Jove，天帝），即所谓头等部落的第一个天神，这位天帝有意要用雷轰电闪来向他们说些什么话。"[3] "天帝约夫凭他的雷霆是他的最重要的占卜权的由来，他用雷霆打倒了最初的巨人们，把

---

[1] ［英］麦克斯·缪勒：《宗教的起源与发展》，金泽译，上海人民出版社2010年版，第37页。
[2] ［意大利］维柯：《新科学》，朱光潜译，商务印书馆1989年版，第229页。
[3] ［意大利］维柯：《新科学》，朱光潜译，商务印书馆1989年版，第183页。

他们驱逐到地下，住到山洞里。"① "加利福尼亚的迈杜印第安人同样相信：是一位伟大巨人创造了这个世界和世上的人，雷电正是从天飞降的这位巨人，他那曳光的长臂点着了森林树木。远古时期欧洲人崇敬橡树，确信橡树和天神二者一体的关系，多半是由于古代欧洲森林中最常因雷电而起火的树林实为橡树，这样来解释，似乎是可信的。"②由此可见，即使是最高神，原始崇拜与一神论宗教崇拜也是不一样的。原始崇拜中的最高神同时也是物神，原始人的最高神崇拜依然保持着对物的依赖。神的力量来自于此神对某种物的所有。

不是至高神的物神就更多了。如对"火"的崇拜，火是彝族的祭祀对象，彝族家庭都要祭祀火塘，也就是灶神，"泸西县阿盈里彝族每年正月初一早上和六月二十四日，都要由各家当家的妇女用肥肉祭火塘神。其方式是，吃饭前，由当家的妇女选一块最肥的肉，丢进燃烧正旺的火塘中，慰问司火的精灵，祈祷火不烧房屋，不烧到儿童。"③每年的六月二十四左右是彝族、白族、纳西族、拉祜族等少数民族的重要节日，每到这时人们要举行仪式祭祀火神。除火神外还有水神、树神、谷神、灶神以及各类动物神等等。

中国岩画是原始崇拜文化，也表现了物神崇拜，包括水神、太阳神、植物神、动物神等崇拜现象。如广西左江花山岩画是水神崇拜图，虽然图像中未出现水神形象，但祭祀的对象是水神。人面像中的太阳神图像与植物神图像，特别是绘有身体、手足的太阳人面像更具有神的特征。那些独占一块岩面的大型老虎图像是岩画中动物神的代表。西藏任姆栋的祭祀岩画（如图2-10）绘制了羊这种牺牲形象，崇拜对象是太阳形象与生殖符号。这依然属于拜物教的范围。如我们所述拜物教是早期宗教，是其他宗教的起源。所以西藏任姆栋的祭祀岩画的偶像崇拜思维仍然保留着拜物的早期信仰痕迹。

---

① ［意大利］维柯：《新科学》，朱光潜译，商务印书馆1989年版，第250页。
② ［英］J. G. 弗雷泽：《金枝》，汪培基、徐育新、张泽石译，商务印书馆2013年版，第1093—1094页。
③ 宋恩常：《云南少数民族研究文集》，云南人民出版社1986年版，第656页。

除了物神还有祖宗神。祖宗崇拜是偶像崇拜中的重要分支，这在中国尤其受重视，并一直延续到现代。祖宗崇拜是中国传统文化的核心信仰，在其他文化中也多有痕迹。如英国的赫伯特·斯宾塞、格兰特·阿伦就认为宗教的原初形式是邀宠于死去的祖先。祖宗崇拜是人类对自己起源的疑惑与解答。世人都喜欢对自己的来源刨根问底。《魏书·高车传》记载人为狼妻，产子，繁衍成国的故事：

> 匈奴单于生二女，姿容甚美，国人皆以为神。单于曰："吾有此女，安可配人，将以与天。"乃于国北无人之地，筑高台，置二女其上，曰："请天自迎之。"经三年，其母欲迎之，单于曰："不可，未彻之间耳。"复一年，乃有一老狼昼夜守台嗥呼，因穿台下为空穴，经时不去。其小女曰："吾父处我于此，欲以与天，而今狼来，或是神物，天使之然。"将下就之。其姊大惊曰："此是畜生，无乃辱父母也！"妹不从，下为狼妻而产子，后遂滋繁成国，故其人好引声长歌，又似狼嗥。①

侗族传说中侗族人的原始祖母与蛇交配，产下后人。《诗经》中述："天命玄鸟，降而生商。"② 商以鸟纹为族徽，高车人、侗族人对狼、蛇的畏惧和崇敬都在某种程度上说明了人们对祖先的眷恋。祖宗崇拜又与某些实物的崇拜相关。《管子·轻重篇》说"黄帝作，钻燧生火"③。《左传·昭公十七年》述："炎帝氏以火纪，故为火师而火名。"④ 祖宗崇拜介于人格神与物神之间，它既可能是人的图像，也可能是动物或植物或其他事物的图像。所以我们在连云港的人面像中既看到人的特征，也看到了显著的植物特征；在新疆石门子生殖崇拜岩

---

① （北齐）魏收：《魏书》，中华书局1974年标点本，第2307页。
② （清）阮元校刻：《十三经注疏·毛诗正义》，中华书局2009年影印本，第1343页。
③ 黎翔凤校注：《管子校注》，《新编诸子集成》，中华书局2004年标点本，第1507页。
④ （清）阮元校刻：《十三经注疏·春秋左传正义》，中华书局2009年影印本，第4523页。

画中可以看到猴面人。

多神崇拜与一神崇拜谁先谁后还存在着争议。奥地利的威廉·施米特（Wilhelm Schmidt）、英国的罗伯特·雷纳夫·马雷特（Rober Ranvlph Marett）等人认为一神观念并不晚于多神论。施米特认为部落民族的原始宗教开始于最高神的观念，这个神是仁慈的创造者。马雷特认为宗教起源于对某种非人格的，不可解释的力的敬畏与崇拜。而休谟认为多神教是人类出现的最原始宗教。从岩画图像看，岩画中的自然崇拜明显是一种多神崇拜。

总之，早期宗教崇拜属于"拜物"的自然崇拜，是多神的。它不仅拜多个偶像，还掺杂了许多巫术行为在其中。追问人生活来源的祖宗崇拜是早期宗教崇拜中的重要分支，这种崇拜与巫术和拜物有着紧密的联系。

二　人物神

围绕岩画的活动是巫术与宗教相混合的活动。因为岩画成片出现时期相对较早，在新旧石器时代与青铜时代，所以岩画中巫术内容要大于它的宗教信仰。但岩画中其实也有偶像崇拜，主要以人物神为代表，其中又以人面像居多。早期中国人面像的类型是多样的，大多不仅仅是人面，其意义也可分为牲祭与偶像两种。

新石器时代的陶器中已经具有了人物的形象。青海乐都柳湾一彩陶壶上塑有一双性特征的人物形象。有些陶器是纯人面像的塑造，如马家窑文化半山期师赵村一陶器上有X光透视风格的人面像。陶器上的人面像纹饰数量远不如岩画。辛店文化、卡约文化陶器纹饰以羊、鹿等动物纹为多，而黄河流域与长江流域陶器纹饰以植物纹、几何纹及蛙纹为主。人面像不是陶器重点表现的题材。玉器、陶器中的人面像常被学术界称为神人像。

早期的人面像除了大量出现在岩画中，还频繁出现在《山海经》中。人面与其他物种杂糅在一起的形象在文献《山海经》中十分普遍。有在山上的"凡䰠山之首，自鹿蹄之山至于玄扈之山，凡九山，千六百七十里。其神状皆人面兽身"①；在江河中《山海经·南山经》记载青丘山"英水出焉，南流注于即翼之泽。其中多赤鱬，其状如鱼而人面，其音如鸳鸯，食之不疥"②；海里面也有"陵鱼，人面、手足、鱼身，在海中"③，"东海之渚中，有神，人面鸟身，珥两黄蛇，践两黄蛇"；甚至在天上，"雷泽中有雷神，龙身而人头，鼓其腹，在吴西。"④《山海经》中各个空间都具有想象性的人面兽身或人头兽身的形象。

《山海经》中记载的与动物相杂的人面像既包括了牺祭形象，也包括了神的形象。说它包括了牺祭的形象，是因为它有沟通人神的作用。《山海经·南山经》记令丘山，"有鸟焉，其状如枭，人面，四目而有耳，其名曰颙，其鸣自号也，见则天下大旱。"⑤ 这个人面形象与其他的牺祭中介是一样的功能，它是用来为天界传递信息的，起通神作用。再如《山海经·南山经》记鸡山"其中有鱄鱼，其状如鲋而彘毛，其音如豚，见则天下大旱"⑥。似乎由多样动物组合而成的动物都有超自然的能力，而见之则天旱之类的记载是指它们有预兆吉凶的功能，这正是沟通人神的巫师类牺祭特征。除此之外，《山海经》中的人面形象还指神，如《山海经·大荒东经》记："有神，人面兽身，名曰犁𩲸之尸"⑦；"有夏州之国，有盖余之国。有神人，八首人面，虎身十尾，名曰天吴"⑧；"有神，人面犬耳，兽身，珥两青蛇，

---

① 《山海经》，（晋）郭璞注，（清）郝懿行笺疏，上海古籍出版社2015年标点本，第167页。
② 《山海经》，（晋）郭璞注，（清）郝懿行笺疏，上海古籍出版社2015年标点本，第7页。
③ 《山海经》，（晋）郭璞注，（清）郝懿行笺疏，上海古籍出版社2015年标点本，第309页。
④ 《山海经》，（晋）郭璞注，（清）郝懿行笺疏，上海古籍出版社2015年标点本，第312页。
⑤ 《山海经》，（晋）郭璞注，（清）郝懿行笺疏，上海古籍出版社2015年标点本，第21页。
⑥ 《山海经》，（晋）郭璞注，（清）郝懿行笺疏，上海古籍出版社2015年标点本，第20页。
⑦ 《山海经》，（晋）郭璞注，（清）郝懿行笺疏，上海古籍出版社2015年标点本，第332页。
⑧ 《山海经》，（晋）郭璞注，（清）郝懿行笺疏，上海古籍出版社2015年标点本，第335页。

名曰奢比尸"①。有时候与动物相杂的人面像仅指人的形象或兽的形象。如《海内南经》述:"氐人国在建木西,其为人人面而鱼身,无足"②,这里人面兽身是人的形象。而在"昆仑南渊深三百仞。开明兽身大类虎而九首,皆人面,东向立昆仑上"处,又指神兽。可知《山海经》的兽身人面像虽然有多种指向,但主要包含两种符号意义:一是可预言吉凶,有通神作用的中介。二是已经代表了神。从《山海经》的记录来看,战国以及战国以前的人面像依然具有牺祭与神两种意义。

青铜器中人面像的情况较之《山海经》又不同。学界一般认定青铜器上为兽面纹。兽面纹的功能与《山海经》一样分为沟通人神的中介与神的形象。以张光直为代表的考古学家认为青铜器兽面像是沟通人神的祭礼。而另有学者认为青铜器中的兽面纹或神面纹是天帝的形象。如俞伟超将青铜器中的各类动物进行分类:"以夔龙为主的各种陆地动物则是山神;蛇、蛙等水生动物应即水神,鸟类动物大约是丛林之神。[……]这时期神灵信仰的分类,既已基本清楚,而'天帝'以外的各类神灵在铜器像中又大体已寻找出来,恰恰只有这种兽面纹还没有找到归属,因而将此卣的神面纹,以及其他铜器上的兽面纹或饕餮纹,推定为'天帝',正是分类归纳各类图像后自然出现的一种结果。"③ 新石器时代的玉器中也多有兽面纹。如长江流域良渚文化玉器的典型图案就是神人兽面纹,这些神人兽面纹多出现在玉琮中。

早期器物中关于人首的形象还有"兽食人"的构图。在青铜器"虎食人卣"类的人兽结合器物中,人首的作用又是更重要的。"虎食人卣"指在虎嘴里出现人头。除了"虎食人卣"还有"鹰攫人首"

---

① 《山海经》,(晋)郭璞注,(清)郝懿行笺疏,上海古籍出版社2015年标点本,第339页。
② 《山海经》,(晋)郭璞注,(清)郝懿行笺疏,上海古籍出版社2015年标点本,第287页。
③ 俞伟超:《"神面卣"上的人格化"天帝"图像》,《保利藏金》,岭南美术出版社1999年版,第351—352页。

中国岩画的原始信仰及其审美生成

"龙攫人首"等构图。张光直先生在《商周青铜器上的动物纹样》里面认为这不是简单的虎食人动作。他列举了几种兽口人出现头部或全身的器物，论述到：

> 这几种情形中，没有一件毫无疑议的在表现怪兽食人。唯一令人联想到"吃人"的动作是怪兽把口张开而人头放在口下。但这一个动物并不一定表示食人，即将人头人身咀嚼吞下。如果有把人头或上半身都吞到肚子里面去而下半身还在口外的形象，那么这"食人"的意义便要明显得多了。可是这种表现是没有的，两件卣所表现的是人抱着兽，兽抱着人，而且人的两足稳稳当当的踏在兽的两足上。大司母戊鼎和妇好钺的人头正正当当的放在两个兽头的当中，都不似是食人的举动。①

张光直将这种动物图像与其他的动物图像一样都看作通天地的助理。但兽食人头或人身何以成为沟通天地中介，在张光直那里，食人兽与《山海经》中神人佩戴的动物一样都是巫的助理。人们对玉器上神人兽面纹的解释是与之相似的，玉琮神人兽面纹"比较流行的解释是把兽面纹看作萨满的形象，琮是贯通天地的法器"②。张光直的论述没有指出"食"的意义。李学勤认为"吞食象征自我与具有神性的动物的合一"③。李学勤引弗莱瑟氏（Douglas Fraser）的论述来说明他的观点："弗莱瑟氏认为这些雕刻均属于所谓'他我'（alter-ego）的类型，即设想他物转变为另一自我。夸秋托人的两件雕刻，其意义是：'第一件表现熊正从首部开始，吞食一人；在第二件上，熊坐于人后，将前爪放在面向前的人顶上。[……]作为新手的这个人被熊吞食了，

---

① 张光直：《中国青铜时代》，生活·读书·新知三联书店1983年版，第332—333页。
② 刘莉、陈星灿：《中国考古学：旧石器时代晚期到早期青铜时代》，生活·读书·新知三联书店2017年版，第250页。
③ 李学勤：《四海寻珍》，清华大学出版社1998年版，第209页。

但通过这一过程便取得该动物的保护。"① 如此，关于兽食人也有两种解释，一是牲祭，二是神。

以上三种形式，无论是《山海经》中的人面，还是青铜器中的兽面，或是玉饰与青铜器中出现的兽食人形象都同时有牲祭与偶像两种可能。这两种可能也同样存于岩画中。岩画中的人面像既可以代表牲祭，也可能是神的化身。

同时，与文献记载和其他器物相比，中国岩画的人面像又有其独特性。中国岩画的很多人面像与青铜器和《山海经》中不同。青铜器中全部称为兽面，这种称呼与古代文献记载有关。《吕氏春秋·先识览》："周鼎著饕餮，有首无身，食人未咽，害及其身，以言报更也。"② 容庚在《商周彝器通考》中述商周时期的饕餮纹有16种。③ 后人统一将商周青铜器上的面孔称为饕餮纹，也很自然地归为兽面一类。从图形上看，青铜器上的面孔确实也更像兽面。

与青铜器、玉器相比，岩画中的人面形象特征更加明显，这也是为什么岩画界统称此类图形为人面的原因。又与《山海经》中文献的单纯记载人面不同，中国岩画人面像的组合是将人与动物、植物与太阳相合的符咒图形，将人的特征与动物、植物的某些特征合在一个图案中，利于接触律与相似律在图案中得到一些超自然的力量。中国岩画中的人面像只有极个别的图案保持了很明确的动物形，图2-15是个猴面图形。如果没有其他大量的人面像作比照，让我们知道岩画中有人面像这一重要类型，也许我们会觉得图中画的就是一张猴子脸，而不会联想到人面。大部分岩画的面孔图倾向于人面图案。这些人面像图案经过了抽象加工，不仅仅是肖像描写，而且呈现偏离现实的效果。在岩画类型中，人面像是比较抽象的图像，这使岩画中的人面像图案离现实距离更遥远，也容易带有神秘特征。正如我们所知道的，

---

① 李学勤：《四海寻珍》，清华大学出版社1998年版，第209页。
② 许维遹集释：《吕氏春秋集释》，《新编诸子集成》，中华书局2009年标点本，第398页。
③ 容庚：《商周彝器通考》，哈佛燕京学社1941年版，第100—103页。

神秘特质对于表现超现实事物来说是非常合适的，所以许多信仰中的偶像形象都塑造得与常人不同。无论是千手观音的怪诞，还是十八罗汉的龇牙拧眉的凶悍，或是卢舍那佛温柔宁静的祥和，或是耶稣十字架受难的悲天悯人，都离尘世有一定的距离。

岩画人面像的抽象化，淡化了符咒功能中的可直接感知功用。牛、羊等肖像式动物题材，人们一看就可以与现实对应。正如我们下面要论述的：符咒功能中的动物形象是建立在仿生写实基础上的图像。人面像的抽象化使其更加神秘，离仿生写实更远一步。图2-16是宁夏贺兰山贺兰口的太阳神图像。图像是椭圆形，四周有类似于太阳的芒纹，人面双目圆睁，头上似乎戴着一个圆环式头冠，人面两侧还长出两只纤细的手臂。图2-16人面像中的芒纹符号应为太阳纹。江苏连云港将军崖岩画中就刻有三个具有芒纹的圆形太阳，说明在旧石器时期人们画的太阳图案已经是以芒纹为标志了。所以学术界将图2-16人面像称为太阳神像十分贴切。这幅图像与其他人面像有三处不同。第一，与山脚、山坡中的石刻岩画不同，此图像刻在半山腰，山壁陡峭，常人常法无法企及，所以也没有办法时常通过触摸直接得到图像的符咒力量。画像通过独立的地理位置获得神圣感。同时，画像又不会太高，在山脚下往上仰望还是看得很清楚，正好适合人们膜拜。第二，与其他人面像相比，这幅图像因为有了手臂形成了独立的个体，而不再是单纯的人面。给人面像清清楚楚地加上手臂是绝大多数人面图像都没有的，而这幅画的独特性也因此突显。甚至脸下两个圆点也可以将之联想为足。这样有手、有足、有脸的形象更接近于人格化的神。第三，此幅图像面积远远大于其他图像。从原始人尚"大"的倾向来看，这也符合它的独特地位。以上三点说明宁夏贺兰山的太阳神图像不仅是作为符咒存在，并且有了超越符咒的更高身份。

在上节论述符咒时我们已经论证过，符咒图像的功能是定向的，有管生产的，有管繁殖的，虽然原始人因为某种偏好会串用两种图案，但他们对图像的功能还是有某种区分，在图像中都做了功能指向。而作为"神"的化身的偶像崇拜功能指向却不明确。贺兰山的太阳神图

第二章　中国岩画的信仰意蕴

图2-16　太阳神作者摄于贺兰山

案虽然有芒纹表示这是人与太阳的结合，但依我们上文所述，它已经超越了一般的符咒图案意义，具有更高层次的存在特征。如我们前文所说，凡是合体特征不明显的人面像，定向符咒功能都被淡化了，从而指向了不同于符咒的其他意义。

中国岩画的人面像中有很多带有芒纹。圆形的人面像加上芒纹，是太阳神的标志。太阳神的传说在世界各地的原始部落中十分常见，而且经常是作为最高神存在。如"在波哥大的平坦的高地上，在新格兰纳达（Nueva Granada），我们发现了半开化的奇布查人，或穆伊斯卡人，在他们之中，太阳是他们的神话和宗教的最主要的思想源泉。太阳是向之奉献人的牺牲的大神，纯洁的青年俘虏的血是人的牺牲中之最神圣者，这种血灌注在山巅的岩石上，以便升起的太阳的光能在它里面反映出来。在穆伊斯卡人部落的地方传奇中，国家的神话性的文明传播者，农业的导师，神权政体和太阳崇拜的创始者是个人……在秘鲁，太阳同时是印加人的祖先和王朝的创建者，印加人作为太阳的代表并且几乎是它的化身来进行统治，他们从太阳的少女修道院中娶妻，他们的后裔就形成了特殊的统治国家贵族政治的太阳人种。……博多人和迪马尔人部落在其众神庙中分配给了作为变基原神的太阳以地位，虽然实际上太阳在诸神之中的地位在圣河之下。孟加拉邦的若干部落——蒙达人、奥朗人、桑拿塔尔人——认为辛格邦加——太阳神是最高的神灵并向它致敬。某些部落向它奉献作为纯洁象征的白动物作牺牲。……卡拉加斯人向它奉献熊和鹿的头和心作为祭品。通古斯人、奥斯加克人、沃古尔人在自己的太阳崇拜中将太阳同自己的最高的神——上帝结合为一。"①

中国也有类似的记载。永宁纳西族有拜太阳的风俗。"在小孩出生的第三天举行拜太阳仪式。这一天太阳一出来，产妇的母亲或姐姐就取一根燃烧的松明丢在院子里，产妇或产妇的母亲左手抱着婴儿，右手拿着一把镰刀、一根麻杆（代表长矛）和一页喇嘛经书，跨出'一梅'（正房），到天井院停留一会，使婴儿沐浴日光，乞求太阳保佑。"② 除了中部，我国东南西北的岩画点都有太阳或太阳人面像岩画。有些岩画点的岩画与当地的文献记载是相通的。如内蒙古桌子山有许多面目分明的太阳人面岩画。文献中清楚地记载了北方匈奴族有太阳神崇拜。《史记·匈奴列传》："单于朝出营，拜日之始生，夕拜月。"③ 何星亮先生认为因为匈奴古时又称"鬼方、鬼戎、混夷、混戎、昆夷、昆戎和胡等，鬼、混、昆、胡（古读'古'）等古音与古突厥语谓太阳之 kün，哈萨克语之 kün，柯尔克孜语之 kün，维吾尔语之 kün，撒拉语之 kun 音声极为相近，疑是 kün 或 kun 的汉语译音。"④ 匈奴旧称的古音含有太阳之意。何先生还指出古代乌孙人的统治者"以'太阳'为自己的王号，自称为'昆弥''昆莫'。'昆'即哈萨克语之 kün，意为'太阳'，'昆弥''昆莫'意即'太阳王'或'太阳比'，是至高无上的首令，也就是奉太阳为王权的保护神。"但何先生将桌子山的太阳人面岩画视为匈奴太阳神岩画可能还要再

---

① [英]爱德华·泰勒：《原始文化》，连树声译，广西师范大学出版社 2005 年版，第 633—635 页。
② 严汝娴、宋兆麟：《永宁纳西族的母系制》，云南人民出版社 1983 年版，第 135 页。
③ （汉）司马迁：《史记》，韩兆琦译注，中华书局 2010 年标点本，第 6556 页。
④ 何星亮：《中国自然崇拜》，江苏人民出版社 2008 年版，第 135 页。

商量一下。有些学者认为人面像的时间会更早一点:"阴山岩画中着重表现太阳形象的第二类岩画的产生时代应该偏早,结合这类岩画使用磨刻的制作技法,我们认为,第二类人面岩画上限可能到新石器晚期或稍早。"①

在我国新石器时期的河姆渡文化、仰韶文化中都出现了日与鸟相结合的太阳鸟陶饰。商代青铜器、汉代瓦当中都有类似的纹饰。器物中常见的十字纹也常被认作为太阳符号。"这些图案具有惊人的相似之处,从而表明它们很可能具有一种共同的母题——太阳。它们都是太阳图案的各种简化和变形形式。……更为值得注意的是,十字和太阳母题的纹饰图案,也大量出现在商周秦汉的铜镜、铜鼓以及宫殿瓦当中。……中国上古新石器时期的陶器和其他器物中,以及商、周、秦、汉的青铜器和其他器物中,那种经常、大量地被表现的十字以及类十字(戈麦丁)图案,如果不能说全部都是的话,那么也肯定有相当大的一部分,是以描写太阳神的图形作为其母题的。"② 发展到后来,十字纹也可能是指月亮,"在汉墓出土砖画中,女娲常与伏羲连体交尾,两者都具有人首蛇身的形象。但伏羲的手中常捧着太阳,而女娲手中则常捧着月亮"。③ 中国的十字纹是不是太阳图像,还有待于更多的图案例证。在岩画中确实有些支撑何新先生的证据。西藏岩画中有雍仲纹与太阳图像相结合的岩画。雍仲符号是向右或向左旋转的十字纹。西藏尼玛县夏仓一块岩画上画有逆时针的雍仲符号。雍仲符号上方有一个桃形的火焰图形,下方是一头雄鹿。西藏班戈县其多山洞穴中有各种动物图像多为牛、马、鹿、羊。一牦牛图像上方画着一个太阳与月亮。太阳与月亮之间是顺时针的雍仲符号。太阳上还有一只鸟,疑是太阳鸟形象。

为了更好地分析宁夏贺兰山口太阳神的神格,我们再将之与江苏

---

① 王晓琨、张文静:《岩石上的信仰——中国北方人面岩画》,社会科学文献出版社 2018 年版,第 135 页。
② 何新:《诸神的起源》,生活·读书·新知三联书店 1986 年版,第 4—10 页。
③ 何新:《诸神的起源》,生活·读书·新知三联书店 1986 年版,第 40 页。

连云港的图案作比较。在连云港将军崖的岩画中，伴生着表示太阳的星体符号的图案是圆穴与人面像。岩画中的圆穴一般有两种实体指称意义，一是代表星体，二是代表繁殖符号，在特定的时候它还能代表泉水的水源。将军崖的圆穴更可能表示星体。将军崖的人面像非常别致，是很明显的植物人面像。将军崖上十一个人面像中大多数与禾苗相联系，具有求取农作物丰收的意义。农作物人面、星体、太阳图像的组合很清楚地表示了将军崖的岩画具有与农作物丰产相关的功能意义，太阳与星体与农作物丰产相关，既可表示太阳、星体的力量能促进植物生长，也可表示植物生长要遵循一定的时令。反观贺兰山口的太阳神岩画四周没有如将军崖一样的相关功能指向物，它独占一块岩面。相对而言，太阳神图案的独立性非常显著，这也使它指意性更含糊，至少与将军崖上的岩画相比，贺兰山太阳神图案的偶像化特征更加突出。

除了太阳类的人面像，岩画中还有许多其他类型的人面像。方形的人面像远没有圆形、椭圆形人面像那么普遍。在连云港、贺兰山、阴山、桌子山等处都有发现。这些方形人面像中有些图像依然与太阳相关，如连云港将军崖的方形人面头上有芒线。阴山西部的默勒赫图沟有许多方形人面像，"那整整一堵几十米高的赫然石壁上，都镌有此类图像，而且非常大，长方形人面像长约1米多，宽亦在40厘米。方形之内镌有眼、鼻与有规则的纹线，方形上方同样刻有七条垂直的短线。"① 方形人面像上方的短线与太阳芒纹非常相似。桌子山苔烧沟的一幅方形图像中间是四个太阳形（如图2-17）。这些人面像在演化的过程中逐渐失去了芒纹，具有黥面的面具意义，不再与太阳相关。宋耀良在谈方形人面像走向时，分出了两个方向："一是沿着阴山山脉南麓继续往西。在托林沟、乌斯台沟、额勒斯台沟等地都出现方形人面岩画，只是愈趋简化，少加有黥面纹或没有这种纹线，头上的芒刺线也由六七根，减为一根，置正中或位于一侧呈斜线。眼、鼻、嘴

---

① 宋耀良：《中国史前神格人面岩画》，上海人民出版社2015年版，第77页。

不再以圆体现。用双连弧线作眼，三角作鼻，扁方形作口，或更加简单。[……]另一发展方向，则是沿着黄河南下，在桌子山的苕烧沟岩画中出现。"① 由此可见，沿着阴山山脉走的那支方向，人面像的太阳纹特征在逐渐消失，也就是说方形人面像中的太阳神格在减少。

图2-17 方形人面选自《中国史前神格人面岩画》

有些地方的"泪眼"风格人面像也可能是神的表征。"在北美洲西北海岸的温哥华岛库里特湾，有一幅内容复杂的人面岩画，被称为'雨神'（Rain God）岩画。当地的海达印第安人认为，画面中眼睛外侧带有泪痕的无轮廓人面是用来呼唤降雨的神灵。[……]这种信仰的表现方式在北美洲西南地区印第安人中的运用进一步扩大，将眼睛下面延伸出的线条看作雨或水的符号，大量出现在彩绘和凿刻的人像岩画之中，仍然带有向天空祈求雨水的原始宗教意味。处于拉丁美洲西印度群岛的牙买加也有一些同类人面像，断代为公元1000年左右，传说描绘的是泰诺（taino）印第安人的雨神'玻伊娜耶'（boínayel），象征着能够带来雨水的云层。泰诺人相信，只要来到岩画点向玻伊娜

---

① 宋耀良：《中国史前神格人面岩画》，上海人民出版社2015年版，第77页。

耶祷告，就会达成降雨的愿望。"① 中国人面岩画有些地方也出现了这种泪眼风格，如"亚洲中国阴山、亚洲中国桌子山、亚洲中国贺兰山、亚洲中国阿拉善"② 都出现了带有泪眼的人面像（如图 2-18）。这些人面岩画是否也与雨神相关呢？人们可能还需要获得更多的材料来证明这种联系。不过国外泪眼人面岩画的解读为我们提供了一个极可能的方向。平时干涩无物的双眼如何能在伤心的情况下突然涌出大量的泪水这个问题使原始人感到非常神奇，故能将之与神奇的雨水相联系。中国古时孟姜女哭长城的故事也与之类似。想一个人如何能哭倒长城？但如果流泪可以带来暴雨的话，就有了将工事未稳长城冲塌的可能。不过泪眼一说，也可能只是人面像上的某种黥面纹。有些原始人喜爱在身上绘制各种纹饰，脸上也不例外。很多人面像上的各种条纹、折纹也表明了这一点。也可能这些黥面纹正好与我们认识结构中的泪眼相似。所以辨识图像时，不宜将所有眼下纹都作泪眼看，只有眼下竖纹比较突出的那类才更宜看作泪眼。

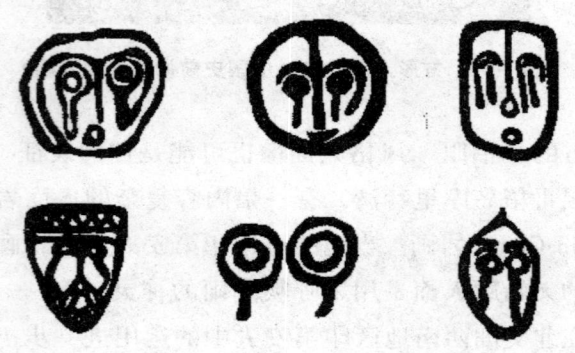

图 2-18 泪眼人面选自《环太平洋视域下的中国北方人面岩画》

除了人面像，人物神已经出现在中国岩画中。新疆呼图壁石门子

---

① 朱利峰：《环太平洋视域下的中国北方人面岩画》，中国社会科学出版社 2017 年版，第 174—175 页。

② 朱利峰：《环太平洋视域下的中国北方人面岩画》，中国社会科学出版社 2017 年版，第 175 页。

生殖崇拜岩画中的大型人物形象也被看作是祖先神。时间偏晚的南方涂绘岩画有一些"大人"的形象。云南大王岩岩画中两个大型人物像更像是祖先崇拜的神图案。巫也可能是一种神。就像人也会转变为神一样，巫的职能被夸大肯定后，在一定的时期也可能是神的形象。商卜辞有对巫的祭祀，如"帝北巫""帝东巫""宁风巫九犬"[1] 等。其中帝、宁都是指一种祭祀方式。

中国岩画中的人物神主要以人面像为主。对人物图像与人面像来说，它们是否为偶像崇拜都不是绝对的，要依据具体图像进行辨析。

三 动物神

除人面像等人物神，动物神也是原始信仰中的主要神灵。比较成熟的神谱都是以人物神为主。无论是古希腊的奥林匹斯山的诸神，还是北欧的诸神，或是中国佛、道的诸神都以人物神为主要。对原始社会的田野调查发现原始人是以动物神为主要崇拜对象。中国岩画中的动物神形象主要是虎神与鹿神。

满族石姓穆昆萨满教中就具有各式各样的动物神灵："首先，从石姓的神本子记载可知，该姓有以下动物神：黑熊神、野猪神、豺狼神、金钱豹神、飞虎神、卧虎神、蟒神、蛇神等兽类神灵，还有金舌鸟神、银舌鸟神、鹰神、旷野鸟神、白鸟神、苏禄瞒尼、白水鸟神等禽类神灵；另外，我们根据叉玛和栽力们的介绍，得知该姓还有水獭神。"[2] 在这些动物神中，岩画中最常出现的是虎。岩画中虎的形象常有花纹装饰，最有可能是岩画中的动物神代表（如图2－19）。东北一带的鄂伦春人也崇拜虎神。"鄂伦春人一般不伤虎，据传如打死虎，它的神灵将复仇五代人，直到绝根为止。"[3] 下文是鄂伦春族发现老虎

---

[1] 陈梦家：《殷虚卜辞综述》，中华书局1988年版，第578页。
[2] 苑杰：《满族石姓穆昆萨满教的信仰体系》，孟慧英编《宗教信仰与民族文化》第二辑，社会科学文献出版社2009年版，第65页。
[3] 郭淑云、孟秀春于大兴安岭地区调查整理资料，出自满都尔图等编《中国各民族原始宗教资料集成·鄂伦春族卷》，中国社会科学出版社1999年版，第23页。

时唱的祭虎神词：

图 2-19 虎作者摄自于贺兰山

乌它其——山中之王
俄特伍，阿米：
你是兽中之王，
你是动物的首领，
你成年累月生活在高山崖石中，
你是恩都力留下的山中之王。
我是恩都力留下的傲姥千，
我是人间的萨满，
我为妻儿来这里，
寻找动物来充饥。
你是最喜爱儿女的，
我们也有妻子儿女，
你的子女三年就能成才，
人间哺育儿女须几十年。
虎神呀虎神，

你虽是山中之王,

也有饥饿的时候,

请不要伤害我,

请多赐给我们动物的灵魂,

我们将世代将你祭奉。

……①

鄂伦春族人认为食物是虎神赐予的,作为回报,人们也要世代将它祭奉。

虎神除了可以赐予食物,人们还将它当作祖先。纳西族相传是虎的后裔。"纳西族语言中的喇、拉、罗皆指虎的意思,只是汉族译法有别。解放前,左所土司及其所管辖的480户摩梭人,都姓喇(虎),中所土司也姓喇。这不是偶然的。"②"宁蒗永宁土司,蒗渠土司及四川左所土司都是同出一源的。起初皆以虎为姓氏"③ "当地以虎为地名。纳拉山……纳西族称纳为黑,拉为虎,纳拉山就是黑虎山……阿拉山,是纳拉山延伸到永胜县境的一支,又称老虎山……泸沽湖为'喇沽',泸、喇为一音之转,也就是虎糊。阿拉瓦,汉译为虎村……"④ 纳西族自认为其是虎的后人,所以姓氏地名皆与虎相关。对他们来说,虎还有辟邪的意义,"在门楣上悬挂虎图,作为辟邪的神灵"⑤。虎对纳西族人来说已经是神的形象。纳西土司还有供奉虎皮的习惯:"平时土司把虎皮藏起来,只在每年正月初一、初二拿出来,供在土司椅子上,让属官、百姓和农奴瞻仰、膜拜,初三以后再收起来,如传家之宝,密不示人。"⑥ 纳西族人结婚时还有送虎皮的仪式:"把'拉尔'

---

① 郭淑云、孟秀春于大兴安岭地区调查整理资料,出自满都尔图等编《中国各民族原始宗教资料集成·鄂伦春族卷》,中国社会科学出版社1999年版,第23页。
② 严汝娴、宋兆麟:《永宁纳西族的母系制》,云南人民出版社1983年版,第190页。
③ 严汝娴、宋兆麟:《永宁纳西族的母系制》,云南人民出版社1983年版,第191页。
④ 严汝娴、宋兆麟:《永宁纳西族的母系制》,云南人民出版社1983年版,第192页。
⑤ 严汝娴、宋兆麟:《永宁纳西族的母系制》,云南人民出版社1983年版,第193页。
⑥ 严汝娴、宋兆麟:《永宁纳西族的母系制》,云南人民出版社1983年版,第190页。

(虎皮)送给你了,如果你浑身痛,'拉尔'会帮助你。"①

在文献记载中,虎是人们的守护神。《后汉书·礼仪志》注引《山海经》:"上有二神人一曰神荼,一曰郁垒,主阅领众鬼之恶害人者,执以苇索,而用食虎。"②《论衡·订鬼篇》也引了此段文字,大意相同。殷商青铜器常出现虎神食鬼的形象,就是指此。《山海经·海内西经》:"开明兽身大类虎而九首,皆人面,东向立昆仑山。"③虎是守护昆仑山的兽神。根据何新先生的考证,月中之兔与蟾蜍都是由虎神演变而来,"后来虎演变为兔,而兔又演变为蟾蜍,最后更演变为月中既有蟾蜍又有兔。而虎作为白虎,却被汉人归入二十八宿的系统中了"④。

新石器时代可能已经将虎视作战神。何星亮先生就认为"濮阳西水坡仰韶 M45 号墓主左侧的蚌壳虎,当是墓主部落或部落联盟的战神"⑤。何星亮先生的论据是虎符是中国调兵遣将的信物,早在春秋战国时期就已存在,各地也相继出土了多枚虎符。虎威武勇猛,独来独往,所以人们将之看作主导战争的战神形象。汉时虎又成了符瑞,是政通人和,天赐祥瑞的象征,"德至鸟兽,则凤凰翔,鸾鸟舞,麒麟臻,白虎到,狐九尾,白雉降,白鹿见,白鸟下。"(《白虎通义·封禅》)⑥虎之所以成为祥瑞,又与它的战神地位相关,"宅中主神有十二焉,青龙白虎列十二位。龙虎猛神,天之正鬼也,飞尸流凶,安敢妄集,犹主人猛勇、奸客不敢窥也"。

岩画中常具有虎的形象。新疆呼图壁的生殖岩画上除了人物图,

---

① 严汝娴、宋兆麟:《永宁纳西族的母系制》,云南人民出版社 1983 年版,第 348 页。
② (宋)范晔:《后汉书》,中华书局 1965 年标点本,第 3129 页。
③ 《山海经》,(晋)郭璞注,(清)郝懿行笺疏,上海古籍出版社 2015 年标点本,第 296 页。
④ 何新:《诸神的起源》,生活·读书·新知三联书店 1986 年版,第 207 页。
⑤ 何星亮:《河南西水坡蚌壳与新石器时代的龙崇拜》,何星亮编《宗教信仰与原始文化》第一辑,社会科学文献出版社 2007 年版,第 153 页。
⑥ (汉)班固:《白虎通义》,《四库全书》第 850 册,上海古籍出版社 1987 年影印本,第 37 页。

还有虎的形象。但这个虎的形象不够大，也不独占一个岩面，更像是通神的辅助形象。贺兰山贺兰口单独的一块大岩石上有一近似虎的猫科动物图像。因为单独占据一个岩面，所以更可能不是辅助形象，而更倾向于动物神的形象（如图 2-19）。宁夏大西峰沟、大麦地等处都能看见刻制得比较用心的老虎图案。在西藏、青海等地也常可看见虎、豹类猫科动物图像。这些动物多带有威慑性的效果，要不然他们就单独成像，如宁夏贺兰山贺兰口的老虎图案从占地位置表现同独特性；要不然他们就在捕食其他动物，从行为上表现更强的力量。

岩画中动物神的信仰较为复杂。墓室与岩画岩面上的虎可能同是神的形象，但更可能是一种通神的肖像。因为神具有一定的人格化特征，享受供奉，能力范围十分宽泛，而这些虎的形象并没有显示这些特征。如果虎是还仅是通神的话，那么也是人们认同它身上具有超自然的某些力量。

除了虎神，原始人还有广泛的鹿神信仰。赫哲族有跳鹿神仪式，规模颇大。20 世纪 50 年代少数民族调查组黑龙江组调查的赫哲风俗时记载："街津口，得勒气等地的人们都参加了，共有近二百人，每人还骑一匹马。跳神的萨满头戴神帽，帽上有几支铁叉，腰间挂着腰铃，胸前背后挂着几个如同碗口、盘子大小的铜镜，手里拿着神刀，磨得锃亮发光，一面挥舞，另一面跳跃前进。一大队人跟在后边，也边舞边歌唱前进。萨满跳到哪里，他们也追随到哪里。萨满从正月初二开始活动，从这村到那村，直至全走遍，方可结束。据他们自己讲，跳完鹿神之后，藏在各村的魔鬼都被赶跑了，可以保护人人平安。但在这次调查中，吴连贵却对赫哲人'跳鹿神'提出不同的说法，他认为，跳神是赫哲族的一种舞蹈形式，所以'跳鹿神'也是为了庆祝丰收。"[1] 凌纯声先生做的《松花江下游的赫哲族》调查也同样记载赫哲

---

[1] 《中国少数民族社会历史调查资料丛刊》修订编辑委员会黑龙江省编辑组：《赫哲族社会历史调查》，满都尔图等编《中国各民族原始宗教资料集成·赫哲族卷》，中国社会科学出版社 1999 年版，第 237 页。

族于每年春季二三月及秋季七八月有跳鹿神之举:"跳鹿神的意义,是萨满欲为他的家属及合屯人民消灾求福。举行此隆重的仪式时,屯中人家医病跳神许愿得愈者,及求子得子者,亦趁此时还愿,乃觉倍形热闹。"①

神的形象往往伴随着一定的道具,如坐骑、法宝等。鄂伦春族"司马神的形象是用马尾(或马鬃)绣制在兽皮上的口鼻俱全的人形,人形足下的两兜之间,备有木制马偶。木刻玛罗神,像猎人一样,身披着皮制长衣。不少的木刻神像,彼此之间以兽盘线连接着,具有成对成双的特点。组成造福神的几个人形,除互相手足连接外,在其两侧上角还有象征光明的金阳银月。"②《山海经》中《大荒东经》记:"东海之渚中,有神,人面鸟身,珥两黄蛇,践两黄蛇,名曰禺䝞。"③基督教中耶稣的十字架,佛教中观音的莲花台、佛祖的如意、罗汉的各类法宝都是此类道具。在岩画中,神的形象还不够完整,很难看到此类辅助工具。

中国岩画属于多神世界。岩画中神格没有完全独立,仍然带有巫术色彩。中国岩画中的人物神以人面像为代表,动物神主要是虎与鹿。中国岩画中神的形象没有坐骑、法宝之类的道具,说明中国岩画中神的形象还处于比较简单的阶段,没有形成更完整、复杂的叙事性故事。

---

① 凌纯声:《松花江下游的赫哲族》,民族出版社 2012 年版,第 136 页。
② 孟志东、瓦仍台布、尼伦勒克:《鄂伦春族宗教信仰简介》,满都尔图等编《中国各民族原始宗教资料集成·鄂伦春族卷》,中国社会科学出版社 1999 年版,第 30 页。
③ 《山海经》,(晋)郭璞注,(清)郝懿行笺疏,上海古籍出版社 2015 年标点本,第 336 页。

第三章　中国岩画的符咒意义与审美体验

巫师采用交感想象，利用相似律与接触律获取图像的符咒功用，在生殖岩画、丰产岩画中多有这类图像。许多人只认识到岩画中功利性的巫术形式意义，却没有注意到具有符咒意义的中国岩画隐含了违反符咒作用的形式偏差，表明了原始人符咒图像组合中具有违反功利目的的情感倾向。

第一节　仿生写实

中国岩画肖像图案以动物和人物为代表，代表符咒意义的肖像图案大部分是动物图案，除此之外还有一些与动物图相组合的人物图。与相近时期其他动物图案相比，中国岩画肖像动物图显示了非想象性的仿生性写实特征。在中国岩画符咒图像的写实中显示出了先民对"类"的集体分辨与追求。

一　想象性的缺失

岩画符咒图像有写实类型，也有抽象类型。在肖像岩画中写实特征表现更加明显。一个简单的写实、抽象、写意论述似乎不能说明什么问题。因为这些概念不能涵盖所有的图形。岩画图像既有动物肖像，也有抽象符号。岩画是写实的还是抽象的，或者说写意都可在图像中得到大量的材料支撑，乃至众说纷纭，仁者见仁，智者见智。或许只有在比较中，这种说法才能显出论点的意义，原先不明显的问题会自然凸显出来。当我们说岩画有写实倾向时，一定是与早期的构图思维做出比较而言的，是一个相对概念。能代表战国想象力的《山海经》中的形象也确实符合这些人对早期思维的认知。《山海经》虽成书于战国，但记载的内容却早于战国。如《山海经》有对商代高祖王亥的记载："有困民国，勾姓而食。有人曰王亥，两手操鸟，方食其头。王亥托于有易、河伯仆牛。有易杀王亥，取仆牛。"① 甲骨文中已证实商祖王亥的存在。《山海经》的内容记载属商至战国时期的传说，岩画多是石器时代到战国时期的记载。所以《山海经》是目前能找到的描绘图像年代最接近岩画的文献。一方面它们都代表中国人的早期图像思维；另一方面它们又出现不同的图像处理方式。以《山海经》为参照物，更能凸显因为载体与创作背景不同，而别具一格的岩画图像特征。

二者在写实倾向上有很大的差别。与《山海经》相比，岩画中的图像无疑是十分写实的。山海经有很多多足、多尾、多头的想象形象，如"彭水出焉，而西流注于芘湖之水。其中多儵鱼。其状如鸡而赤毛，三尾六足，四首，其音如鹊，食之可以已忧"②。又如"南海之上，赤水之西，流沙之东，有兽，左右有首，名曰跊踢。有三青兽相并，名曰双双"③。再有《海外东经》："青丘国在其北，其狐四足九尾。"④《大荒东经》："有青丘之国，有狐，九尾。"⑤《北山经》："有兽焉，其状如马，一角有错，其名曰疃疏，可以辟火。"⑥《西山经》

---

① 《山海经》，（晋）郭璞注，（清）郝懿行笺疏，上海古籍出版社2015年标点本，第337页。
② 《山海经》，（晋）郭璞注，（清）郝懿行笺疏，上海古籍出版社2015年标点本，第86页。
③ 《山海经》，（晋）郭璞注，（清）郝懿行笺疏，上海古籍出版社2015年标点本，第343页。
④ 《山海经》，（晋）郭璞注，（清）郝懿行笺疏，上海古籍出版社2015年标点本，第272页。
⑤ 《山海经》，（晋）郭璞注，（清）郝懿行笺疏，上海古籍出版社2015年标点本，第335页。
⑥ 《山海经》，（晋）郭璞注，（清）郝懿行笺疏，上海古籍出版社2015年标点本，第343页。

讲帝江神："又西三百五十里，曰天山。多金、玉，有青雄黄。英水出焉，而西南流注于汤谷。有神焉，其状如黄囊，赤如丹火，六足四翼，浑敦无面目，是识歌舞，实为帝江也。"①《东山经》："又南五百里，曰鬼丽之山，其上多金、玉，其下多箴石。有兽焉，其状如狐而九尾九首，虎爪，名曰蠱蛭，其音如婴儿，是食人。"②《东山经》："又南三百里曰枸状之山，其上多金玉，其下多青碧石。有兽焉，其状如犬，六足，其名曰从从，其鸣自詨。"③

这样的例子在《山海经》中随处可见，岩画中却很少这样绘制。岩画中虽然会突出局部身体，在绘形的时候常比例失调扭曲，却基本不会故意给物象增加头、尾、足、眼、翼等身体部件。当然会有些特例，如新疆呼图壁县康家石门子沟岩刻的一个人物形象有两个头（如图2-3）。这种图像非常少，并不普遍。笔者个人更倾向于将新疆呼图壁的这个双首人，当作符咒的修辞手法，表现人物的交媾，而不是对一个多头人的真实写照。《山海经》中多足、多尾、多头、多翼、多眼的大量描写是对物象形状的直接描绘。《山海经》认为这些事物形象就是多足、多尾、多头、多翼、多眼的。虽然少见，却是上天的警示。所以与岩画的动物图像相比，《山海经》的图像是更奇形怪状之物。从《山海经》与中国岩画动物图像的对比可以看出，山海经的想象性会更浓厚一些。即使《山海经》中运用符咒写实，也常出现想象物，如"大荒东北隅中，有山名曰凶犁土丘。应龙处南极，杀蚩尤与夸父，不得复上，故下数旱。旱而为应龙之状，乃得大雨。"④ 画降雨的应龙形象来获得雨，正是写实的符咒应用。应龙已经不是单纯的写实性符咒图像了，它属于想象性动物。如果有巫师在场，《山海经》这个想象性的符咒很容易转换为沟通人神的牲祭。战国时代出土的其他器物也多有想象纹，如湖北随县曾侯乙墓出土鹿角立鹤的青铜器，

---

① 《山海经》，（晋）郭璞注，（清）郝懿行笺疏，上海古籍出版社2015年标点本，第69页。
② 《山海经》，（晋）郭璞注，（清）郝懿行笺疏，上海古籍出版社2015年标点本，第138页。
③ 《山海经》，（晋）郭璞注，（清）郝懿行笺疏，上海古籍出版社2015年标点本，第130页。
④ 《山海经》，（晋）郭璞注，（清）郝懿行笺疏，上海古籍出版社2015年标点本，第341页。

"鹤作展翅状,头两侧插鹿角,腿粗壮立于长方座上,座上有四个环钮,鹿角上及颈脖上,饰错金云纹。通高 142 厘米、鹤身高 109.5 厘米、翅宽 53 厘米、座 44.5 厘米×42.4 厘米。"① 这个长了鹿角的鹤便是想象性的动物。

与《山海经》和东周器物相比,绘制动物、人物肖像的岩画很少出现非写实的形象。《山海经》中有许多由多个物体杂合而成的动物。出现在仰韶文化与红山文化中的龙形象,很少在岩画中出现。浙江台州的仙居岩画点发现了条形纹的岩画,也不能确定为龙,而更近似于蛇。中国岩画中除了岩画的人面像会有这个构成,其他的人物画、动物画如果不考虑比例与描制时的变形的化,那么可以说都是合于现实模样的。中国岩画的人物肖像与动物肖像不会轻易地给事物加部件、创造现实中不存在的物象。中国岩画中人物肖像中的一些巫师形象会有变异,而中国岩画的动物肖像除了加一抽象性的装饰纹,都为写实性肖像。

岩画中动物肖像倾向于写实,而不是如《山海经》一样充满想象,与岩画图像的符咒功能相关。岩画图像大部分是符咒。先民们希望通过岩画图像的符咒功能得到现实中的食物,就要保证岩石上的图像是他们现实中可以靠近、接触之物。而那些现实中不常见的动物虽然为古人所笃信,却难以进入岩画创作者的视域。这种受符咒意义影响的创作观,更多地受到了巫术中功利性的影响。虽然这是功利,但它影响了岩画的创作风格。岩画中的动物图像缺少想象力,偏向写实。这些写实的图像更多地承担依据于相似律与接触律的符咒功能。岩画图像因为超越于现实的神奇功能不够,恐怕大部分难以担当更高一级职能,而只能停留在符咒这一功用中。岩画的整体创作思维要比《山海经》更稚嫩,岩画的写实性的动物图像的创作时代应早于铁器时代。

查看岩画的肖像图案,会发现许多岩画创作者有"画得像"的努力。有些作者确实是抽象派的,几根线条表明了一切。有些作者却不然。中国岩画中写实的动物图像很多,就目前看到的岩画来说,西藏

---

① 随县擂鼓墩一号墓考古发掘队:《湖北随县曾侯乙墓发掘简报》,《文物》1979 年第 7 期。

岩画在其中独占鳌头。在西藏岩画中，作者们对鹿、山羊、牛、马的形体把握自有一套程序，保证了这些动物形体上显著的差异。以牦牛为例，西藏岩画与青海岩画都注意到了牦牛背上的拱起，在描牦牛图时会突出这处拱起。这说明大部分作者们不是仅仅通过对称的牛角来表现牛的形象，他们注意表现了牛形体的独特之处。甚至有时候，他们还会将鹿的形象也独立出来。鹿是很警惕的动物，即使在吃草时，也常常昂头四顾，搜索敌情。岩画中鹿的形象经常是昂头，并时常能看到后顾的鹿形象，而牦牛却有许多低头的形象。图3-1是西藏日土县日姆栋的豹追鹿图，豹紧追不舍，鹿仓惶后顾；短鹿尾与长豹尾相匹分；四肢交错相奔腾的长腿鹿与匍地疾驰，前后腿相交替前扑的豹又有差异。这幅图除了抽象纹饰，还在角、尾、奔跑的腿、头部动作这些方面区分了豹与鹿。西部岩画细节的突出描绘，比孩子们想象的涂鸦要贴近现实得多。这些细节的区分充分说明了岩画创作者的观察力。我们常说在技巧上岩画是非常稚嫩的。但这种稚嫩并不是一些人想象的随手而作。初民们为他们的艺术理想付出了自己的努力。这些对艺术技巧追求的努力在简单的线条性动物肖像中都难以发现。我们并不是说原始抽象画就一定劣于写实画。但从图像比较中，可以看出作者们在写实性的肖像画中于"画得像"这一方面付出了更多的心血。符咒岩画中要"画得像"这一目标是为巫术所推动，但怎样画得像就是艺术技巧了。

图3-1 豹追鹿选自《中国岩画全集》

中国岩画的原始信仰及其审美生成

　　当然大部分地区的中国岩画都做不到西藏动物岩画那么精细。有些岩画图像追求抽象化，很显然它们对描摹事物的真实外形并不感兴趣（如图3-2）。这是宁夏平罗县崇岗乡归德沟东山梁一幅"人骑"图。因为是"人骑"图，所以我们可以推断出人物骑的是马，若将人抽开，就很难说这是马，还是羊，或者其他什么了。所以岩画的动物与人物的创作倾向虽然是写实，但有些作品在描摹物形方面又没有尽力去观察对象的形貌特征。宁夏、内蒙古都有很多这样的形象。即使这样与《山海经》相比，岩画的人物图与动物图依然算得上是缺乏想象力的模仿作品，因为这些图虽然抽象、变形，却没有人为添置非自然部件。

图3-2　人骑图选自《中国岩画全集》

　　要对中国岩画的写实性发出疑问的是：写实岩画中贫瘠的想象力为何一到人面像中就爆发了出来，或者说他们浓厚的模仿兴趣为何一到人面像中就弃之不顾了呢。图2-15与图2-16中的人面像与现实物大相径庭。作为超现实图案的人面像容载了中国岩画作者的绝大部分想象力，这也是我们推测人面像不同于巫术符咒，而属于沟通人神

— 114 —

的中介或偶像的原因。

二　类的摹写

写实性的与少数抽象性的图案具有对原始人来说较为明确的意义指向。他们知道这些符咒的指称。所以要将符咒画得越像越好，并在这个过程中掌握了"类"的归拢。而在想象性的人面像中却很难发现明确的"类"的区分。人们可以将岩画的动物图案分类为"羊""牛""虎"等。谈到抽象图案我们也可以说圆形凹穴、方形凹穴、重圈纹。这些图像之间泾渭分明，难有争议。但是说到人面像，除了江苏连云港的人面像明确的是植物类人面像，带着芒纹的我们称太阳人面像，其他的都很难分类。有些圆的人面像，带有芒纹的可以说成太阳神。但大部分人面像都偏圆，很多也没有芒纹，如何给这些人面像分类呢？也许也可以分类，但对人面像的图像分类过于隐晦，不像其他图案一目了然。因为它没有办法与现实物一一对应，又不像龙凤一样已经形成较为固定的图案。

文明之前的社会还没有形成系统的文字，记载信息的方式有记忆、结绳，再就是图像了。如我们在绪论中所述岩画中的很多图像与某些甲骨文非常相似，说明某些中国岩画是中国文字的起始。中国岩画与早期的器物之上的图像便是记录原始人们生活的重要载体。大部分岩画又是用巫术的形式记录了当时的很多物象。巫术遵循相似律与接触律，要表示出巫者画的是某样东西，而不是另一样东西，就必然包含了画者对类的划分。画者必然要仔细揣摩、观察不同事物之间的差异，以便他们的绘图能有明确的所指。

原始人按"类"的标准来模仿事物时，社会经济背景在很大程度上一定影响着他们的选择。从社会经济学的角度，岩画类型可以做多种区分。它既可分为：早期狩猎者、后期狩猎者、畜牧者、复杂经济者、农耕者的文化类型；① 也可以分为：早期狩猎者、采集者、进化

---

① 陈兆复：《古代岩画》，文物出版社2002年版，第110页。

了的狩猎者、牧人饲养者和复合经济族群的文化类型。① 根据社会经济学分类，我们可以将金沙江岩画归为狩猎类；东南船只题材与水流题材的归为渔猎类；东北岩画归为森林岩画；北部与西部岩画归为狩猎类、畜牧类；南方人物类岩画归为采集类与农耕类；人面像岩画归为采集类与农耕类。岩画经济类模仿是对原始人生活的直接反映，他们爱吃的食物、平时的食物来源，获取食物的方式都可以在岩画中有所体现。

　　光从社会经济分类角度来看，还看不出图像分类的妙处，更细致的物种类别的模仿方见岩画作者们的用力之处。岩画作者们能抓住牛、鹿、羊这些动物的主要特征，清晰地将之进行区分。牦牛的身体与鹿、羊的身体完全不一样。盖山林先生在《阴山岩画》中凭借阴山岩画动物图像分出39种不同类属的动物，其中鹿就有梅花鹿、马鹿、麋鹿、驼鹿、驯鹿、狍、白唇鹿、大角鹿八类。② 岩画对各类动物的分类刻画充分显示了原始人的观察力与描摹技巧，表明了岩画所依据的客观现实基础。人物形象在岩画中也有类的区分。最简单的就是男女之区分。广西花山岩画大部分是没有明显性别特征的人物图像，有少数几幅长头发的人物形象可能是女子。福建华安仙字潭以生殖器官明显地区分了男女。新疆石门子岩画也是如此。除了性别，人物的身份也有区别。有些人物图像的头上、身上常带有各种装饰，标志着他们特殊的社会地位，这将他们高高置于一般的子民之上，如广西左江岩画大型正面人物常佩有环首刀，脚踏通神辅助——狗，显示了他们的祭师身份。云南则多以羽饰来点出重要人物。这些区分技巧是有些稚嫩，但表达了岩画创作者们的作图意向。

　　岩画中的分类思维是为了确定人们画的图像属于某一类，并将之与其他类别相区分。这种差异性的符号界定使每个符咒的意义得以明

---

① ［意］埃马努埃尔·阿纳蒂:《艺术的起源》，刘建译，中国人民大学出版社2007年版，第409—453页。

② 盖山林:《阴山岩画》，文物出版社1986年版，第415—424页。

晰化。中国岩画的类的象形特征使它不注重制造画面的动态紧张感，也就是不具备以后造型艺术所追求的顷刻性特点。"岩画图像的顷间是一般性的'瞬间'，而非'决定性瞬间'"①。后世绘画强调某一个特殊时间，刻画发生在那个特殊时间点的故事。而岩画更多的关注点在于画了什么，至于画中角色在做什么，他们没有投入太多的注意力，照我们来看艺术效果肯定不佳："其结果是画面上只具有平面的形象符号，而失掉了事物发展的各阶段的鲜活性，图像与受众的互动性变差"②。这样做的好处是岩画图像的绘制方法更适合表达永恒的神圣之物。

有一个特殊的问题是岩画中的纹饰也被分类了。在取象过程中，岩画常常是写实的，但有些物象上的纹饰已经脱离了写实范围，进入抽象领域。图 3-1 我们在上文中指出了它的写实性，但大家同时也可以看到在纹饰上的抽象分类结果。鹿身上用了涡纹，而豹身上用了平行折纹或直线纹，下方中间的那只小羊用了横着的"S"纹。图 3-1 已经进入了程式化方式。程式化的创作在陶器、青铜器中都常运用。

已经进入抽象程式化分类的图像是否反对了我们前面说的写实观呢？第一，饰有纹饰的很多动物已经脱离符咒阶层，向祭祀、偶像崇拜发展。第二，中国岩画的符咒写实不是具象性的细致写实，而是抽象性的简单化的写实。当我们说岩画图像写实时，只是指在动物图像的塑造上它的想象性东西不多，也就是说没有多头、多眼、多足等怪诞现象。第三，岩画中也有明显的抽象性特征。因为，岩画创作在绝大部分的技巧运用上都远不如古典艺术家，有些地方难以画得那么细致，不得不抽象。中国岩画创作依据的是轮廓取象原理，这就将岩画写实大大的简单化了。

现代艺术的创作反对程式化的"类"创作，因为缺少个性，容易进入机械复制的窠臼。早期图像的程式化为现代人所不喜，这属于艺

---

① 李彦锋：《岩画图像叙事的"顷间"性》，《民族艺术》2009 年第 2 期。
② 韩丛耀：《图像：一种后符号学的再现》，南京大学出版社 2008 年版，第 297 页。

术史上必然的进步。人类的审美意识具有反祖倾向。这个"祖"是指未进入文献中的"祖先"。如果人是从猿进化来的,那么从脸孔的鉴定上可以明确发现我们的反祖倾向。我们现在再不能接受朝天鼻、龅牙、凸唇这样的脸孔。当然岩画远没有早到猿人的时间。但后人在专业、文人这个层面对图画中程式化创造是十分不喜的。"百子图""百寿图"等都是为了摆脱程式化倾向而注重的个体描绘。但早期程式化的艺术形象总结却是人类肖像画史上的一大进步。正是因为在图画上有了较严谨的分类意识,人们才会对绘制对象进行仔细观察,区分他们的不同,并将之表现在岩面上。

第二节 变形

相对于想象性图像来说,岩画的人物图与动物图是类的写实,这是岩画符咒信仰中的艺术表现。与类的写实相对应,符咒信仰的岩画中也具有变形的想象力。不过这种想象不同于《山海经》中想象性的动物,它是基于写实基础上的变形:它或者以几何纹的抽象方式出现,或者以指事的方式出现,或者以局部代整体的突出方式出现。

一 几何式抽象

德国的沃林格(Wilhelm Worringer)在《抽象与移情》中论述了艺术的两种冲动,一是移情的冲动,二是抽象的冲动。移情指人们用艺术来表达情感,将自我移入至对象中去。当美学研究重心转移到主体,不再研究审美对象形式时,移情论最为泛滥,"当代美学迈出了从审美客观论到审美主观论的决定性的一步,这就是说,当代美学研究不再从审美对象的形式出发,而是从观照主体的行为出发。这样的美学在人们一般宽泛地称之为移情说的理论中达到了顶峰"[1]。沃林格

---

[1] [德] W. 沃林格:《抽象与移情》,王才勇译,辽宁人民出版社1987年版,第4页。

认为以立普斯为代表的移情说不能解释所有的审美经验,所以在此基础上补充了抽象理论。因为人类有在变化无常的事物中寻找永恒的倾向,现代人是寻找自然事物的合规律性,而原始人则喜欢将对象整合得合规律。"原始人所做的并不是更强烈地追寻自然中的合规律性或更强烈地在自然中感受到规律性,而是恰恰相反,原始人的强烈冲动是:从外物中去把握其变化无常性和不确定性,并赋予外物以一种必然性价值和合规律性价值"①,如此,原始人对几何物的追求虽然是并不高明的风格,却代表着原始人的抽象冲动。

  符咒信仰中不同于写实图案的岩画主要是几何形的抽象符咒。虽然在肖像图案中也会发现抽象技法。如宁夏经常出现抽象性的羊形图案。有时用一根横线就表示羊的身躯(如图3-6)。人物图也经常用倒三角线来表示人物的身躯。但这些图案的抽象度是有限的,不会出现马家窑文化里面将鸟纹变成漩涡纹,只留鸟头的那种程度的变形。中国岩画人物与动物图案的抽象化还没有到抽象成几何纹的程度。与马家窑、庙底沟彩陶的绘图相比,岩画中动物与人物图案抽象的想象程度十分有限。

  在写实性的"画得像"这方面,抽象图案不尽人意,但抽象式的非摹写图案具有其他方面的技巧追求,这也是值得我们注意的。抽象思维常将具象的事物化为更简单的符号。比如凹穴、重圈纹、漩涡纹。因为漩涡纹还可能是对水流漩涡的写实模仿,所以凹穴与重圈纹最能代表岩画中的抽象图像。除了新疆的泉水图,凹穴在沟渠中表现泉眼,象形意味深厚。凹穴大部分的表意仅从图像上看是晦涩难懂的,所以我们可以确定凹穴是一种抽象思维的表达。就算凹穴仅仅象征子宫,这个图象表意方式已经不是纯写实的了,何况凹穴或者圆点还有别的意义。凹穴的几何式排列,如河南具茨山、河南唐河县的两两相对状、梅花状或环状的凹穴更可以说是抽象思维的表现。如我们在符咒那一章所述,具茨山凹穴的对称排列与环状排列与早期思维的二进制相关。

---

① [德] W. 沃林格:《抽象与移情》,王才勇译,辽宁人民出版社1987年版,第18页。

中国岩画中抽象图案的排列组合除了河南的梅花状凹穴，基本都比较简单。与新石器时代的彩陶相比，它缺少纹饰之间的二次、四次连方组合，更不要说在作画过程中对整个岩面的把握。与陶器上的抽象纹相比，岩画的抽象纹的排列还不够精致。即使这样，抽象图像已经是岩画中的重要部分，它们代表着某些原初民的抽象思维水平。因为离我们的时代太遥远，又缺少相应的文献支撑，这些抽象纹的解读是困难的。不过我们依然可以归纳出原始人对抽象图案的偏爱。

中国岩画的抽象符号以圆形为主，这与陶器上的纹饰是一样。岩画中有方形的棋盘岩画，甚至是方形人面像，却只有很少的菱形、三角形图案。彩陶上以植物的纤维印出来的菱状格子，在岩画中很少见。除了连云港将军崖的植物状人面像，其他地方很少见这种明确的网格菱状纹。只有个别的地方以菱形作为指事性的生殖器官，如具茨山小尖山出现的一幅人形图，双腿间有菱形符号表达生殖意义。中国岩画菱形格不多，可能是与中国岩画很少与植物相关的原因。中国岩画北方以动物为主，南方以人物为主。在植物纤维编织物中最常见的菱形很少为岩画创作者所选择。

抽象不仅表现在几何纹上，还表现在某种思维对图像的加工。几何纹仅仅是初级的形式表现。人们在形式中加入某种理念，使图像形式更加集中、突出。比如艺术作品中自然主义、浪漫主义、现实主义等观念的表现。以李泽厚提出的狞厉之美为例。李泽厚在论述商代青铜器饕餮纹时指出这种狞厉之美起威慑作用。人们在塑造青铜器时要将物象塑造得狰狞可怖的观念也是一种抽象。这种狰狞观念时常出现在墓葬文化中。如唐三彩造型虽多明朗可爱，但唐三彩中的镇墓兽、天王俑形象却狞厉可怖。张光直认为饕餮的意义在于牲祭，具有沟通人神的作用。具有沟通人神作用的牲祭何以要画出狞厉的姿势呢？如果是现代人要创造出一个可以打动天神的中介图像，很可能会塑造出一个萌娃来，或者似小熊猫、小狗类的软萌图案。现代社会大型运动会的吉祥标志，多多少少都带点"萌"的特色。原始人却选出狞厉的图案来做为沟通中介。正如李泽厚先生所说是因为这些图案中的威慑力,这可说明中国的青铜器时代人们认为具有威慑力的图案才能充分发挥沟通人神的中介作用。饕餮与人面像非常相似,圆圆的眼睛,大大的口。这两个特征也常在人面像中出现。将人脸或兽脸简化为代表性的五官,也是一种抽象方式。青铜器中的兽面纹通过对称、简化等形式赋予饕餮纹威严感,比人面像的抽象更规整有序,是权力集中的象征。

我们在说符咒时已经论证过,除了凹穴、重圈纹这类的抽象符咒,中国岩画符咒中的肖像动物图案是倾向于写实的。虽然会用局部突显、指事等方式让图像变形、抽象,但在动物肖像的制造中,岩画中的写实成分更加浓厚。也就是说从符咒的运用来看,动物肖像应该倾向写实。动物图像演变为饕餮,那一定是发生了抽象的变形。这不一定是时间上的演变,因为岩画中的很多动物图像是商后时期的。这是位置上、功能上的演变。当动物肖像褪去符咒功用,转换到祭祀时,为了突出这种动物与符咒动物的与众不同,超现实的手法出现了。抽象就是其中的手法之一。

拥有几何形体,注意规律美的图形在岩画图像的几何纹饰中占据着独特的位置。如动物身上的折线纹、漩涡纹、"S"纹;有着指意性的凹穴、重圈纹、漩涡纹;塑造人物身形的倒三角形。加入几何纹装饰的动物图像身份会更贵重些,比如老虎。不过虎的意义不一定是象形符咒,特别是带有规范几何纹的老虎。因为老虎并不是主要食物。老虎的形象在原始社会更多的是作为虎神或辅助神而出现。拥有对称角的鹿也不仅是食物性的巫术符咒,带有更多的祭祀通神以及鹿神的含义。

符咒动物图像以写实性为主,带有抽象几何纹的动物图像开始扮演沟通人神的牲祭及偶像神的角色。是否拥有抽象、繁杂的几何纹装饰在一定程度上是区别巫术符咒与祭祀形象的标志。符咒图像中纯粹的几何图像以圆形为主,方形次之,表现了早期人们对方圆两种图形的兴趣。

二 指事

指事是六书之一，指造字的一种方式。指事字常以抽象符号指称位置，从而表意。如"上""下""刃"这样的字。岩画中有些器官不便画出，可能是画不好，画起来太麻烦，也可能是礼仪上不方便画，便常用了指事的方式，只在位置上用抽象符号点出表意。这类方式，生殖崇拜中用得最多。岩画图像的指事方式结合了位置指事与符号抽象化两种手段。

岩画的指事方式在构图中多表现为位置的凸现。在确定的位置上画出某物并不能算指事，如新疆石门子直接在人体的肚脐部位画出另一人物图像表示生殖。这种很具象的表达，更倾向于象形。指事指图形在其某个位置上标上一简化符号，突出这个位置的重要性。指事是象形与抽象的统一。岩画中区分性别，点出生殖意义时常用这个方法。如甘肃靖远县齐川乡吴家川的一幅山羊图，腹下一点指示出生殖意义；福建华安仙字潭岩刻的一些人物下部用圆圈与圆点标示出来，表示人物的性别；内蒙古哈日干那沟南口西畔高地的一块巨石上，有一个人形，双脚回弯，胯下有一圆点；内蒙古乌兰察布与福建华安仙字潭都出现了乳房突出的女性形象，这个特征被两个小圆点在身体的两侧标示出来。中原岩画代表的具茨山岩画基本为抽象符号，很少有肖像描写。但在具茨山小尖山东南山坡上，考察者们发现一块岩石图像上有三个人物图像。这是一块生殖岩画。岩石北部两个小人的双腿之间都有一个菱形的凹穴。菱形的凹穴标示出了图像的生殖意义。岩画图形直言不讳地记录着原始人的生殖崇拜观念，用位置标示的方式指出图像符咒作用的方向。中国后世也有类似的技法，并且将之发展得更成熟。明代沈颢在论山水画法时，提倡"每画云烟着底，危峰突出，一人缀之，有振衣千仞势。客讶之，予曰：此以绝顶为主，若儿孙诸岫，可以不呈，岩脚柯根，可以不露"[①]，云烟环绕中，危峰突出，已经是

---

① 俞剑华编著：《中国画论类编》，人民美术出版社1986年版，第772页。

局部突显了，再在危峰的位置缀一面目模糊的人物，只衣带振飞，以山峰所衬托的人物凌绝山顶，一览众山小的气势便形成了，正是位置凸现的妙用。中国传统绘画中或在浩渺烟波中出一叶小舟，舟中的人用不着多笔，悠然之意已出；或在千壁万仞中点一二行人，同样用笔寥寥，羁旅之难顿显；或是类似于董源的南方山水的温润笔法，点墨之人自有踏春的喜乐。当然岩画中的位置指事运用远没有这么精妙委婉，手法简单直率，就在他看重的地方点上一些抽象符号，表示这里有物。

指事方式与具象表达不同，它是以抽象符号表情达意。指事方式也与形体突出的局部夸大方式有所不同。形体突出的局部夸大方式，是以大彰显重要。指事一在位置，二在抽象。二者缺一不可。岩画中的指事符号常为点与横线。岩画中的凹穴或点是常见的抽象指事符号。如上文讲到具茨山小尖山人物图像双腿中的菱形凹穴。与箭相连的动物形象也可能表示生殖，这时候箭变成了这指向与这个动物生殖相关的指事。总体来说，岩画以点、凹穴、横线等符号结合位置与抽象两种方式完成了它的图像指事。

三　局部突出

局部突出方式是针对写实图像的。想象图像与抽象图像对于是否是局部突出的判定容易起争议。写实图像因为有现实相参照，所以容易判定哪个地方运用了局部突出手法。在写实图像的判定中，再热爱中国岩画的人也不得不承认，中国岩画写实图像的各部分的比例设置是不精致，甚至粗心的。这种粗心一方面是因为技巧不成熟的原因，另一方面还有故意为之的意图，这是因为符咒设置的原因。

从画面的布局看，局部突出可表现为不遵守大小比例而刻意夸大某个角色的尺码。在画面中，有些形体被扩大了比例，以体势上的绝对优势展示出原始物象宠儿的身份，因为"岩画通常是以位置的高低、形体的大小来显示尊卑的区别"[①]。云南沧源曼帕岩画，广西左江

---

① 宋耀良：《呼图壁岩画对马图符研究》，《文艺理论研究》1990年第5期。

岩画、新疆石门子岩画点这样大型的群像都展示了这个特点。重要人物体型大，高且壮，身份明显不同凡响。夸大人物比例以突出人物重要性的表现方式一直延续到后世绘画中，西魏时期的敦煌壁画第249窟的《说法图》，初唐时期阎立本的《历代帝王图》等绘画中人物主从关系都处理为主大从小，主要人物与次要人物在形体上对比突出。从画面的布局看，局部突出还可表现为位置构图。重要的图像可以在岩画点的岩面中获得更好的位置，或是独立的一块岩面，如贺兰山太阳神；或是高高在上，如新疆石门子岩画中的祖先神；或是众星拱月，如广西左江祭祀图中的正面人物。

以上画面布局中的局部突出方法是属于岩画中祭祀图像与偶像崇拜图像常用的方法，符咒岩画另有技巧。中国岩画突出图像的符咒意义时会将功利性作用最强的那一部分局部凸显出来，以达到图像符咒的最佳效果。这种情况常表现在生殖符咒中，人们常突出图像中的生殖器官以传达图像意图。人物交媾图中，男性器官总被凸显为联系两人之间的长长横线，强调它的符咒意义。如新疆石门子生殖崇拜岩画就是这样。岩画表示的男子生殖器高高耸起，摹写男子勃起之状，以昭示生殖力的强大。为了突出生殖意义，生殖器官的比例被超现实地拉长了。岩画中很多人物、动物的生殖器官都是以局部突显方式表现的。标明人物身份的饰物也运用了局部突出方法。如云南沧源岩画中的羽人图，许多人物头上都戴着两根长长的羽毛，有些甚至有该人物形象的三倍高，如云南沧源洋德海1号岩画点中的一人物图，其羽毛的存在感完全盖过了人。现实中的人当然可以戴着长一点的羽毛以吸取羽毛中的超自然之力。但戴的羽毛有人的三倍高而不垂落，就明显违背了地球重力规律。这些岩画夸大了人物羽毛图中羽毛的长度，通过这种夸张突出了羽毛的重要地位，加强了羽毛道具的符咒作用。云南沧源曼帕岩画中一些人物的手可长过脚等也都是同样的符咒的局部突出法，夸大手的长度，强调的应该是手的某种作用。除了夸大，几何形规整也是符咒局部突出的一种方式，如将鹿角绘成多重叉状，牛角绘成两个半圆对称形。动物角上的几何美很容易抓住人们的目光。

第三章　中国岩画的符咒意义与审美体验

　　局部突出方式一方面将需要突出的部位夸张变形，另一方面则减少不需要突出部位的存在感，属于缩减式局部突出。甘肃靖远县齐川乡吴家川的山羊图，为了突出腹部的一点，山羊形体描摹非常简单，仅一根线了之。这便是为了突出图像的生殖意义，弱化了图像的形体描摹。我们前面已经说过，中国岩画的动物图像有许多与生殖有关。中国岩画的动物图像已经进入了生殖图像塑造的时段。生殖意义的图案重心在生殖上，它们将生殖意义突出后，也就用不着那么仔细地描摹塑形。这可能也是中国岩画动物图像在写实追求方面良莠不齐的原因。

　　手印图案也是局部突出方式的显著例子，它也属于缩减式局部突出。手印图案采用了局部代整体的方式进行局部突出。局部代整体指岩画作者们有意识地运用一个物体的一部分来代表此物体本身。这种方法将物体的其他部分都隐去了，可以看作局部突出方式中的极致，同时它又是一种简化方式。盖山林先生在解释手印含义时，列举了人们对它的多种猜测：或表示手势语言，或希望自己打猎有所收获，或战争后表示己方胜利，或代表五、多等数量符号等等。[①] 朱狄先生更是列出了手印的八种解释："代表'我'、画家的签名、狩猎巫术、对祖先灵魂的问候、下意识的消遣、自残行为、手势语的一种、批示路人的标志。"[②] 由两位先生的猜测来看，手印代表的意义多种多样。岩画中的手印总是承担着比它自身形象更丰富的含义。先民们在这里充分展示了他们的以局部代整体、以少总多的智慧。除了手印还有脚印、马蹄印、人面像，天体等图案都表现了人们的局部代整体的简化思维。这些图像都是某物象的一部分，却代表着整个物象。后世绘画进一步发展了局部代整体技法。古人画梅作过墙一枝，以及敦熙所说的"山欲高，尽出之则不高，烟霞锁其腰，则高矣；水欲远，尽出之则不远，掩映断其派，则远矣"[③] 等都是局部代整体原

[①] 盖山林：《中国岩画》，广东旅游出版社2004年版，第59页。
[②] 朱狄：《艺术的起源》，武汉大学出版社2007年版，第143页。
[③] 俞剑华编著：《中国画论类编》，人民美术出版社1986年版，第639页。

则的进一步拓展!

符咒岩画中不是所有的局部突出都是为了食物或生殖目的。有些局部突出可能是为了好看!如鹿角与山羊角的夸大就不见明显的符咒意义,而有更明显的形式美特征。牦牛图中两只牛角的半圆形改造与对称也并不说明牧民们重视牦牛角胜过牦牛肉。从各种证据看,岩画中的符咒像与食物相关,对先民们来说,岩画中牛肉的食用性一定要强于角的可食性。所以对角的突出与食物无直接关系,其中对形式美的偏爱影响着人们的作图习惯。这些符咒岩画的作画重点很可能因为形式偏好的原因,已经偏离了原来的巫术目的,而走向艺术目的。

在分类摹写的基础上,中国岩画的符咒图像以几何抽象、指事、局部突出的方式,使之发生变形,既以此强调了符咒岩画的符咒作用,也表现了先民们对形式、绘画对象的观照认知。中国岩画中的局部突出现象确实有很大一部分杂糅是由于符咒的原因。但在动物角的夸张描绘中,更多的是情感性的形式偏向。如果说中国岩画中的符咒图像在局部突出中已经显露了艺术自主的苗头,那么下一节"线与块面"的分析就完全属于艺术领域了。

第三节 线与块面

从狩猎巫术来看,图像要具备更好的符咒意义应该是以写实的图像出现,因为越写实的图像越能发挥相似律的作用。在写实图像中,塑造手法不一,雕刻岩画分为线刻与块面塑造两种手法。这两种手法在符咒岩画中的交替使用已经完全不受信仰左右了。

一 勾勒与通凿

岩刻有阴刻与阳刻之分。岩刻的阳刻块面即为浅浮雕,这在国外出现过,如南太平洋的复活节岛上出现的鸟人浮雕就采用了浅浮雕的方式制作块面与线条。但对早期人来说,岩石上的通体浮雕难度性是

第三章　中国岩画的符咒意义与审美体验

很大的，所以大部分岩石上的雕刻都为阴刻方式。岩刻中的阴刻分为块面磨刻与线刻两种方式。图3-3，右上角有一头块面磨刻的羊，线条明显比此岩面上的其图形流畅，非常精致。羊下面是线刻的骆驼，线条也很形象。这两者都是阴刻。中国涂绘类岩画却能鲜明地体现阴阳之分。如云南耿马芒光岩画点的同一个岩画岩面上出现了阳性手印与阴性手印，表现了中国先民们在涂绘技术中对这阳性块面与阴性块面的运用水平。

图3-3　骆驼与北山羊选自《中国岩画全集》

线刻与块面塑造手法的不同，也可以用巫术解释，如户晓辉认为："对雄性动物的生殖'力'表现，着重在生殖器部位的刻划，而对雌性动物的生殖'力'的表现，以腹部的空白形式来突出雌性动物的繁殖'力'。"[1] 以巫术解释，雌性动物应该以磨刻轮廓线条的方式表示躯干，而雄性动物应该用块面的方式表现线条。有没有违反这种图像符咒，以线条勾勒，腹部空白的雄性呢？当然有。宁夏平罗县崇岗乡归德沟东山梁的"人骑"图。中间马的形象以线条勾勒轮廓，但马腹下又有一明显雄性生殖器（如图3-2）。再如甘肃靖远县刘川乡吴家

---

[1]　户晓辉：《岩画与生殖巫术》，新疆美术摄影出版社1993年版，第124页。

川的一幅鹿图，也是阴线凿刻，腹部中空，腹下有一雄性生殖器（如图3-4）。这说明阴线凿刻不全是雌性。在很多同一块岩面中，都是以块面塑造的动物图像并没有明确地标示出性别的不同。块面绘制与性别的联系似乎并不紧密。有些腹部不是中空，以块面表现的岩画出现在同一个岩面上时有些图像刻画生殖器，有些不刻画生殖器。如位于宁夏中卫东园乡的北山老虎嘴沟的一幅北山羊图，图中有三只垂直并列的山羊，上面两只山羊没有刻画生殖器，下面第三只却刻画了生殖器，表现它的雄性身份（如图3-5）。被画出生殖器的动物当然是雄性，而在同一岩面，用同样的块面绘制方式却没有刻画生殖器的动物很可能是雌性。这说明块面凿刻方法并不只用来刻画雄性。再看宁夏中卫市东园乡北山老虎沟的一幅骆驼与北山羊图，骆驼以线勾勒，右上角羊以块面凿制，左边的羊以线条勾勒，并不能在三者间发现明确的性别差距（如图3-3）。所以，线条与块面的选择更多的可能是艺术技法的不同，而与符咒的功利意义联系不大。

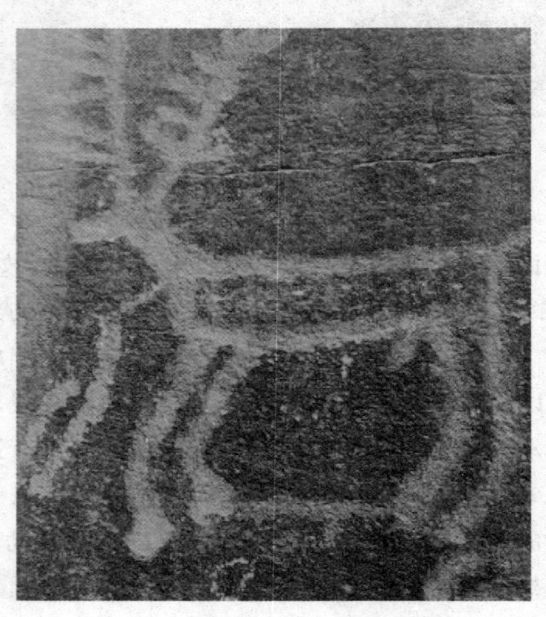

图3-4 鹿选自《中国岩画全集》

第三章　中国岩画的符咒意义与审美体验

图 3-5　北山羊选自《中国岩画全集》

　　更有些画是介于二者之间。如图 3-6 所示的山羊图来自于甘肃靖远县齐川乡吴家川。图中羊的形象既不是以线条勾勒将身躯勾勒出空腹性，也不是以块面凿刻出腹部的轮廓，而是直接将羊的身躯简化为一根直线条，但这并不妨碍作者们对它性别的揭示，羊身下的一点，已说明了作者的意图。

　　可见凿刻技法中与功利的联系并不紧密。从巫术效果看，按户晓辉先生说的那样雌性动物以线条勾勒，使腹部中空；而雄性动物以块面绘制可能会使作画的巫术目的更严谨些。但原始人显然在这方面放弃了他们的巫术原则。是什么原因，使他们在作图时，这里用线条勾

— 129 —

中国岩画的原始信仰及其审美生成

图 3-6　北山羊选自《中国岩画全集》

勒,那里用块面,而另一处干脆以几何形代表呢?本书认为是原始人对形式的鉴赏判断。勾勒与通凿是艺术表现的不同方式。在目前遗存中,最原始的绘图里,艺术本身的特征已然出场,谁能断言巫术符咒与艺术,谁前,谁后呢?早期艺术中,人们已经发现了以图写物过程中形式的可变性,能在不同的形式摹象中发现摹写的乐趣。

二　两地差异

在通凿与勾勒的运用中,中国岩画与欧洲洞穴岩画之间发生了一些小差异,体现了两地人们的不同制图爱好。

岩画作者的关注点在事物的轮廓中,而不在身体各部分的细节中。从岩画中看,原始人看一个事物,首先是从轮廓上把握对象。中国岩画特别突出求简的轮廓风。这就与一些欧洲洞穴岩画不一样。如图 3-7 所示的尼奥洞穴中的野牛图,背部、腹部、颈部的鬃毛历历可见,不

第三章 中国岩画的符咒意义与审美体验

但刻画了牛鼻、牛嘴，眼睛，还在眼睛上部添加了一条类似人的眉毛的线。图3-8是中国岩画动物图像常见类型，只有一个非常简单的侧面剪影。而那些眼睛、嘴巴、鬃毛之类的细节都被简化了。用笔干练明快，图简而意赅。轮廓取象手法在原始中国岩画的东南西北四处都是通用的。五官与鬃毛不在原始中国岩画绘制者的兴趣爱好中。如何细致、清晰、分类式地描绘出物象的轮廓才是他们的爱好。中国岩画作者们的取象方式与我国传统文化的极简风格相通，喜欢以大观小，强调先从整体上把握对象。欧洲的传统思维重条分缕析，绘画也更逼真，表现细节现实。

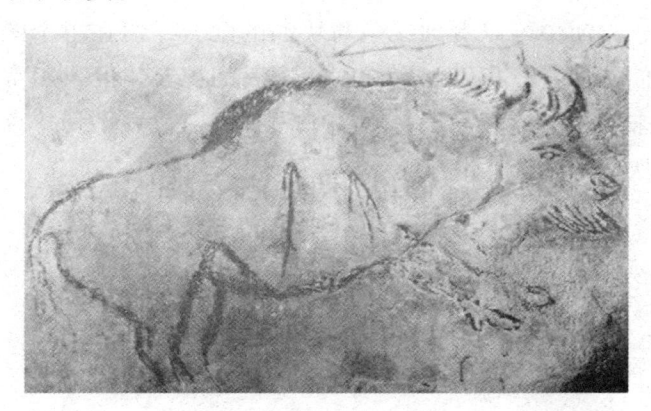

图3-7 中箭的牛尼奥洞穴岩画 选自 Art through the ages

图3-8 牦牛选自《阴山岩画》

中国岩画的原始信仰及其审美生成

因为取象时目的不一致，对块面与勾勒选择两地也具有很大的差异。欧洲洞穴岩画讲究线条与块面的相互配合。为了使图像更细致，常常要将块面法与勾勒法联合起来使用。如著名的阿尔塔米拉洞穴岩画的那一幅受伤野牛图，既用了线条勾勒出牛的轮廓，也使用了色彩块面点出了身体的某些部位，制造躯干的起伏感。轮廓线条加块面点缀是欧洲洞穴岩画中常见的手法。如果再点上眼睛与皮毛的花比试，那么就融合了点、线、块面三种构形要素为一体，同时使用了点染、勾勒、块面三种方法（如图3-9）。中国岩画中点虽然与线条、块面会出现配合，但线条与块面就显得各自为阵了。也就是说虽然在中国岩画的同一岩面中可以看到线条与块面的配合，但在单个图形中，很难看到它们的配合。我们也有勾勒轮廓后的填充，但我们常常用颜料将勾勒出来的轮廓给填满了，轮廓中没有留白，看不到特意的轮廓线条与局部块面的配合。

图3-9 动物与手印选自 Art through the Ages

在凿刻与涂绘的技法中，中欧也表现出很大的差异。欧洲洞窟岩画有先在岩壁上刻出轮廓来，然后涂绘的。如阿尔塔米拉洞穴、拉斯科洞穴、萧维洞穴等岩画都综合运用了凿刻、涂绘方法来表现图像效果。他们在绘制一个图像时有时会先凿刻出对象轮廓，然后在刻出的轮廓上涂上颜料。中国却不如此，凿刻技法与涂绘技法二者在岩画中泾渭分明，互相比照。中国南部岩画基本是单一涂绘而制；中国东南沿海、北部岩画多为凿刻；西部岩画中综合了二者，既有凿刻岩画，也有涂绘岩画，但在同一图像上还是常采用同一种手法。

勾勒与通凿是纯粹的艺术手法，与岩画的信仰目的没有直接关联。人们选择某一种手法是为艺术目的。中国岩画与欧洲洞穴岩画在这方面的差异也使我们看到即使是原始艺术，在风格上已经可以呈现出不同地域的不同选择。

第四章 中国岩画的牲祭意义与审美体验

岩画中的牲祭图像以人物图像最为明显。牲祭作为沟通人神的重要中介，自然不能泯然于众物之中。在制造祭祀图像时，中国岩画图像的反复刻画及题材的独特性反映了它用来协于上下的牲祭意义。作为沟通神人与天地媒介的岩画表现了原始人的审美想象，这使他们充满诗意地，甚至是一厢情愿地背离原始理性的逻辑进行题材选择和图像建构。

第一节 由祭入礼

"由巫入礼"的文化转向李泽厚已经提出。从岩画中看，原始信仰向礼文化的过渡也可以是"由祭入礼"，祭祀更接近礼文化的特征。可以将李泽厚先生的"由巫入礼"观点更加具体化，改为"由祭入礼"。

一 巫与祭祀

中国传统文化的核心为礼仪文化，它是从巫、祭祀这类原始信仰文化直接演变而来，中间并没有经过正式宗教的过渡。李泽厚先生在论述"由巫入礼"时，认为礼文化是从巫文化演变来的。因为他并没有区分巫与祭祀,所以李泽厚先生的"巫"代指了巫术与祭祀这两种紧密相关的活动。

巫术与祭祀还是有些不同。巫术本来是一种规则,任何人只要掌握了这种规则都可以通过巫术来达到他的目的。如弗雷泽的论述:

> 无论在任何地方,只要交感巫术是以地道的、纯粹的形式出现,它就认定:在自然界一个事件总是必然地和不可避免地接着另一事件发生,并不需要神灵或人的干预。这样一来,它的基本概念就与现代科学的基本概念相一致了。[……]巫师从不怀疑同样的起因总会导致同样的结果,也不怀疑在完成正常的巫术仪式并伴之以适当的法术之后必将获得预想的效果,除非他的法术确实被另一位巫师的更强而有力的法术所阻扰或打破。他既不祈求更高的权力,也不祈求任何三心二意或恣意妄为之人的赞许,也不在可敬畏的神灵面前妄自菲薄,尽管他相信自己神通广大,但绝不蛮横而没有节制。他只有严格遵从巫术的规则或他所相信的那些"自然规律",才得以显示其神通。哪怕是极小的疏忽或违反了这些规则或规律,都将招致失败,甚至可能将他这笨拙的法师本人也置于最大的危险之中。如果他声称有某种驾驭自然的权力,那也只是严格地限制在一定范围之内,完全符合古代习惯的基本威力。因而,巫术与科学在认识世界的概念上,两者是相近的。二者都认定事件的演替是完全有规律的和肯定的。①

巫术依照规则达到目的,不以超自然神的意志为转移。这一点与科学是相近的。祭祀表达的是对神灵的尊重与畏惧。巫术遵循的是确定性的规则,礼遵循的也是确定性的规则,它们二者在此相通。礼又不仅是如此,礼可协于天人之间,达到政通人和的效果,"礼"的合

---

① [英] J. G. 弗雷泽:《金枝》,汪培基、徐育新、张泽石译,商务印书馆2013年版,第88—89页。

法性存在是不能脱离超自然力量存在的,这也是为什么"礼"的论证中常含有天地秩序的影响。如《礼记·丧服四制》记:"凡礼之大体,体天地,法四时,则阴阳,顺人情,故谓之礼。"① 礼的秩序顺应于超现实的神的秩序;礼文化与祭祀文化相通于对神的尊重和敬畏。

正是在此意义上我们才说礼来自于祭祀。礼协于天人之间,原始祭祀是协于人与神之间。

李泽厚说的巫术活动包括了祭祀神明,如他讲周公制礼作乐,"将上古祭祀祖先、沟通神明以指导人事的巫术礼仪,全面理性化和体制化,以作为社会秩序的规范准则,此即所谓'亲亲尊尊'的基本规约。"② 可以看出李泽厚认识到了巫术与祭祀的不同,如他谈到巫术"人的主动性极为突出。在这里不是某种被动的请求、祈愿,而是充满主动精神(从行为动作到心理意识)的活动成了关键"③。这段话指出了巫术的独立特征。但他依然将祭祀与巫术礼仪看作是一体的,如他所说祭"作为巫术礼仪,使社会的、政治的、伦理的一切秩序得到了明确的等差安排。因为祭祀主要对象是祖先,从而与祖先因血缘亲疏关系不同,而有不同的等差级别的区分。这种区分严格呈现在祭祀的仪式、姿态、容貌、服饰等具体形式规范上。这也就是所谓'礼数'"④。这里李泽厚又将巫术与祭祀列为一类。巫术是巫者依据相似律主动掌握外物,以达成所愿。祭祀是沟通人神,求得神的庇佑,其目的还是在讨好神,已经带有了被动性。祭祀已经有了弗雷泽所说的宗教的邀宠性质:"我说的宗教指的是:相信自然与人类生命的过程乃为一超人的力量所指导与控制的,并且这种超人的力量是可被邀宠或抚慰的。"⑤

---

① (清)阮元校刻:《十三经注疏·礼记正义》,中华书局2009年影印本,第3680页。
② 李泽厚:《由巫到礼 释礼归仁》,生活·读书·新知三联书店2015年版,第25页。
③ 李泽厚:《由巫到礼 释礼归仁》,生活·读书·新知三联书店2015年版,第12页。
④ 李泽厚:《由巫到礼 释礼归仁》,生活·读书·新知三联书店2015年版,第24页。
⑤ [英]J. G. 弗雷泽:《金枝》,汪培基、徐育新、张泽石译,商务印书馆2013年版,第90页。

二　祭祀与礼

礼的文化与信仰神灵的祭祀紧密相关。祭祀要求顺应神灵，讨好神灵，礼也有同样的要求。孔子非常敬重神灵。讲求仁爱的孔子表面上好像不事鬼神，如"务民之义，敬鬼神而远之"（《论语·雍也》）[1]；"未能事人，焉能事鬼"（《论语·先进》）[2]；"子不语怪、力、乱、神"（《论语·述而》）[3] 都表明了孔子对鬼神存而不论的态度。但另一方面，孔子对鬼神祭祀又持赞赏态度。子曰："禹，吾无间然矣！菲饮食而致孝乎鬼神"（《论语·泰伯》）[4]；"乡人傩，朝服而立于阼阶"（《论语·乡党》）[5]。孔子不仅赞赏禹祭祀鬼神的行为，在乡人进行巫术活动时，还穿着非常正式的衣服立于东面台阶上观看。他对天命尤其敬畏："获罪于天，无所祷也"（《论语·八佾》）[6]；"君子有三畏：畏天命，畏大人，畏圣人之言"（《论语·季氏》）[7]；"死生有命，富贵在天"（《论语·颜渊》）[8]。人要顺应天命而行，违背天意，祭祀也必为无用之功，因为得罪上天后，祷告是无用的，可见顺应天命还在于要顺应天，讨好天。

在礼文化中德行修养便是顺天而行的最好方式，修德行义可求取福报。《马王堆汉墓简帛·要》中述："君子德行焉求福，故祭祀寡也；仁义焉求吉，故卜筮而希也。"[9] 君子以德行、仁义代替了祭祀、占卜。何以可以相代呢？孔子推崇的道德理性是与天命、神命相结合的，后来又逐步化为政治化的理性精神。孔子的个人道德理性修养与

---

[1] 程树德集释：《论语集释》，《新编诸子集成》，中华书局 2014 年标点本，第 523 页。
[2] 程树德集释：《论语集释》，《新编诸子集成》，中华书局 2014 年标点本，第 981 页。
[3] 程树德集释：《论语集释》，《新编诸子集成》，中华书局 2014 年标点本，第 620 页。
[4] 程树德集释：《论语集释》，《新编诸子集成》，中华书局 2014 年标点本，第 724 页。
[5] 程树德集释：《论语集释》，《新编诸子集成》，中华书局 2014 年标点本，第 910 页。
[6] 程树德集释：《论语集释》，《新编诸子集成》，中华书局 2014 年标点本，第 234 页。
[7] 程树德集释：《论语集释》，《新编诸子集成》，中华书局 2014 年标点本，第 1488 页。
[8] 程树德集释：《论语集释》，《新编诸子集成》，中华书局 2014 年标点本，第 1071 页。
[9] 邓球柏校释：《帛书周易校释》，湖南出版社 1987 年版，第 481 页。

天命相关，所以又有"吾与史巫同涂而殊归者也"①的说法。礼文化在原始信仰中讨好神的诸多方式中，加上了人的德行修养，以完成从原始祭祀仪式到礼文化仪式的转变。究其根本，人自省慎行的核心在于这是讨好神的一种方式，它依然没有脱离愉神这一祭祀目的，因为宗教实践"并不一定要供献祭物，背诵祷词及采取其他外表形式。这些形式的目的仅仅是为了取悦于神。如果这位神喜欢仁爱、慈悲和贞洁更甚于带血的祭品、赞歌和香火，那么他的信徒们使他高兴的最好的做法，就不是拜倒在他脚下，吟诵对他的赞词，或用贵重礼物摆满他的庙宇，而是以廉洁、宽厚、仁慈去对待芸芸众生。"②

礼文化中的一些特征带有明确的祭祀仪式的痕迹。如礼文化中的尊北朝南位。"雍也可使南面"（《论语·雍也》）③，卿大夫有临民而治的权利，而临民者都是朝南而立，朝南与朝北的区分，标志着管理者与被管理者之间位置秩序。从政者的站位在北面，"为政以德，譬如北辰居其所而众星共之"（《论语·为政》）④。许多地区的岩画喜阳面，是朝南而设的。我们在第六章第二节中有具体论述。当时人如果对着岩画举行祭祀仪式，正好形成岩画坐北朝南，祭祀者面北而祷告的方位关系。如此看来尊北位的观念既与星辰有关，也与早期祭祀时人们的习惯有关。祭祀活动要顺应神意才可能取得成功。如怀特里所说："萨满们通常去相对而言较低的地理位置以获得较自然的'上'的世界。不仅如此，鉴于低势位置被界定为女性，高势位置被认为是男性，萨满们常去女性地区以获得进入神圣男性世界的入口。这个例子中的符号系统具有明确的结构性，是逻辑的、连贯的。"⑤ 礼仪中方位的上下尊卑与南北相分都有原始祭祀仪式相关。

---

① 邓球柏校释：《帛书周易校释》，湖南出版社1987年版，第481页。
② [英] J. G. 弗雷泽：《金枝》，汪培基、徐育新、张泽石译，商务印书馆2013年版，第91页。
③ 程树德集释：《论语集释》，《新编诸子集成》，中华书局2014年标本，第465页。
④ 程树德集释：《论语集释》，《新编诸子集成》，中华书局2014年标本，第79页。
⑤ David S. Whitley, *Introduction to Rock Art Research*, Walnut Creek: Left Coast Press, 2005, p. 84.

第四章 中国岩画的牲祭意义与审美体验

初级的祭祀以肉为主要祭品，在礼文化中转向了以器物与肉类并重的祭祀。《说文解字》："祭，祭祀也。从示，以手持肉。"① 岩画中的动物图像均为写实，大量的牛、羊、鹿都是食物经济表征。殷人用了许多青铜器做为礼器，同时也有许多牲祭。卜辞中对祭祀的记载虽然有玉器等类祭祀，但大部分是以动物为祭祀，有时是以人为祭祀。礼文化保留了食物祭祀方法，同时也注重器物祭祀。《说文解字》释义"礼"为"所以事神致福也。从示从丰"，段玉裁注"丰者，行礼之器"②。礼文化的祭祀从以食物沟通讨好神的方式转向了以器物来沟通天地，获得上天眷顾的方式。器物为何就能取代实实在在，充满诱惑的食物占据祭祀活动中更重要的席位呢？器物又不能吃！朴实的岩画作者们对器物没有太多的绘制兴趣。对他们而言，人与动物的图像祭祀更加诚挚，器物只能起到辅助作用，如广西花山岩画的鼓。

礼文化中祭祀器物凭借着尚象的功用明显有了更高的地位。《周易》有明确的"制器尚象"观点。《易传·系辞上》云："《易》有圣人之道四焉：以言者尚其辞，以动者尚其变，以制器者尚其象，以卜筮者尚其占。"③ 这句话说明制造器物，并以器物来反映一些"象"的工作非常重要，是圣人的四大工作之一。器物中反映出来的"象"是什么呢？制作这些"象"的目的又是什么？《左传·宣公三年》说得很清楚："铸鼎象物，百物而为之备，使民知神奸。故民入川泽山林，不逢不若。螭魅罔两，莫能逢之，用能协于上下，以承天休。"④ 铸鼎是为了在鼎上模仿一些"物"，民众看到鼎上模写的"物"就能知道哪些"物"是好的，哪些"物"是坏的，从而在各种活动中避开坏的，不顺、不祥的事情，利用好的"物"来沟通天地人神。所以这些"物"中好的部分是天地之间的中介。铸鼎的目的是要教育人们哪些"物"是好的，可以将它作为中介，从而获知天命，顺从神意。从

---

① [清] 段玉裁注：《说文解字注》，中华书局 2013 年点校本，第 3 页。
② [清] 段玉裁注：《说文解字注》，中华书局 2013 年点校本，第 2 页。
③ （清）阮元校刻：《十三经注疏·周易正义》，中华书局 2009 年影印本，第 167 页。
④ （清）阮元校刻：《十三经注疏·春秋左传正义》，中华书局 2009 年影印本，第 4056 页。

《周易》与《左传》来看，器之所以重要是因为器上所铸的物象或器本身所代表的物象重要。器中所藏的"物象"才是沟通人神的真正中介。这就能解释岩画作者们为什么对"器物"绘制毫无兴趣了，因为他们早就找到了比器物更好的承载"物象"的载体，那就是天地之间，漫山遍野的岩石。岩画创作群将各种能通神的物象直接凿刻或涂绘在岩石上。岩石太易得了，这种载体没办法象征社会阶层分层后的等级差异。较难得的玉、青铜器等器物适应等级差异需要取代了更平民化的岩石。但因为"器"的面积有限，以写实性的方式来模仿各种"物象"到底是比较困难的事情，所以必须有一系列更精简的符号，以便以抽象的方式来模写"物象"。这些符号最突出的代表便是八卦符号。从夏代铸鼎象物到周代观象作卦，正是能沟通天地的"物象"从写实性地被模拟发展到抽象化的被模拟的过程。在抽象过程中，不仅是器物上的纹饰被抽象化，器物的器型也具有特殊的祭祀意义。器物不仅仅是载体，其器型也具有了原来的"物象"意义，成就了最终"器以藏礼"的礼文化。如人们经常把新石器时代就已经出现的外圆内方的玉琮作为沟通天地的法器。玉琮外圆内方的形状符合早期人对天地形状的认识。玉琮形状通过模仿"天地物象"具有了沟通人神的中介作用。不仅如此，玉琮上还经常刻有神人兽面纹，神人兽面纹也是沟天天地的中介，这就形成了器物纹饰尚象与器型尚象的双向结合。再如青铜器中的鼎、鬲、斝、爵都是三足，如果有手柄的话，手柄也必然与其中一足位于同一垂直线。三足相立可能象征着天、地、人三者。与手柄一线的那侧足按照接触律来说应代表人，因为人持柄相接触，手柄又与侧足相接触，所以此侧足指向的应该是人。

虽然由从食到器的沟通人神的中介发生了很大的变化，在以食为祭的活动中，早期祭祀与礼文化有更多的相通之处。孔子论牲祭的选择标准："黎牛之子骍且角，虽欲勿用，山川其舍诸？"（《论语·雍也》）[①] 皮毛的颜色与角的形状都是选择牲祭时重要的参考标准。岩画

---

① 程树德集释：《论语集释》，《新编诸子集成》，中华书局2014年标点本，第484页。

第四章　中国岩画的牲祭意义与审美体验

动物的题材选择中有依据皮毛与角来选择动物形象的偏好，原始人绘制动物时已经呈现一种皮毛癖与角癖的倾向。这种倾向到了礼文化中就被定型为一种正式的仪式。除了符合皮毛癖与角癖，在颜色上此处也与岩画相通。骍指红色。孔子特别偏爱红色，如他有"恶紫之夺朱也"（《论语·阳货》）[①]的言论。在孔子的眼中大红色才代表正统。真实的生活中很难见红色的牛。红色的牲祭在岩画中却是常见的。中国岩画中的涂绘类岩画绝大部分都是红色，涂绘类动物的形象多为红色，甚至在凿刻类岩画中也能见到红色的动物（如图4-1）。看起来关于孔子偏爱红色的原因，似乎早在多神观念的祭祀中，甚至是巫术中就已经有了答案。

图4-1　牦牛作者摄于青海玉树

中国社会由祭祀文化向礼文化的转变是抱有敬畏之心的祭祀仪式

[①] 程树德集释：《论语集释》，《新编诸子集成》，中华书局2014年标点本，第1578页。

的延续，同时在肉祭的基础上加入器祭的更多成分。岩画肉祭中表现出来的皮毛控与角控癖好在礼文化中得到了传承与规范。以器物为主的祭祀从岩画的以石载象转变为以器载象及以器尚象，最终形成了以器藏礼的礼文化系统。

第二节 仪式性特征

岩画的祭祀图像不是单纯的模写对象，而更注重模写对象的仪式性特征。表现在人物上是动作与佩饰；表现在动物上是皮毛的纹饰。有些祭祀图像已经出现了辅助的器物。

一 蹲踞式图像

早期绘画要突出某个人物，常用的手法是将他画大一些。祭祀岩画就常通过夸大形体的做法，表明人物的特殊身份。云南曼坎岩画点的人物通常夸大手的长度，甚至当人站着时，手竟然长到快要触地了。现实中人的手不可能有这么长。手长似乎是表现一个人与众不同的标志。《三国演义》中讲刘备的外貌"两耳垂肩，双手过膝，目能自顾其耳"显示出了刘备身份的与众不同，其中手长也是能人的一个标志。云南曼坎岩画点将人的手画得这么长当然不是写实性摹写，而是通过这个特征，显示这些人的特殊身份。

除了画大些，岩画大祭司形象最常见的标志是蹲踞式动作。蹲踞式人物无论是在陶器、青铜器的纹饰中，还是在欧洲、亚洲、澳洲等地的岩画中都极为常见。俞伟超先生将这种蹲踞式人物像看作神人，"泉屋博古馆和法国巴黎池努奇博物馆又各藏有一个青铜虎卣，亦出自长江中游。其全形作一蹲坐之虎，自口以下至阴部，与一男子拥抱，男子亦作九屈状，亦为神人。[……]泉屋博古馆所藏商代铜鼓上的神人，双手、双腿皆作两度弯曲，全身又作蹲坐状，则身、股之间又有一曲，总计正为'九屈'。中国古代之神就是常常作成'其身九屈'

之形"① 蹲踞式人物双腿、双手弯曲,身体呈弯曲状常表明其身份的超越性。《楚辞.招魂》:"土伯九约"②;王逸注到:"土伯,后土之侯伯也。约,屈也。"③ "土伯"是其身九屈的神。中国数字中的"九"是多的意思,常为虚指,可能并不像俞伟超先生所说为实指。但两个意思都说明了中国早期神人的形象是蹲踞或弯身的形象。《说文解字》述:"九,阳之变也。象其屈曲穷尽之形。"④ 这种说法正好将"九"与"屈"结合了起来。"九屈"是指蹲踞式的人物或神人形象。蹲踞式人物图在国外岩画中也极为常见,且时代较早。如"这种形象在岩画中最早出现于意大利卡莫诺山谷(Valcamonica)。对这个山谷的岩画作了30多年研究的阿纳蒂教授(E. Anati)起初将这种蹲踞式人物的时代断在公元前4000年左右,后又根据东欧所出陶器上的同类主题,则将其时代断在公元前6000年左右。阿纳蒂教授根据这种形象的不同造型和不同场合的出现情况,将其解释为死亡崇拜、太阳崇拜,表现肉体与灵魂的分离数种。总的来讲,他认为这些形象是祈祷者。"⑤

蹲踞式动物明显不是模仿某种劳动场面,更像祭司的舞蹈。蹲踞式人形不仅双腿下蹲,双臂还常上举或下屈,或呈"S"形舞蹈状。中国岩画中广西左江花山的蹲踞式人形是双臂屈曲上举,而新疆呼图壁的生殖岩画双臂呈"S"形舞蹈。因为马家窑彩陶蹲踞式蛙纹而将蹲踞人形都解读为蛙形恐怕不能解释岩画中手臂"S"形人形图。岩画中的蹲踞式中的手形具有更多的变化。

蹲踞式人形在彩陶中常与蛙纹相关。蛙纹是中原与西北地区彩陶中常见的动物纹。蛙纹发展到后来成了蹲踞式的人形,"从目前发掘的材料来看,自马家窑类型始,蛙纹就有图案化、程式化的倾向。到

---

① 俞伟超:《"神面卣"上的人格化"天帝"图像》,《保利藏金》,岭南美术出版社1999年版,第351—352页。
② (汉)王逸编著:《楚辞章句》,上海古籍出版社2017年标点本,第204页。
③ (汉)王逸编著:《楚辞章句》,上海古籍出版社2017年标点本,第207页。
④ (清)段玉裁注:《说文解字注》,中华书局2013年点校本,第745页。
⑤ 汤惠生:《原始艺术中的"蹲踞式人形"研究》,《中国历史博物馆馆刊》1996年第1期。

了半山类型、马厂类型时期,这种倾向愈演愈烈,图案简洁并高度抽象,逐步走向几何化和符号化,以致和当时的人形花纹混为一体"。① 如果与蛙纹相联系,蹲踞式人形又有了更广泛的意义。蛙纹的意义学术界主要有月神说、生殖崇拜说、图腾说、人体自身崇拜说几种。② 无论是陶器还是岩画都没有明确的月亮形象,月神说的材料支撑不足。图腾是动物图像,陶器中的蹲踞式人形还有蛙的影子,岩画中却全无。岩画中的蹲踞人形更可能与生殖崇拜或人体自身崇拜相关。在不同的岩画中蹲踞式图像的侧重点不一样。福建华安仙字潭岩画生殖器刻画明确,图像直接粗俗,这里的蹲踞图像明确与生殖相关。广西左江人物图大部分都没有生殖器刻画,是大型祭祀图,这里的蹲踞图与祭司的舞步相关。蹲踞式图也能更全方位地显示人体轮廓的各个部分,特别是正面的蹲踞式图能更好地达到这个效果。

不管蹲踞纹是从蛙纹演化而来的人蛙图,还是九屈神人,都在简单的人形身上加了更多的动作标志,以将他的身份与其他人相区分。人们以蹲踞状显示了这种人形是具有特殊礼仪意义的人,他在特殊的场合担当特殊的身份。

二 纹饰与器物

中国岩画中更多的礼仪性装饰是身上的佩饰。它包括云南沧源岩画中高高的羽毛,左江人物中各种类型的佩挂。左江人物正身像光头饰就分为 16 种:椎髻形、侈顶形、独角形、双角形、倒"八"字形、飘带形、规矩形、Y 字形、人字形、三角形、四角形、刺羽形、面具形、芒圈形、托圈形、独辫形。侧身人像头饰不如正面人像复杂,仅分为六种:长垂辫形、短垂辫形、羊角形、倒"八"字形、三角形、面具形。③ 不同的头饰应代表不同的身份。这些正身人物腰间还佩有

---

① 如鱼:《蛙纹与蛙图腾崇拜》,《中原文物》1991 年第 2 期。
② 如鱼:《蛙纹与蛙图腾崇拜》,《中原文物》1991 年第 2 期。
③ 覃圣敏、覃彩銮、卢敏飞、喻如玉:《广西左江流域崖壁画考察与研究》,广西民族出版社 1987 年版,第 159—162 页。

第四章　中国岩画的牲祭意义与审美体验

刀剑，有时是环首刀。带刀的应与武力相关，也可能是身份的象征。沧源岩画的祭祀者没有进行蹲踞式舞蹈，而是通过身上的佩饰主要为羽毛来显示他的与众不同。这些佩饰都说明了此类人物身份的特殊。

　　岩画中的人物祭祀图已经出现了器物。左江岩画中更有各类的圆形符号，因为圆圈外少见太阳芒纹，所以一般认为是铜鼓（如图4-2）。2016年发现的云南文山红岩洞涂绘岩画也有类似的铜鼓形象。铜鼓被用于祭祀、征战、宴享等集体活动中。铜鼓常是战争的集结号。《太平御览》引晋裴渊《广州记》："俚獠贵铜鼓……风俗好杀，多构仇怨。欲相攻击，鸣此鼓集众，到者如云。有是鼓者，极为豪强。"①《通典》载："五岭之南，人杂夷獠，不知教义，以富为雄。[……]其富豪并铸铜为大鼓，初成，悬于庭中，置酒以招同类。又多构仇怨，欲相攻击，则鸣此鼓到者如云。"②铜鼓在战场上可召集人马，激励士气。铜鼓又有镇水神的功能："壮族认为铜鼓是雷神的工具和武器，专门能与水神打仗，据说如果铜鼓一到江边就会往水里跳，以便与水神决一雌雄。壮族认为铜鼓有镇压水神的奇功，遇洪水时往往把铜鼓丢在江中。桂平县境内的寻江，明清两代均出土有铜鼓，故名铜鼓滩，这也许与过去以铜鼓镇水神有关。"③

图4-2　铜鼓作者摄自广西崇左

---

① （宋）李昉等编撰：《太平御览》卷七八五，中华书局1960年影印本，第3478页。
② （唐）杜佑：《通典》卷第一百八十四，中华书局1988年点校本，第4961页。
③ 宋兆麟：《巫与祭司》，商务印书馆2013年版，第161—162页。

左江不仅有鼓铜还有环首刀等兵器，这就使一些学者们认定左江岩画描写的是战争场面。兵器依然可以为祭祀。陈梦家就指出周礼中的兵舞是祭祀山川的舞，"鼓人祭百物之神"①。鼓是与神相沟通的工具。广西壮族，贵州的苗族都喜在节庆之日敲打铜鼓，这些风俗现在还在流行。《太平御览》引晋裴渊《广州记》："俚僚贵铜鼓，唯高大为贵，面阔丈余，方以为奇。初成，悬于庭，尅晨置酒，招致同类，来者盈门。其中豪富子女以金银为大钗，执以叩鼓，竞留遗主人。"②铜鼓有招至同类的意义。岩画中的铜鼓也可以为巫师将更多的神灵请到现场，所以铜鼓具有通神的作用。《春秋穀梁传·庄公二十五年》中鼓也是聚众的作用，招来的是代表"阳"的灵气。当出现日食时人们击鼓招来"阳"气，"日有食之。言日言朔，食正朔也。鼓、用牲于社。鼓，礼也。用牲，非礼也。天子救日，置五麾，陈五兵、五鼓；诸侯置三麾，陈三鼓、三兵；大夫击门，士击柝。言弃其阳也。"③ 发大水时，人们也击鼓招"阳"驱水："高下有水灾曰大水。既戒，鼓而骇众，用牲可以已矣。救日以鼓兵，救水以鼓众。"杨士勋疏："救日以鼓兵者，谓伐鼓以责阴，陈兵示御侮。救水以鼓众者，谓击鼓聚众也。皆所以发阳也。"④ 鼓具有召集正面神灵或灵气的作用。也许因为如此，铜鼓成了身份地位的象征。《隋书》载："有鼓者号为'都老'，群情推服。"⑤《续资治通鉴长编》："先是富顺监言：始姑镇边人，家有铜鼓，号为右族。"⑥ 家有铜鼓者可令民众推服，正是巫者为王在一度程度上的延续。

　　岩画中的虎与鹿身上具有纹饰特征。或为梅花形，或为横着的"S"纹。"S"纹是一种装饰，与符咒功能并没有直接联系。这种风格

---

① 陈梦家：《殷虚卜辞综述》，中华书局1988年版，第601页。
② （宋）李昉等编撰：《太平御览》卷七八五，中华书局1960年影印本，第3478页。
③ （清）阮元校刻：《十三经注疏·春秋穀梁传注疏》，中华书局2009年影印本，第5180页。
④ （清）阮元校刻：《十三经注疏·春秋穀梁传注疏》，中华书局2009年影印本，第5181页。
⑤ （唐）魏徵等撰：《隋书》卷三十一，中华书局1973年标点本，第888页。
⑥ （宋）李焘：《续资治通鉴长编》，《四库全书》第315册，上海古籍出版社1987年影印本，第470页。

传播很广泛，整个欧亚大陆的岩画、金属器皿上都能发现它。真正的鹿与老虎身上是没有此类对应纹的，因此这个纹饰是失实的。青海省文物考古队于1979年6—10月、1980年4月，在互助土族自治县沙塘川公社总寨大队发掘了一批墓葬，其中包括马厂、齐家、辛店文化墓葬。互助土族自治县海拔在2700—3300米。在互助土族自治县马厂墓葬出土的陶器具有大型的连续的横向S纹。① 这种横向S纹，与鹿中横向S纹极其相似。而竖向的S纹，在新石器时期的马家窑彩陶中就已经有了发现。战国时期青铜塑的兽上更有各种S纹。1992年山西省考古研究所挖掘侯马铸铜遗址发现了大量的铸铜陶范，其中有一陶虎形模身上即有云纹，也有S纹（如图4-3）。台北故宫博物院藏有与之拥有同样S纹的"鸟首兽尊"铜像。很明显岩画中的S纹与青铜器中的S纹无论是在位置还是形状上都具有一定的差别。青铜器上虎身上的S形纹又为云纹所取代。

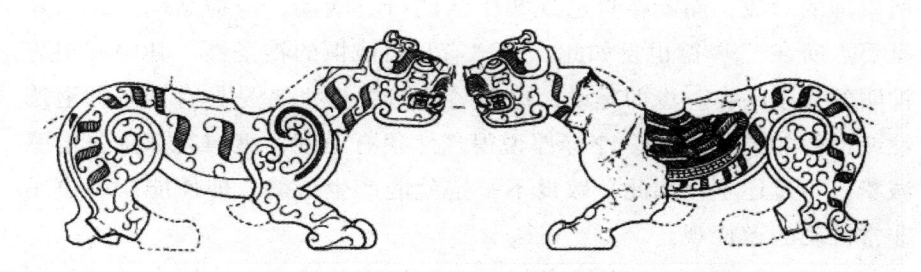

图4-3 虎形铸铜陶范选自山西省考古研究所侯马工作站
《1992年侯马铸铜遗址发掘简报》

具有仪式性的人物像与动物像承担着超越芸芸众生的特殊身份，应该具有的特殊担当。这些手法比较纯朴，其意义表达大都较为直接，抽象程度不高。

---

① 青海省文物考古队：《青海互助土族自治县总寨马厂、齐家、辛店文化墓葬》，《考古》1986年第4期。

第三节 原始崇高

原始人的思维方式是集体思维。他们以集体生存优先的原则处理祭祀活动中的牲祭问题。让牲祭为集体牺牲的主张有时落实在他人身上，形成被动牺牲；有时落实到自己身上，形成主动牺牲。这两种牺牲都遵循了个体为集体付出的意愿，体现了原始人的原始崇高情感。

一 为他情怀

李泽厚认为儒家"仁"的理念来自于巫术的神秘以及对其的敬畏精神："巫的上天、通神的个体能耐已变为历史使命感和社会责任感的个体情理结构，巫师的神秘已变为'礼—仁'的神圣。这神圣不在所崇拜的对象，而就在自己现实生活的行为活动、情理结构中，这才是要点所在。"[1] 德也是如此，德"有足可戒惧的神圣性，其中有祖先神明的大眼睛在。也即是说，这套'政治之枢机'是具有神圣的道德性或道德的神圣性"[2]。李泽厚说得当然很有道理，巫与礼都主张情感诚挚。不过还不止如此，敬畏不一定就能产生道德。即使能产生也是非常被动的道德观。

从后来的巫者为王的现象讲，主导祭祀的巫者在集体中具有不同寻常的身份，也值得更多的人尊重。人们对王巫的尊重既来自于王巫的能力，也来自于他所承担的社会责任。为何在祭礼中巫术突然就变成了特定身份的人才能掌握的才能呢？只有为王的巫者做出的牺牲才是更重要的牺牲，才能更加打动神灵。从巫者的强大来说，只有精通巫术规则的人才能成为祭司。但这并不能解释"仁"的由来。在"仁"的要求中沟通天地的巫者不仅要熟悉程序，还要有合格的德行，

---

[1] 李泽厚：《由巫到礼 释礼归仁》，生活·读书·新知三联书店2015年版，第103页。
[2] 李泽厚：《由巫到礼 释礼归仁》，生活·读书·新知三联书店2015年版，第57页。

如《易·豫卦》:"先王以作乐崇德,殷荐之上帝,以配祖考。"① 此中将德作为讨好祖宗神的必要条件。能够顺从天命,治理天下的必是有德者,如《论语·宪问》记:"南宫适问于孔子曰:'羿善射,奡荡舟,俱不得其死然。禹、稷躬稼而有天下。'夫子不答。南宫适出,子曰:'君子哉若人!尚德哉若人!'"② 礼的思想是外部行为规范对人的约束,"仁"的心理却是来自于内部。具有神秘力量的巫术何以能演变成理性化的道德品格要求。从祭祀文化向礼文化转向的过程中,如何理解"仁"的推进?在"礼"文化中的"仁"并不是突然出现的。道德品格要求不是突然发生在礼仪文化中,而是巫文化中已经具备了它的雏形。祭祀中的哪些东西是为"仁"的潜在因素还需一一甄别。

首先需要确定"仁"的含义。"仁"是处于礼乐文化中的道德观。孔子的仁含有"礼"的意义,如:"君子务本,本立而道生。孝弟也者,其为仁之本与。"(《论语·学而上》)③ "孝"是指对上位者的敬,通"悌"的"弟"是上位者对下位者的关照,这在祭祀世界形成了神人相通之时,上慈下敬的等价交换关系。这时的仁带有强烈的等级礼仪规定。在祭司祭祀时,祭司信守自己与神身份的差异,心怀敬意,才能更好地与神灵相通,所以等级礼仪的情感必然是"敬畏"。在《论语》中可以找到很多强调上下等级关系的敬畏说,如"道千乘之国,敬事而信"(《论语·学而上》)④;"今之孝者,是谓能养。至于犬马,皆能有养;不敬,何以别乎"(《论语·为政》)⑤;"使民敬、忠以劝如之何"⑥ 等。

只凭神圣性、敬畏心是不能完全解释"仁"和"德"的由来的。

---

① (清)阮元校刻:《十三经注疏·周易正义》,中华书局2009年影印本,第62页。
② 程树德集释:《论语集释》,《新编诸子集成》,中华书局2014年标点本,第1227页。
③ 程树德集释:《论语集释》,《新编诸子集成》,中华书局2014年标点本,第16页。
④ 程树德集释:《论语集释》,《新编诸子集成》,中华书局2014年标点本,第28页。
⑤ 程树德集释:《论语集释》,《新编诸子集成》,中华书局2014年标点本,第110页。
⑥ 程树德集释:《论语集释》,《新编诸子集成》,中华书局2014年标点本,第154页。

"仁""德"还包括超越欲望、安贫守道、涤荡心胸的高蹈心态。如："饭疏食，饮水，曲肱而枕之，乐亦在其中矣。不义而富且贵，于我如浮云。"① 在社会角色定位中，"仁"者是社会责任的主动承担者。樊迟问仁，子曰："仁者先难而后获，可谓仁矣。"② 承担责任时首当其冲，分配福利时却先人后己。

祭祀礼仪中的敬畏是怎么生成仁的理想的呢？中国古代文献从祭祀礼到仁的转变是顺理成章的。如《礼记·大传》："亲亲故尊祖，尊祖故敬宗，敬宗故收族，收族故宗庙严，宗庙严故重社稷，重社稷故爱百姓"③。祭祀祖先神为何突然就与爱百姓相联系了？出现在巫术祭祀行为中的自我牺牲精神正好可以解释这一点。在巫文化、祭祀文化中已经出现了大量的自愿的、被动的人或者动物在肉体上与精神上的自我牺牲，在牺牲自我成就集体的情感中产生关爱他人的情感就完全可以理解了。这说明与神明相沟通是为了造福百姓，使整个阶层的人过上更好的日子。祭祀活动不是为了私利，而是要造就整个集体的更好生存状态。礼文化中的"仁"要求有食物应"以与尔邻里乡党乎"④，邻里乡党要相互周济，共同生存，这种赠予与互助留有原始社会集体生产与分配的模式。巫文化与祭祀文化中大巫师与祭司具有特殊引导人身份，他们在集体中承担更多的社会责任。因为仁人君子要在社会中承担更多的责任，这又形成了在礼文化中对他人的"仁爱"之心，如《论语·颜渊》所述，"樊迟问仁。子曰：爱人"。⑤

二 自我牺牲

除了造福集体，"仁"的精神内涵还来自于为集体的牺牲精神。

---

① 程树德集释：《论语集释》，《新编诸子集成》，中华书局2014年标点本，第600页。
② 程树德集释：《论语集释》，《新编诸子集成》，中华书局2014年标点本，第523页。
③ （清）阮元校刻：《十三经注疏·礼记正义》，中华书局2009年影印本，第3270页。
④ 程树德集释：《论语集释》，《新编诸子集成》，中华书局2014年标点本，第482页。
⑤ 程树德集释：《论语集释》，《新编诸子集成》，中华书局2014年标点本，第1126页。

《论语·卫灵公》:"志士仁人,无求生以害仁,有杀身以成仁。"①《孟子·告子上》:"鱼,我所欲也;熊掌,亦我所欲也。二者不可得兼,舍鱼而取熊掌者也。生,亦我所欲也;义,亦我所欲也。二者不可得兼,舍生而取义者也。"② 这两段话都主张牺牲自我以成就道德。为了集体而自我牺牲的行为在原始社会是普遍存在的。巫术中为了沟通神灵,祭司或巫师必须放弃自己的部分生命,有时候表现为肉体,有时候表现为精神。肉体生命的放弃是自残以祭,精神生活的放弃是迷狂以祭。不管是哪一种,主导祭祀的祭司或巫师都付出了代价。

祭祀中沟通人神之间的萨满属于半死亡状态。萨满的形象常与恍惚状态相联系。"最近的研究显示隐喻是语言符号象征中的建筑区域之一,在岩画的符号象征中隐喻十分重要。回到更早提到的美国西北地区的例子,该地区的许多岩画倾向于描述为萨满处于恍惚状态的经验。这些经验包括幻觉,不仅是通过视觉,而且可能是通过所有的感觉。"③ 陷入迷狂的萨满牺牲了主体的清醒意志,获得神的附身,才能发出神语,代表神做出指令。

有时候沟通人神的中介物是完全死亡状态,也就是说牲祭之物与死亡相关。在许多仪式中,祭祀的东西是一种替换。剥夺某种事物的生命以获得另外的东西,是以物易物的方式。人也经常成为祭祀品。只要想象一下这些被杀害的人物会具有怎样的表情,就不难理解饕餮物的怒目圆睁了。这种替换在圣经中也保留了下来。亚伯拉罕将自己的儿子献祭给上帝,表达自己的忠诚。在人与神的替换中,用来讨好神,或者承载神的牺牲不完全是被动的,在一定程度上他们具有主动牺牲自己以成就仪式的崇高表现。在广西东兰县红水河两岸的壮族每年都要举行一次蛙婆节。在杀蛙婆的过程中,人们"将青蛙挟于带叶

---

① 程树德集释:《论语集释》,《新编诸子集成》,中华书局 2014 年标点本,第 1383 页。
② (清) 焦循注:《孟子正义》,《新编诸子集成》,中华书局 1987 年标点本,第 842 页。
③ David S. Whitley, *Introduction to Rock Art Research*, Walnut Creek: Left Coast Press, 2005, p. 85.

的桃枝杈间，用竹鞭打死，并喝道：'正月蛙婆节，蛙性交自灭，不是人害死，你可问桃叶。'"① 人们不以杀死蛙为残忍，反而大肆庆祝，因为蛙死后蛙的灵魂会直达天神，向天神传达人们的祈求希望。但蛙与人不相类，为什么蛙死后会反过来帮助杀死它的人类呢？许多地方都有关于蛙的生殖崇拜，认为蛙可带来生殖繁荣，马家窑陶器上的大量蛙纹也证实了这一点。如果蛙纹只是符咒的作用，那么蛙纹应该只表示生殖意义，人与蛙通过交感巫术，使人获得蛙一样的顽强生殖力。如果蛙纹表示蛙神的赐福，那么就要追问蛙为什么愿意帮助人？也许在这些信仰中，人与蛙有一种同族的关系。但即使是同族也不能完全解释个体的蛙为什么愿意牺牲自己帮助人们。

我们完全有理由相信，虽然秉承万物有灵思想，某些死亡对具有这种思想的人来说似乎并不是一种安详的归属与自然的转换。达斡尔人供奉的神偶包括雷死灵、横死灵、水死灵、压死灵等。达斡尔族的祖先神，被称为"都博浅·阿娇鲁"。传说中达斡族鄂嫩"哈拉"都博浅"莫昆"有兄弟七人。他们中间有一女儿被许配给莫尔丁"哈拉"男子为妻。此女子出嫁前与人私通，被发现后出逃，走投无路下，投江而亡。此后她的阴魂作祟，人们为了平息其愤恨，将她立为祖先神。"这些祖先神大都由于非正常死亡而特别引起人们的同情和怀念。"② 克木人也有着相似的风俗，"阳村的一位克木老妇脚不慎被竹篾刺伤，浮肿数月，到附近的农场医院治疗未有效果。她的丈夫通过煮熟的鸡蛋进行占卜，得知是本村一位因车祸致死的少妇在作祟，于是决定举行仪式献祭这个年轻的死鬼。……在阳村，人们几乎将所有疑难病患者的病因都归结在那位因车祸死亡的少妇身上，而不管病症表现出多大的差异性，例如上面提到的那位老妇，还有一位老头。……这里反映的也许是克木人对非正常死亡的恐惧。在此观念下，当物质的肉身消亡时，其生命存在的另一种形式——灵魂也就成了人们敬畏和尊崇的

---

① 孟慧英：《论原始信仰与萨满文化》，中国社会科学出版社2014年版，第87页。
② 秋浦：《萨满教研究》，上海人民出版社1985年版，第53页。

对象了。"① 在原始信仰中，非正常死亡的灵魂容易成为怨灵，为祸人间。即使在传统社会，甚至是现代社会中，死于非命的怨灵有理由与力量为祸人间的想法依然存在。小说家陈忠实的《白鹿原》以20世纪山西关中平原为背景的故事就有相关精彩描写。故事中田小娥为生计所迫且出于对社会不公正的报复淫乱于白鹿村，被她老实忠厚的公公鹿三所杀。屈死的田小娥化为厉鬼作祟于白鹿村，导致白鹿村瘟疫蔓延。此情节与达斡尔人、克木人的认知十分相似，只是接受儒家教化的白鹿村人选择的是将田小娥用砖塔镇压住，而不通过供奉平息她的怨恨。这些事例说明，虽然有些人信奉万物有灵论，甚至相信人可以死而复苏，灵魂转换，但原始人依然惧怕死亡、怨恨死亡。

既然死亡并不是快乐的事情，那么人们为何认为对蛙的杀戮是它愿意接受的天命行为？对这种观念我们有以下几种解释。第一，这些壮民过于自欺欺人。他们以自我为中心，行了杀戮行为后，认为被他们杀死是件幸运的事，所以蛙会心甘情愿成为牲祭，沟通人神。但从常情来看很难想象有生灵会愿意被杀害，并且从杀蛙时唱的歌也可以看出，人们还是会担心蛙报复的，所以人们杀蛙时要特地告诉蛙这是它的使命，强调蛙被杀的宿命。第二，人们杀死牺牲是因这些牲祭死后可尊称为神。它们将得到供奉，以作为剥夺它生命的代价，在原始人看来这是很合算的买卖。但被杀死的牲祭并没有得到如神般的供奉，所以这种推论并不成立。第三，根据列维布留尔的说法，原始人只有集体意识。崇高的概念没有出现，但崇高的行为已经出现。如果是集体意识起作用，那么为集体牺牲个体的行为是为当时的人所认同的，这种行为本身就包含了崇高意识。如果人们有个体意识，认识到杀死一个个体，是对这个体的残忍，又认为这个个体会为了集体的利益宽恕这种杀戮，这更包含了对崇高行为的赞许与认同。在包含崇高行为的集体意识作用下，人们会认同个体为集体牺牲的理所当然。所以人

---

① 李成武：《克木人的信仰和仪式》，孟慧英编《宗教信仰与民族文化》第二辑，社会科学文献出版社2009年版，第110—112页。

们在杀死蛙后不怕被报复，还心安理得地大肆庆祝。

在萨满仪式中杀戮牲祭是常见的行为。通常萨满们都具有庇护神，他是萨满行法时的最主要辅助神。庇护神要为萨满牺牲，以辅助萨满沟通人神。东兰县被杀死的蛙也可以看成是萨满们的辅助神。萨满们利用辅助神的案例也广泛见于原始信仰中，这些被杀死的辅助神自然也是一种牲祭。这些牲祭们被剥夺生命后，还要承担沟通人神的使命，如没有为集体牺牲，谋取福利的荣耀感在其中，很难说清这种仪式到底是在什么个体利益的驱动下得以实现。有时不仅仅是辅助神，通神的巫师本身也要做出肉体的牺牲，如商汤的祷祝，"昔者汤克夏而正天下，天大旱，五年不收，汤乃以身祷于桑林，曰：'余一人有罪，无及万夫。万夫有罪，在余一人。无以一人之不敏，使上帝鬼神伤民之命。'于是翦其发，磨其手，以身为牺牲，用祈福于上帝。民乃甚说，雨乃大至，则汤达乎鬼神之化，人事之传也。"[1] 商汤愿牺牲自我，以换取众民的福祉。用人做牺牲去祭神是原始社会的习俗。商汤的自愿献祭的故事将巫师与王道的崇高精神结合了起来，使他们在精神上相通。《荀子》《淮南子》等都有类似的记录。刘向《说苑·辨物》有同样的主动献祭记载齐国发生严重的旱灾，"景公曰'今为之奈何？'晏子曰：'君诚避宫殿暴露，与灵山、河伯共忧，其幸而雨乎？'于是景公出野暴露，三日天果大雨。"[2] 景公曝晒于烈日之中的行为也是一种献身。

当然很多时候人牲是被动献祭的。如《左传·僖公二十一年》："夏大旱，公欲焚巫尪。"[3]《礼记·檀弓下》："岁旱，穆公召县子而问然，曰：'天久不雨，吾欲暴尪而奚若？'曰：'天久不雨，而暴人之疾子，虐。毋乃不可与？''然则吾欲暴巫，而奚若？'曰：'天则不

---

[1] 许维遹集释：《吕氏春秋集释》，《新编诸子集成》，中华书局2009年标点本，第200—201页。
[2] （汉）刘向：《说苑》，《四库全书》第696册，上海古籍出版社1987年影印本，第159页。
[3] （清）阮元校刻：《十三经注疏·春秋左传正义》，中华书局2009年影印本，第3930页。

雨，而望之愚妇人，于以求之，毋乃已疏乎？'"① 从文献中可看出早期社会以人为祭是常有的事。陈梦家说卜辞中"求雨之祭，除呼舞之外，更有'暴巫'的形式"②。卜辞里面求雨的记载有条目是将人立于火上。求雨的人牲不仅要被曝晒，有时还会被焚烧。这与其他文献的记载是一致的。从商以来的献祭既有主动，也有被动。

无论是主动还是被动，祭祀活动中牲祭表现了崇高的牺牲精神。为了使族群生存下去，牲祭们必须在通神的活动中做出牺牲，个体意志与利益让位于集体性利益。牲祭的牺牲与礼文化中的"仁"的思想具有相通之处。后世礼文化强调君主的德行时，便要求他们为天下百姓承担上天的责难。范宁注《春秋谷梁传》中君主的祷雨词："方今大旱，野无生稼，寡人当死，百姓何谤？不敢烦民请命，愿抚万民，以身塞无状。"③ 后世祈雨皇帝不仅要亲自主祭，也要为此做出肉体上的牺牲，如《隋书·礼仪志》："皇帝御素服，避正殿，减膳撤乐，或露坐听政。百官断伞扇。"④ 当然皇帝们的这种牺牲与以命相偿的牺牲相比，已经大为减轻了。帝王为天下百姓的"仁"心远远逊于真实牲祭的生命牺牲，仅仅做仪式上的形式功夫，并没有实现以命付神的物物交换。

前文论述祭祀时我们已经说过，许多人类学的资料显示中国沟通人神的萨满要求由病者充当。这些病者或是天生身体羸弱，或是长年病情不见好转，或是有精神疾病。这样身体有缺陷的人才有资格请神为萨满。《左传》《礼记》提到的焚尪与暴尪中的"尪"也是身体有缺陷的人。身体有缺陷的人为巫师与地位超然的"王者为巫"的做法很不一样。前者是推崇群体中的弱者，后者是推崇群体中的强者。弱者与强者之间有什么相通之处，竟可以让他们承担同一种职能？"王者为巫"的观念强调了巫者身份高贵，但不能解决王者必须为祭的问

---

① （清）阮元校刻：《十三经注疏·礼记正义》，中华书局2009年影印本，第2850页。
② 陈梦家：《殷虚卜辞综述》，中华书局1988年版，第602页。
③ （清）阮元校刻：《十三经注疏·春秋穀梁传注疏》，中华书局2009年影印本，第5307页。
④ （唐）魏徵等撰：《隋书》卷七，中华书局1973年标点本，第128页。

题。社会发展到一定的阶段，王已经不愿意像以前的巫师一样在必要的时候以身为祭了，所以要选择更适宜的群体。这时残疾、病者可能就更适合献祭的使命。这些人不是健康完善的身体，比经济上来说，由他们献祭要更实惠些。另外，身体羸弱使他们更容易放弃自己的意志，迎接神的寄居，从而达到通神的目的。当王的身份从巫的身份中剥离了出来时，巫身份的每况愈下就可以理解了。最终歌舞表演从愉神流落为愉人。只能进行愉人的歌舞表演的人身份更为低下，成为供人狎玩的优倡一类了。

原始人到底有没有集体荣耀感，马林诺夫斯基的库拉研究已经充分说明了这个问题。如第一章所述，马林诺夫斯基在《西太平洋上的航海者》考察了新几内亚特罗布里恩群岛上居民的库拉活动。库拉作为交换活动不是以获得使用价值为目的，而是以突出奉献为目的。居民们从库位活动中获得的是自己能多做奉献的荣耀感。

岩画以图像的方式记载了原始人对集体所奉献的崇高行为。岩画中的狩猎射箭图不仅仅指向狩猎的目的，它还指向生殖目的。如果仅仅是指向狩猎目的，那么照葫芦画瓢的模拟行为只是为了狩猎成功。但狩猎射箭图常与生殖愿望相关。图像上被射中的动物为何能心甘情愿将生殖能力赐予人类。就如人头崇拜活动中，人们相信被猎杀的人会尽弃前嫌，尽心尽力地保护凶手所属的利益集团。如果只是接触巫术，那只要用线将人与动物连接起来就好了。用箭这个符号明确地表明了杀死、射伤的企图。岩画中的狩猎射箭图假设了被伤动物的谅解。在生存面前，被杀戮者不应该抱有怨恨。可以平淡面对死亡的牺牲，被杀后很容易进行身份转换。

人面像的牺牲方式要温和很多。人面像中褪去人面融入其他动物的特征符合的是另外一种逻辑。人面像掩盖人面的行为是个体对人的主体因素的遮蔽。不同于半坡人面鱼纹，中国岩画人面上黥纹的仿生性很弱。与其说黥纹是为了加入其他生物的图像来增强人的某种力量，不如说黥纹是为了盖住人的主体力量，削弱人的特征。人面像以各种形式的线条捣乱现实模仿的规律，在牺牲岩画人面像与人相似的基础上，获得进入神世界的权利。

人们常以概念界定一个现象的出现。比如美学界常说"崇高"是现代现象，既是因为与崇高相应的主体扩张思想声势浩大地出现在现代，也是因为这个概念的广泛运用发生在现代。但古代难道没有这种行为？虽然在中国美学史中一直到王国维才有了对"壮美"的分析，但孔子"明知不可为而为之"的行为，"杀身以成仁"的主张不是崇高吗？更早的原始时代是图像时代，不能以概念来证明自己某种观念的存在，只能在行为中去发现某些思想情感的萌芽。建立在牺牲之上的祭祀行为在某种程度上便是崇高行为的早期表现形式。

第四节 想象的生成

关于想象的最早文献记载应是《列子》。《列子·汤问》记载钟子期擅长听琴。伯牙每有演奏，钟子期便能听出伯牙琴中表达的志趣，伯牙感慨钟子期是他的知音："善哉善哉。子之听夫！志想象犹吾心也。"[①] 差不多同时期的《离骚》也有"思旧故以想象兮"的句子。这两句中"想象"的意思与我们现在说的"想象"意思大致相同。不过人类想象的行为应早于文献概念的记载。谈到起源，人们总是要问在图像的创造中人类是一开始就具备饱满的想象能力，充满诗意，还是发展到一定时期才让想象在图像的构造中成为一种重要的方式？可能目前的资料尚不能论证这个问题，但我们也许可以追问岩画图像建构想象是滞后于写实，还是早于写实手法。

一 祭祀与想象

牲祭形象中沟通人神这一部分的图像具有更多的想象性特征。将《山海经》的图像、战国时期的青铜铸像、战国帛画与岩画做对比，

---

① 杨伯峻集释：《列子集释》，《新编诸子集成》，中华书局1979年标点本，第187页。

会发现岩画中的图像写实比较多。而《山海经》、战国帛画、青铜铸像等图像中想象性动物比较多。造成这种区别是因为《山海经》与帛画、青铜铸像中的动物大部分具有沟通神人的功能，甚至就是神。想象性的动物多与神相关，或者充当沟通人神的角色，或者本身就是神。写实性的符咒在演变为沟通人神的牲祭或偶像时伴随着纯想象性图案的增加。比如龙与凤。出现在战国帛画中的龙凤图案取代了新石器时期的人面鱼纹。1973年在湖南省长沙市子弹库一号墓出土的《人物御龙图》描绘的是人乘龙车升天的情景。于1949年出土于长沙陈家大山的楚墓中的帛画《龙凤仕女图》，绘了一龙一凤引导墓主升天。更早一些商代的卜辞里就有凤是天帝史者的记载："于帝史凤二犬。"[①] 再早一些仰韶文化濮阳45号墓的墓主身边助其升天的动物之一是用蚌壳摆塑的龙。《山海经》中沟通天人之间的预兆式动物都为想象性动物，如《西山经》记泰器之山："是多文鳐鱼，状如鲤鱼，鱼身而鸟翼，苍文而白首赤喙，常行西海，游于东海，以夜飞，其音如鸾鸡，其味酸甘，食之已狂，见则天下大穰。"[②] 白天游，晚上飞，鱼身鸟翼的文鳐鱼是想象性动物，出现在世间就表明天下丰产。再如阳山有一种蛇叫化蛇，"其状如人面而豺身，鸟翼而蛇行，其音如叱呼，见则其邑大水"[③]。化蛇这种想象性动物预示着水灾的出现。又如"有鸟焉，其状如枭，人面，四目而有耳，其名曰颙，其鸣自号也，见则天下大旱。"[④]《山海经》中这种预示性的动物很多，且多为想象动物。《山海经》、帛画与写实性符咒的不同表明，当符咒的现实模拟转变为与超现实的神灵相关时，想象性图案迅速多了起来。毕竟，图像的交感巫术作用力大多是建立在模仿之上。所以岩画中的动物图案至多在皮毛上加些装饰性的描画，或者角与身躯都发生某种形式的变形，但

[①] 陈梦家：《殷虚卜辞综述》，中华书局1988年版，第572页。
[②] 《山海经》，（晋）郭璞注，（清）郝懿行笺疏，上海古籍出版社2015年标点本，第54页。
[③] 《山海经》，（晋）郭璞注，（清）郝懿行笺疏，上海古籍出版社2015年标点本，第155页。
[④] 《山海经》，（晋）郭璞注，（清）郝懿行笺疏，上海古籍出版社2015年标点本，第21页。

第四章 中国岩画的牲祭意义与审美体验

绝不会平白无故长出两只翅膀来，或者有六只脚，九条尾巴这种奇怪的事情发生。

上文已经说过，中国岩画的符咒图像是建立在非想象性的写实基础上，即使符咒图像使用了很多变形夸张方法，也还是建立在现实动物的基础上。岩画中的符咒图像，会出现将羊的身躯抽象成一根线条；或将牛角美化成对称的环状；或是夸大某处的身躯比例等变形的塑造图像方法。这些变形有时是因为技法，有时是因为局部凸出的需要。但无论怎样变，中国岩画中的符咒图像都是可以试图辨认出的现实图像。人们对之的图形辨析集中在是豹子还是老虎；是马还是鹿这类的与现实相对的问题。而中国岩画的牲祭图像已经开始在打破这个规律，出现了一些现实中找不到对应物的图案。这时岩画中的变形已经超出了现实牵绊，进入更开放的空间。因为更多想象因素的渗入，中国岩画的一些牲祭图像更加精致，并且具有仪式性特征。

与符咒图像相比，牲祭图像不仅更加精致，而且更加具有想象性。说明从符咒向牲祭图像发展的过程中，人们逐渐将符咒中的简单的写实性功利图像进一步加工、升华，塑造成脱离他们控制力量的更神秘图案。图像的想象生成伴随着彼岸世界的介入才具有了可能。单纯的，只限于巫术范围的现实模仿符咒如岩画中大面积的写实动物图一样，会努力重复相似性的模仿。对这部分图像来说加入非写实额外形状的态度是谨慎的。对原始人来说巫术活动是细致庄重的，作法过程中任何一处细小的疏忽都可能带来不好的结果。当他们的思维只停留在相似模仿或接触模仿的巫术作图思维时，模仿的对象必须是靠近现实中的那个物象。所以才有为了羊的丰产，图像必须是羊；为了鹿的获取，图像也必须是鹿；为了人的繁衍，图像必须是人的作画目标。这也能解释为何《山海经》中充斥着想象性的动物与人物图像，而岩画中除了人面像，动物与人均为写实。当然只是一定程度的写实，至少岩画中这些写实图像没有长出突兀的犄角与多条尾巴等物。甚至连像青铜器、玉器一样将人兽图组合在一起的纹饰岩画中都没有，如果有，也仅通过人面像的形式表现出来一些他们试图组合不同物象于一体的企图。

二　人面想象

　　岩画中沟通人神最主要的代表是人面像。人面像绝不仅仅是代表着人，因为人面像不是单纯的人面的塑造，而是在其中掺杂了其他的符号。与之相比，基本没有杂糅其他符号的手印图更多地代表了人本身。除了图像本身的构成，还有其他的证据表明人面像的功能超出了人的范围。

　　中国岩画人面像的地理排列中，人面像大多出现在我国的北方及东部沿海处，而南部及西南部很少发现成群的人面像。因为绝大部分人面像都没有画出身躯，人面像表现出了岩画群体对人头的浓厚注意力。人面像与墓葬中的人头葬都表现出人头崇拜的痕迹。北方仰韶文化中具有人头崇拜遗存，殷墟里也有。如河南安阳侯家庄殷墟甲种Ⅰ式大型墓中就有被砍头的人骨。说明这地方有人头崇拜。虽然南方少有人面岩画，但在南方的遗址中也出现了许多无头尸的殉葬情况，南方与北方一样都认识到了人头、人面是人身上极其重要的部位。如1973年至1974年发掘的云南金沙江之南的宾川白羊村遗址就发现了无头葬十座。除此十座无头葬外，其他墓葬也多为无头骨骸。白羊村遗址墓葬中"成人墓的葬式多样，其中无头葬尤为独特"①。云南的无头葬表明云南区的先民认识到了头的重要意义，也关注它，具有人头崇拜迹象。湖北石家河文化七里河遗址发现了猎头风俗，"这些遗迹所反映的猎头风俗有两种不同情况，第一种是遗址中仅有人头骨或头骨残片而无人体其他部位的骨骸［……］七里河遗址另一种猎头风俗的遗迹是，在一些墓葬中往往人骨架单缺一个人头骨，有的缺头骨的墓主，还有较丰富的随葬物。［……］由此推测，在当时的七里河附近可能还有其他也有猎头风俗的氏族部落存在，他们也猎取七里河遗

---

① 云南省博物馆：《云南宾川白羊村遗址》，《考古学报》1981年第3期。

第四章 中国岩画的牲祭意义与审美体验

址先民的头。"① 被崇拜的人头拥有超越普通人的能力。

人头葬与人面像在地理位置上并不是一一对应的关系。云南岩画中没有出现对人面像的关注。湖北随州虽然发现了单个人面像，但湖北地区并没有发现人面像群。反而在湖北省恩施州巴东县天子岩出现了大量的手印图。目前黄河流域代表的河南岩画却是以抽象符号为主，也没有人面像。说明人面不仅仅代表着人的意义，不是单单与猎杀性的人头崇拜相联系，它的符号意义已经超越了人本身。可与之相佐证的是手印符号并不限于南北领域，西部的新疆、西藏，北部的内蒙古，中部的湖北都出现了大量的手印图。还有南部的广西、台湾、云南等地都有手印图案。这说明与人面像相比，手印图在中国岩画中地域运用得更加广泛，至少它并不受南北与沿海的限制。而岩画中的人面像却集中分布在北方与东部沿海。手印更可能是具体个人留在岩石上的代表，人面像符号早已超越了个体人的含义，它绝不仅仅是人头的意义。人面像留下的不是某个人的印记，也不代表对某个人的崇拜。

中国岩画中的人面像有许多想象性的特征。人面的设计常是将人面与其他动物或植物相杂糅。图2-15猴面象就是猴与人相组合的想象图案。新疆石门子生殖岩画中也有一猴面人物图，但这应该已经是神的形象了。猴面与人面的组合使人面像具有超现实的力量，"猕猴变为人的传说，不但在藏族民间广有流传，也见诸于史籍，藏人公认不讳是猕猴和罗刹女的后代，西藏山南地区贡保山上至今尚留有猕猴洞、泽当（猕猴玩耍之地），由猕猴向人转变时下种青稞的第一块土地。这则以猕猴为中心。牵扯到藏族族源的传说，受到僧俗官民的广泛喜爱，因而也出现在布达拉和罗布林卡等处的壁画上。记载较为详尽的是《吐蕃王统世系明鉴》"②。除猴面外，中国人面像还会加入植物、太阳、羊等事物的特征，形成超现实的想象图像。

---

① 湖北省博物馆等：《房县七里河遗址发掘的主要收获》，《江江考古》1984年第3期。
② 丹珠昂奔：《藏族神灵论》，满都尔图等编《中国各民族原始宗教资料集成·藏族卷》，中国社会科学出版社1999年版，第978—979页。

中国岩画的原始信仰及其审美生成

　　中国岩画的人面像中出现了方形的人面像。在内蒙古苕烧沟、大坝沟、阴山默勒赫图沟，宁夏贺兰山都发现了方形的人面像。《周礼·夏官·方相氏》记："方相氏掌蒙熊皮，黄金四目，玄衣朱裳，执戈扬盾，师百隶而时傩，以索室殴疫；大丧，先柩，及墓，入圹，以戈南四隅，殴方良。"① 依此文献记载黄金四目的方形面具代表祭祀中的大祭司，率百人傩舞，可驱病、打仗。除此之外方形面具代表的祭司还可以驱除一切不好的事物，"时傩四时，作方相氏，以傩凶恶也。"在岩画中方形人面像数量不多。方形面具中确实出现了"黄金四目"（如图 2-17）。四目表明岩画中的人面像已经进入了想象图案的领域。文献中的"方"并不是指人面像中的方形，而是指中原四面。陈梦家说："殷人已有东、南、西、北的观念。四方的观念有两种，一种是方向，一种是以某地为中心的不同方向的地面。"② 殷的方与方位相关。方中包含的四面、四边的意义会不会形成面具中的方形，方形面具到底是象征着四面、四方，还是指这种面具是代表着距离中原核心地区的一个区域，都有待于进一步探索。

　　岩画中的人面像在图形结合上更接近彩陶盆中的图案，都是人脸与其他图像的结合。1955 年出土于西安半坡的人面鱼纹彩陶盆是圆形的人面与三角形的鱼纹相结合的图案。人面鱼纹由黑彩绘制，人面极富对称感。岩画中的人面像很难达到这种水平。第一，因为岩面的人面像多为刻制，无法像人面鱼纹一样彩绘半面，既表现对称，又以色块与线勾两种技法突出面部的虚实变化。第二，人面鱼纹能清楚地感知人面与鱼纹两种几何图案的重叠。程式化仪式感强烈，就如两套严谨的公式合入为一个图案。人面像描制的程式化没有这么严格。所以，许多学者猜测人面鱼纹是个固定的图案，可能已经进入集体崇拜的图腾领域。根据王育成先生的论证，人面鱼纹应该来源于符咒。《山海经·大荒西经》："有鱼偏枯，名曰鱼妇。颛顼死即复苏。风道北来，

---

① （清）阮元校刻：《十三经注疏·周易正义》，中华书局 2009 年影印本，第 1838 页。
② 陈梦家：《殷虚卜辞综述》，中华书局 1988 年版，第 584 页。

天乃大水泉，蛇乃化为鱼，是为鱼妇。颛顼死即复苏。"① 《淮南子》又有："后稷垅在建木西，其人死复苏，其半鱼，在其间。"②"在我国先民的观念中，确有与鱼联系在一起的死而复苏或变为鱼得到重生的思想。"③ 按照《山海经》与《淮南子》的记载，人面与鱼纹相结合，发挥得更多的是鱼能死而复生的符咒功能。但鱼成为死而复生的符咒，不是模仿巫术的结果。因为人们很容易就可以发现鱼死后并不会活过来。只有进入沟通天地的神话中，鱼才能拥有死而复生的功能。墓葬中的这种符咒图案后来被沟通人神的龙、凤等图案所代替。墓葬中的龙、凤图案是引领人的灵魂上天的中介物，也能让人死后复生。

人面鱼纹的诉求已经超越了现实，进入了彼岸世界。它所求的不是在现世就能被巫师主观操纵的狩猎、生殖、丰产等目的，而是进入了一个非现实性见证空间。狩猎、生殖、丰产等巫术结果常人都可以得以见证。人面鱼纹既是符咒，也是连接此岸世界与彼岸世界的中介。一旦涉及超越此岸世界的"非现实人"——神的领域，想象图案便会增多。以想象性的动物作为起死回生的天地中介不用承担它们在现实生活中死后不能复生的风险，更有利于信仰意义的阐释。

在石器时期的陶塑、石雕也有人面像或人头像。这些三维的陶塑人头、石雕人头大都比较简陋。如浙江余姚河姆渡遗址的陶塑只是初具五官，而其他遗址出土的石雕与陶塑也同样简单，如甘肃礼县高寺头的陶塑人头、甘肃天水柴家坪的陶塑人面、河北武安县磁山文化的石雕人头等人面都非常简略。这可能是因为早期人们的圆雕水平还不够，相对而言以浮雕与阴刻为特征的岩画人面像更容易制作些，所以无论是凿刻还是磨的线条会更加流畅均匀。总体来看，石雕与陶塑中的人面或人头塑造远远没有达到人面像的精致度。除了精致度不高，铸造在石器与陶器上的人面像是写实的椭圆形，没有什么想象特征，

---

① 《山海经》，（晋）郭璞注，（清）郝懿行笺疏，上海古籍出版社 2015 年标点本，第 370 页。
② 何宁集释：《淮南子集释》，《新编诸子集成》，中华书局 1998 年版，第 362 页。
③ 王育成：《仰韶人面鱼纹与史前人头崇拜》，《江汉考古》1992 年第 2 期。

甚至连装饰痕迹都不显著。这些人头与后世的兵马俑，唐时唐三彩中的人俑应该都属于同一个意义，代表着一个具体的个人。

青铜器中与人面像相似的兽面浮雕非常精致，图案的对称，线条的圆整已经超过了岩画人面像的水平。商周青铜器上二维饕餮兽面纹没有脸部轮廓，只保存了岩画中的圆瞳，是极简后的兽面像。与铸造在青铜器上无轮廓兽面像相比，岩画中的人面像更为多变。岩画人面像包括无轮廓的五官像、有轮廓的人面像；有圆形的、椭圆形的、扇形的、方形的人面像，还有与其他图形、线条相组合的各式图案。岩画中人面像多为太阳图案，也有与植物相融合的图案。在内蒙古、宁夏贺兰山等地发现了许多太阳图案与太阳形的人面像岩画。岩画中人面像的精致与多样表明：一方面，岩画中人面像制作技术已经较为成熟，人们很重视人面像的制作，所以才能多样、生动；另一方面，人面像的多样表达，不像青铜器的兽面纹一样归为较固定的兽眼形象，这也是岩画未能进入统一程式化制作的象征。岩画人面像没有进入统一的程式化制作的原因是多样的。第一，因为岩画中人面像的发源时代早于青铜器时代，王权未能统一，当然不能如集天下之器铸九鼎一样，统一人面像的制作图案。第二，因为人面像属于想象性的图案，不能与手印、凹穴、棋盘纹这样的图案一样固定。第三，人面像具有通神的力量，是人面与另一种媒介或好几种媒介的结合作品，而在原始信仰中通神的媒介物是多样的。可能是太阳、植物，甚至凹穴、山岩，所以注定岩画中人面像的多变。第四，与青铜器已经独立成具有某种神圣意味的作品不一样，岩画要发挥其力量，是要与具体的地理环境相结合的。一种图案只能在一座山林，甚至是只在一块岩面起作用，换了一个环境恐怕就要跟着换图案，这也是即使在一个岩画点，岩画人面像也常发生变化的原因。人们总是需要寻找最适合这块石头的通神图案。

所以图像上想象因素的渗入一定是因为超现实世界的介入，也就是神的世界的介入。这个年代离我们如此遥远，我们恐怕很难用现有的材料证明巫术向神崇拜转化的过程发生在哪个阶段。只能通过一些材料的比较，发现这两种思维是出现在不同领域的。以是不是想象图像为判断，在岩画中符咒图像是写实的，人面像是想象的。人面像已经进入了神的世界，人面像是祭祀信仰下生成的牲祭图像与偶像图像。

　　从中国岩画来看，想象性图案生成于祭祀之中，并主要以人面像为主。中国岩画中的人物形象介于想象与写实之间。一些人物形象是写实的，是普通人物的表征，如狩猎者。一些人物是巫师与祭司，承担着沟通天地人神的责任，所以已经有了物象组合的图像创作方法。表现在人物上是人物与各种佩饰、穿戴的配合。这些穿戴与佩饰表明这些人物的特殊身份。

第五章　中国岩画的偶像崇拜意义与审美体验

原始时期的偶像即用来崇拜的神灵对象，中国岩画图像中主要有动物神、人物神和太阳神。在神灵威仪的塑造中，中国岩画的成像特征与技巧选择深化了图像的宗教意义，如威仪、震慑等宗教气势的塑造与渲染。其中，功用与形式相结合，目的与规律相统一，现实与超现实互融于一体，形成了双方的互化。

中国岩画中能明确界定为"神"的图像不多。有四处特别值得注意：一为云南大王神像。二为新疆呼图壁的生殖崇拜岩画。三为宁夏贺兰山贺兰口的太阳神岩画。四为云南沧源的卷云纹神像。另外还有一些单体的动物图像。有些岩画虽为古人祭祀图像，但并不能代表岩画创作者在画"神"。如广西左江岩画，宋人记载："二广深溪石壁上有鬼影，如淡墨画。船人行，以为其祖考，祭之不敢慢。"[①] 这是将左江岩画当作祖先神。左江岩画绘的是祭祀场面，许多图像并不是神的表现，只有一些特定的图像才可能为神。江苏连云港植物纹人面像在被作为文物保护起来以前，当地人也一直有祭祀行为。后世对岩画的看法只是一种阐释，并不能将其确定为岩画创作者们的意图。

---

① （宋）李石：《续博物志》，《上海图书馆未刊古籍稿本》第三十一册，复旦大学出版社2008年影印本，第487页。

第一节 以大为美

从符咒向牲祭、偶像崇拜的发展中，形体大的作用被进一步突出在岩面中。中国先民们恐怕还没有办法欣赏银薰球、鼻烟壶的美，毕竟他们画动物皮时，却遗漏了毛；画动物或人物轮廓时，却不画五官。先民们更习惯从整体上把握对象，视角观照范围较大。此外，因为形体优势常常决定力量，所以"大"还显示着强壮、超凡、优势。中国岩画中凡是较大的岩画有更大的机率享受一个相对独立的岩面空间。身份较为重要的人物也会得到较大的形体形象。大的岩画图像图式繁杂、刻凿精细、上色多样，显示了岩画创作者以大为美的倾向，与小的图像相比，这些大的图像更可能成为岩画中偶像崇拜的对象。

一 形体之大

先秦文献已明确表达了中国审美意识以"大"为美的传统。东周文献明确记载了古人以大为美的倾向。《诗经》中经常出现"硕人其颀""硕大且卷""硕大且俨"等赞美大形象的词语。"大"是美的至高无上的规范，代表着最完善的形象，《周易·乾卦》中述，"大哉乾元，万物资始，乃统天"[1]，《庄子·知北游》论，"天地有大美而不言，四时有明法而不议，万物有成理而不说"[2]。"大"的形象指刚健纯粹的艺术风格，"大载乾乎，刚健中正，纯粹精也"[3]。"大"形象常与高尚的人格相结合，《论语·泰伯》中说，"大哉尧之为君也！巍巍乎！惟天为大，惟尧则之"[4]，孟子论人格美时说，"可欲之为善，有

---

[1] （清）阮元校刻：《十三经注疏·周易正义》，中华书局2009年影印本，第23页。
[2] （清）郭庆藩集释：《庄子集释》，《新编诸子集成》，中华书局2012年标点本，第732页。
[3] （清）阮元校刻：《十三经注疏·周易正义》，中华书局2009年影印本，第29页。
[4] 程树德集释：《论语集释》，《新编诸子集成》，中华书局2014年标点本，第708页。

诸已之谓信，充实之谓美，充实而有光辉之谓大"①。

以"大"为美的意识在相当长的一段时间里都存在于中国绘画中。敦熙于《林泉高致》中言："大山堂堂为众山之主，所以分布以次冈阜林壑，为远近大小之宗主也。其象若大君赫然当阳，而百辟奔走朝会，无偃蹇背却之势也。长松亭亭为众木之表，所以分布以次藤萝草木，为振挈依附之师帅也。其势若君子轩然得时而众小人为之役使，无凭陵愁挫之态也"②。山与树皆有主次远近之分，最大最有气势的那一处为众山群树的中心，其他的山树影像根据此中心安排布置，气势皆不如它。中国绘画的山水图有许多追求崇山峻岭壁立千仞或连绵千里的气势，在某种程度上也存在着以大为美的心理。

中国岩画中很容易发现人们"以大为美"的图像观。在中国岩画中动物神是动物群体中最大最强壮的那个领导者，主管着这个种群中所有成员的生死。具有神灵信仰的原始人将狩猎成功与否的绝大多数原因都归结为神灵是否赞许他们。狩猎时，有些动物是注定打不到的，再好的猎人也只能命中神许诺的猎物。岩画中形体最大，超出众生的那些图像才可能是动物神形象。云南元江它克崖画的两条蜥蜴，"一条长37、宽12厘米……另一长80、宽24厘米"③，这两条蜥蜴体形远远大于同个岩面上的图像，气势最为磅礴，而且百越族有崇拜蜥蜴的习惯，所以这两条蜥蜴更可能是动物神。

岩画中重要的人物形象都以形体大为特征。在贺兰山、云南麻栗坡、云南沧源、新疆呼图壁康家石门子等地都可看见远远大于附近其他形象的主体图像。云南沧源岩画也是如此。装饰得复杂的巫师图，特别是那些头戴羽毛的巫师在群画里体型显得尤其高大。有些图甚至不需要羽饰，只以形体大便显出不同，如图5-1沧源丁来1号点岩画左下角的人物。再如贺兰山的"太阳神岩画"形体显著大于附近的其

---

① （清）焦循注：《孟子正义》，《新编诸子集成》，中华书局1987年标点本，第1071页。
② 俞剑华编著：《中国画论类编》，人民美术出版社1986年版，第635页。
③ 杨天佑：《云南元江它克崖画》，《文物》1986年第7期。

— 168 —

第五章　中国岩画的偶像崇拜意义与审美体验

他人面像，所以它独占了一块岩画，位置也较高，以彰显它卓尔不群的地位。云南麻栗坡岩画"'保护神像'主体人物全长3米"，而"最小者仅为4厘米"①。悬殊的形体对比衬托出"大"形象的重要，突出了主体图像的神圣庄严，昭示着原始人对"大"形象的赞美。

图 5-1　村落选自《云南沧源崖画的发现与研究》

原始人与后世画家绘制的"大"形象皆不仅仅指对象形体的大。岩画中的"大"形象是为了表示神秘而强大的力量。在岩画中"为了将公牛身上无形的'力'转化为可见的视觉形象，绘画者采用了写实手法，如实画出他们所见到的，具有巨大'力'能量的公牛形象，对于他们来说，这不是夸张和变形，他们眼中的现实就是如此。"② 后世绘画更是如此。大小对照表现在绘画中，便成现实秩序中主次君臣相应位置的隐射。敦熙《林泉高致》称"山水先理会大山，名为主峰。

---

① 杨天佑：《麻栗坡大王岩画》，《云南民族文物调查》，民族出版社2009年版，第104—106页。
② 户晓辉：《岩画与生殖巫术》，新疆美术摄影出版社1993年版，第123、128页。

— 169 —

主峰已定,方作以次近者、远者、小者、大者。以其一境主之于此,故曰主峰,如君臣上下也。"① 沈颢《画麈》也言:"先察君臣呼应之位,或山为君而树为辅,或树为君而山佐,然后奏管傅墨。"② 由此可见,原始人与后世作者一样,在对形象的认识中,都运用了想象夹杂了联想性的意义指称。

当然,对于"大"的表现后世逐渐发展为不仅以形体之大突出,更主要从气势上来展示。宗炳的《画山水序》首先发出"不以制小而累其似"③的感慨。姚最《续画品》评萧贲画云:"尝画团扇上为山川,咫尺之内,而瞻万里之遥;方寸之中,乃辨千寻之峻。"④ 杜甫诗《戏题画山水图歌》颂王宰的山水画:"尤工远势古莫比,咫尺应须论万里。"⑤ 王夫之《夕堂永日绪论》言"论画者曰:咫尺有万里之势,一'势'字宜着眼,若不论'势',则缩万里于咫尺,直是《广舆记》前一天下图耳。"⑥ 绘画追求方寸之间的大天地,已经从简单的"大"的喜好,转向了"多""紧凑""连绵"等鉴赏判断。因为岩画是平面创造,没有深度,如果要在方寸之中展示重峦叠嶂的万千气势,只能老老实实地一个一个将图像在岩画上铺展开来。如广西宁明花山岩画密密匝匝的岩画图像形成了大型祭祀图;宁夏中卫北山的 10 米台岩画。10 米长的岩面上布满了放牧与狩猎图,以开阔的占地面积表现了当时的生活习惯,又暗示了人们对生活的期望,营造出了大型岩画气势。有时候仅是一块小小的平整石面,也会集中多个图像以成"势"(如图 5-2)。

以"大"为美的审美判断偏向于感向,是早期人的审美倾向。原始社会形体大的东西往往有较大的力量,所以原始人对"大"的追求

---

① 俞剑华编著:《中国画论类编》,人民美术出版社 1986 年版,第 642 页。
② 俞剑华编著:《中国画论类编》,人民美术出版社 1986 年版,第 773 页。
③ 俞剑华编著:《中国画论类编》,人民美术出版社 1986 年版,第 583 页。
④ 俞剑华编著:《中国画论类编》,人民美术出版社 1986 年版,第 371 页。
⑤ (清)钱谦益注:《钱注杜诗》,上海古籍出版社 2009 年标点本,第 119 页。
⑥ (清)王夫之:《船山全书》第 15 册,岳麓书社 1988 年标点本,第 838 页。

显示了他们对力量的追求。经过规范化，讲秩序，求精确的文明社会逐渐脱离了这种单纯的形体爱好，而于"势"中求"大"。在伦理期待上，人们也延续了此种审美兴趣，如孟子的充实美中对人格"大"的追求。所以在力量、视野、人格中，人们都展示了以"大"为美的倾向。

图 5-2　动物与人作者摄自青海玉树

二　对比之大

以形体为大，以众多为大都是图像追求"大"的较直接方式，更委婉一点的是在大小对比中突出更重要的图像中国古代人物画便是如此。中国传统绘画中帝王的形体常常大于其身边的侍从，如唐代阎立本的《历代帝王图》。在授法图中也是如此，授法者的形象要大于求法者与听法者，如明代陈洪绶的《无法可说图》。在对比之中大展现的是人物身份的差异。

许多学者之所以认定新疆呼图壁岩画是生殖图像，也是因为岩面上塑造的人物形象形体相差太大。100多平方米的岩面上有大大小小300多个人物形象，小的只有十几厘米，大的却超过真人。为数不多的10几个大的人物形象占据岩画的主要位置，小人物形象却在数量上远远占据优势。技法中小人物形象较为单一、类同，打凿简单。大人物形象有磨刻块面，边缘齐整，形象也各有千秋。创作者在大小形象上倾注了不同的热情，大的人物形象具有更加重要的创作地位。创作情感的反差突显了呼图壁生殖岩画中大人物形象的更上层地位。这已经不仅仅是符咒图像，这些符咒图像与几百人小人物相比，获得了更神圣的地位，也就是祖宗神的地位。

　　广西左江人物画分为正面人物图与侧身人物图。正面人物图与侧身人物的地位又不相同。左江流域的侧身人像以花山地域最多，"画面上的侧身人像，集中见于崇左县以上的左江河段，而且有愈往上愈多的趋势，至明江则最多。而在左江下游的扶绥河段，几乎没有见到侧身人像。"① 这些侧身像身量众多，有些无正面人像，自行组图，但当侧身人像与正面人像一同出现时，又时常众星拱月般拱卫着正面人身像周边。广西左江岩画中组图关系是："画面普遍以高大醒目的正身人像为中心，在其左右或上下方整齐地排列着几个，十几个甚至百余个举手投足、动态一致并面对着中心的小侧身人。"② 这些都说明侧身人像的身份不如正身人像，处于更次要、平凡的位置。除这两点外还有一点也证明了这个论点，左江流域的动物图像常和正身人像相结合，如花山岩画第六组"动物图像皆处在个体高大的正身人物脚下"③。由此可以推出左江流域岩画中正面人物与侧身人物的身份是不同的，正面人物像比侧身人物像要贵重些。侧身人物可能是一般的崇拜者，而正面人物可能是巫师的形象，甚至是某种神的形象。所以在塑造正侧面人物图像也依据大尊小卑原则进行了构图：侧身人像通常小于同一组图像中的正身人像。如花山岩画第三组"正身人像高约1.10—1.40米，仅右上侧一人较高大，约1.80米。[……] 侧身人多

---

① 覃圣敏、覃彩銮、卢敏飞、喻如玉：《广西左江流域崖壁画考察与研究》，广西民族出版社1987年版，第22页。
② 覃圣敏、覃彩銮、卢敏飞、喻如玉：《广西左江流域崖壁画考察与研究》，广西民族出版社1987年版，第189页。
③ 覃圣敏、覃彩銮、卢敏飞、喻如玉：《广西左江流域崖壁画考察与研究》，广西民族出版社1987年版，第43页。

第五章　中国岩画的偶像崇拜意义与审美体验

处于正身人旁侧，且多成横排有序地排列，每排2—7人不等，个体较细小，高约40—60厘米"①。渡船山一处岩画"正身人［……］个体高约1米。侧身人［……］个体高约60厘米"②。我去宁明花山岩画点考察时，当地文物所工作人员告知，他们测量了花山岩画一幅最大的正面人物像，竟高达3.58米。所以说花山岩画创作者们在大小之间区分了两种人物画的地位。正面人物图像比侧身人物图像大，位置也居于中心，其身份已经不是普通的祭祀者，应为祭祀者中的领袖，或者更接近神的地位。所以越向神靠近的图像，为了突出他们的与众不同，就越可能绘制得大一些。

现在可以看出中国岩画已经比较擅长用对比的手法突出图像的大，这与欧洲洞穴岩画有点不一样。中国岩画与欧洲洞穴岩画都以大为美，但形体比较中，中国岩画的形体要偏小些。阿尔塔米拉洞穴野牛基本在1.4—1.8米之间，而中国岩画图形的宽、长一般都在半米之内。贺兰山回回沟岩画中有一幅巨牛图，长2.01米，高1.01③，是中国动物岩画中的巨幅图像，一般的动物图远没有这么大。中国岩画中只有单独占一块面的动物神才可能达到一米多长度（如图2-19）。可见中国岩画的符咒图像与偶像崇拜图像之间的形体是做过区分的。中国岩画不仅是对大的形体的崇拜，还表现了对小人物、小动物的关注，如出现在阴山及贺兰山等地的动物母子图，石门子生殖岩画的子孙图像，云南沧源的普通人物图等。这些大小对比的岩画既展示了以大为美的形式追求，也表达了大人物对小人物的关照、爱护及责任担当。原始社会结构组织关系在中国岩画中已见端倪。

中国岩画"以大为美"的塑造不仅仅是形体上的，而且已经充分意识到了大小对比方法，并能加之娴熟运用。在对"大"的形象

---

① 覃圣敏、覃彩銮、卢敏飞、喻如玉：《广西左江流域崖壁画考察与研究》，广西民族出版社1987年版，第40页。
② 覃圣敏、覃彩銮、卢敏飞、喻如玉：《广西左江流域崖壁画考察与研究》，广西民族出版社1987年版，第69页。
③ 陈兆复：《中国岩画发现史》，上海人民出版社2009年版，第111页。

塑造中越靠近神的形象越有可能表现突出形体的，以及对比的"大"的特征。

第二节 由拜物到拜人

从世界历史发展来看，三大宗教的最终形成模式都是以人格神为信仰对象。在宗教系统还不够严谨的原始宗教中却有很多的动物神形象。最终动物神都被逐渐取代，在宗教信仰中人的形象却越来越清晰了。偶像崇拜淡化的功能意义指向在此种形象的深化中反而更加近于常人。《西游记》中各种妖怪奇形怪状。擅长某种法术的天兵天将也具有常人没有的器官，如二郎神的天眼，哪吒的三头六臂。到了万法皆通的如来形象除宝相端庄肃穆外却也与常人无异。神的发展具有逐渐的人格化倾向。图像发展的这种倾向在早期艺术中具有显现。岩画图像依然存于这个转化的过程之中，没有完成这种转变。这也说明岩画的创造思维处于人格神的完成之前，是人类早期的思维现象。

一 人格显现

从文献中可以发现神的人格化特征越来越明显，至《山海经》中这种转变已经基本完成了。《山海经》中明确记载了神的形象，很清楚地区分开了祭祀中介与神本身这两种不同的功能。《山海经》关于神的记载有动物身，人身，还有半兽半人形象。除去类似人的偶像形象外，《山海经》中动物神与半兽半人神都是想象形象。在《山海经》中这些非现实的想象神共出现在25处，其中4处是动物与动物的组合，如"自招摇之山以至箕尾之山，凡十山，二千九百五十里。其神状皆鸟身而龙首"[1] "凡《南次二经》之首，自柜山至于漆吴之山，凡

---

[1] 《山海经》，（晋）郭璞注，（清）郝懿行笺疏，上海古籍出版社2015年标点本，第8页。

十七山，七千二百里。其神状皆龙身而鸟首"①"凡岷山之首，自女几山至于贾超之山，凡十六山，三千五百里。其神状皆马身而龙首"②"凡洞庭山之首，自篇遇之山至于荣余之山，凡十五山，二千八百里。其神状皆鸟身而龙首"③。其余21处都是人面与动物的结合，如"凡《西次二经》之首，自钤山至于莱山，凡十七山，四千一百四十里。其十神者，皆人面而马身；其七神，皆人面牛身"④"凡《北山经》之首，自单狐之山至于隄山，凡二十五山，五千四百九十里。其神皆人面蛇身"⑤。可以看出想象形象中人面神远远大于动物神，而且人与动物的组合全部都是人面兽身，没有兽面人身的神，这也说明《山海经》中神的形象中已经基本确立了人的形象的中心地位。《山海经》的《山经》中神的形象多有动物因素，而到了《海经》与《大荒经》中神形象的人因素明显越来越多。这些都说明东周时期动物神的因素具有被人神所取代的趋势，也就是说动物神的力量逐渐被人神所取代，神的形象中人的因素越来越多。

祭祀中以尸代神的举动也说明东周时期神形象的人格化完成。《晋语》："祀夏郊，董伯为尸。"⑥《诗经·楚茨》："神具醉止，皇尸载起。鼓钟送尸，神保聿归。"⑦ 这个尸并不是我们现在说的尸体。《说文解字》："尸，陈也。"段玉裁注："祭祀之尸本象神而陈之。"⑧祭祀中的尸是神的化身。王国维说："古之祭也必有尸。宗庙之尸，以子弟为之。"⑨ 由人扮演的供人祭祀的神体为"尸"，所以以尸代神

---

① 《山海经》，（晋）郭璞注，（清）郝懿行笺疏，上海古籍出版社2015年标点本，第17页。
② 《山海经》，（晋）郭璞注，（清）郝懿行笺疏，上海古籍出版社2015年标点本，第210页。
③ 《山海经》，（晋）郭璞注，（清）郝懿行笺疏，上海古籍出版社2015年标点本，第236页。
④ 《山海经》，（晋）郭璞注，（清）郝懿行笺疏，上海古籍出版社2015年标点本，第47页。
⑤ 《山海经》，（晋）郭璞注，（清）郝懿行笺疏，上海古籍出版社2015年标点本，第99页。
⑥ （战国）左丘明：《国语》，上海古籍出版社2015年标点本，第321页。
⑦ （清）阮元校刻：《十三经注疏·毛诗正义》，中华书局2009年影印本，第1008页。
⑧ （清）段玉裁注：《说文解字注》，中华书局2013年点校本，第403页。
⑨ 王国维：《宋元戏曲史》，中华书局2015年版，第21页。

便是以特定的人代神。这样祭祀中神的形象就完全与人的形象重合了。

张光直在《商周神话与美术中所见人与动物关系之演变》一文中已经注意到了动物向人转化的变化,"即在商周的早期,神奇的动物具有很大的支配性的神力,而对动物而言,人的地位是被动与隶属性的。到了周代的后期,人从动物的神话力量之下解脱出来,常常以挑战者的姿态出现,有时甚至成为胜利的一方面。"① 张光直认为发生这一现象是因为周取代商时,为了让姬姓拥天下得到充分的合理化与正统化,将祖先神与天神分开,形成人神向天神的挑战,而归属于天神那一边的动物自然就衰落了,"祖先与神之间的关系,到了中国古代史的晚期,经过了一番相当基本性的变化。人间的事务不复为神所支配,同时在美术上我们可以看得出那些神奇动物的支配力逐渐丧失,占卜也采用了动物的骨骼以外的媒介。神的世界能为人及祖先所挑战,纵使争斗的结果未必恒是人祖的胜利。在美术上与神话里,那些一直与神的世界属于同一范畴的动物,至此能为人所争战甚至于征服。"② 早在新石器时期的玉器中就流露出动物支配力被夺取的痕迹。如良渚文化的玉琮,"第三阶段的特征非常明确:琮节增多,琮体加高,神巫形态简化,兽面不见。前者似乎在力图表现天之高远,通天之神圣。而单一的人形则刻意表现大巫是通天过程中唯一的决定力量。整体上看,对个人权威的极力强调和单调、简单化、粗糙的玉琮制作与装饰形成了鲜明的对照"③。

国外岩画经常出现半人半兽的形象。如法国的三兄弟洞窟中有两个半人半兽的形象。"一个跟随在奔跑的鹿与野牛之后,手中拿着一个长形物,一头插在嘴里,可能是在吹一只长笛。另一个半人半兽的形象是画在13米高的岩壁上,头上戴着枝桠错落的鹿角,两耳直竖,双目圆睁,长长的胡须拖甩在胸前,手部酷似动物的前爪并拢举起,

---

① 张光直:《中国青铜时代》,生活·读书·新知三联书店1983年版,第295—296页。
② 张光直:《中国青铜时代》,生活·读书·新知三联书店1983年版,第311页。
③ 李新伟:《中国史前玉器反映的宇宙观》,《东南文化》2004年第3期。

而露出人类的双腿在向前迈步，男性的生殖器逆向标明出来。"① 除了法国，在非洲的坦桑尼亚岩壁画、布须曼人崖壁画、智利的复活节岛中都可以看到人与动物的结合体。而加拿大皮托波洛岩刻绘的是人与太阳的结合体，"在加拿大安大略的皮托波洛（Peterborough）镇附近有一个不平常的岩刻点，岩刻位于突将出来的结晶的石灰岩上，有着300个认真琢刻的图形：脑袋分叉的人形，画出生殖器的男人和女人，长着发光太阳的头部或戴着圆锥形头饰的人物"②。亚洲的哈萨克斯坦有太阳神的岩刻也是人身太阳头的结合。针对国外这些半人半兽，或半人半物状态，学者们也有其解释。如有学者指出三兄弟洞窟半人半兽形象的意义："不管我们对这个形象抱什么看法或得出什么结论，作为一个整体，这幅壁画是和狩猎直接有关。这个鹿角的人（或神）与下面的动物群显然有着不可分割的联系。而且不论这个鹿角形象，是不是真的被当时的人们看作具有着某种神圣的力量，但是，岩画中所反映出来的人与兽的位置的安排，对马格德林文化期的人们来说，它总是具有其实际意义的。［……］确实无疑的事实是马格德林文化期（奥瑞纳文化期必然有与此相似之处）的人感觉到动物不再具有力量，而人的力量却愈来愈强，并处于支配地位。假如人们的努力已达到预期的结果，他们就会认识到，那些由于体力劳动和思想推理的帮助而实现了的结果是动物所达不到的。"③

原始信仰有许多动物神。人们认为每一种动物都与人一样有一个首领，这首领便是这些动物的神灵，它能决定所辖动物的生死去向。这些动物神发展到一定时候，笔者认为他们一旦基本超越了巫术、牲祭阶段，慢慢就会具有更多的人格形象。《山海经》中许多半人半神的形象，陶器、玉器、青铜器中也有许多人兽合一的形象都说明了动物神曾经的辉煌。按理说中国岩画也应该具有半人半兽的形象，但岩

---

① 陈兆复、邢琏：《外国岩画发现史》，上海人民出版社1993年版，第60页。
② 陈兆复、邢琏：《外国岩画发现史》，上海人民出版社1993年版，第303页。
③ 陈兆复、邢琏：《外国岩画发现史》，上海人民出版社1993年版，第62—63页。

画中的动物、人物图像多为符咒为主的仿生图像，图像符咒主要是以非想象性的写实来塑图，所以在岩画中除了人面像，很难发现这类半兽半人的形象。这真是令人困惑，似乎半人半兽的形象都集中在岩画的人面像中。如我们前文所说人面像又具有浓厚的牲祭特征，还不能说它整体上已经形成独立的神的化身，也就是说不能将中国岩画的人面像完全看作神，在一些情况下，它只是沟通人与神的中介。但人面像的出现，相对于青铜器中的兽面像而言，人面像更具有人格化特征。

中国岩画中明确的神的形象并不多。一般认为太阳人面像是太阳神的表现。岩画的人面像出现在我国东南、西南，及北部、西北部，基本是以太阳或太阳人面像的形式出现。众多的太阳图案中只有贺兰山贺兰口太阳人面像与桌子山太阳人面像被明确誉为太阳神。如前文所述原因很多。在图形比较中，它与其他太阳图像或太阳人面像最大的不同是绘制了两只手的形象。这就使这个太阳人面像透露出更多的人体信息。而其他的人面像基本都是只有人头，并常杂有其他物类的痕迹，如与植物纹相组合的人面像。在内蒙古默勒赫图沟、内蒙古的桌子山苦菜沟桌子山苕烧沟、宁夏贺兰山等地都有制造精美的太阳形人面像。宋耀良认为默勒赫图沟中的太阳人面像"磨刻精细、周围并环以密密繁星的太阳形人面，在此处获得极盛的发展。镌刻制作也更为精细，几乎达到至美的程度。采用磨砺技法，呈现立体感极强的阴浮雕效果。不知是由于过细的制作还是观念已有变化，太阳形人面的表情也刻划得丰富生动。如此这个天帝人祖大神似乎也一改威严至上的神态，变得亲近可掬。实际上体现出人面岩画这一图形的世俗性获得了回归"①。这些人面像精心绘制而成，是集体创作，在当时的岩画创作中非常受重视，人面像中人形象的突出显示了人面像岩画中崇拜人的主要特征。桌子山中的一些太阳人面像同样绘制了身体，是太阳与人的结合，更表明了中国岩画人面像信仰中神的形象已经倾向于人格化了。

---

① 宋耀良：《中国史前神格人面岩画》，上海人民出版社 2015 年版，第 165 页。

第五章　中国岩画的偶像崇拜意义与审美体验

除人面像外，中国岩画中能确定的神形象大都为人物形象。如新疆呼图壁石门子的生殖崇拜岩画。近来有考古工作者发现，岩画的男性形象是后来画上去的，所以岩画画面上更早的是女性形象，这是一个典型的母系社会的生殖崇拜画面。而岩画下面数量众多的小人物图对比出图中大型人物的超然身份。这些大型人物的身份可能是祭司，也可能是神。因为大小人物对比非常悬殊，所以学术界一般认为这些人物是神的形象。将石门子岩画与广西左江岩画与云南沧源岩画对比后可以发现，这种论述是有根据的。无论是广西左江还是云南沧源都有祭司形象出现，这些重要祭司虽然形象大，但大小的对比不会这么悬殊。广西左江流域三洲尾山几处岩画，"中部上方2要最大，高约1.60米，其余高80—100厘米"①，"个体大者约1.50米，小者仅60厘米左右。[……]高者约80厘米，小者约40厘米。"② 云南沧源岩画的同组图像中大的人物是普通人物的三倍高。（如图5-3）新疆呼图壁岩画布局庞大，大小对比更加悬殊："整个画面展布东西长约14米，高约9米，面积达120平方米。在这片岩壁上，满布大小不等、形态各异的人物形象。而最主要的刻像，则集中在约60平方米的范围内。最下层的刻像，距目前地面约2.5米；而最上部的刻像，则距地面高达10米。人物形象大者过于真人，小者仅约10厘米。"③ 岩壁最上方右侧的一个女性最高，"达2.04米"④，而"舞蹈小人从左向右逐渐趋矮，最高为18厘米，最矮的13厘米。"⑤ 这说明新疆呼图壁石门子岩画已经不仅仅是次要人物与重要人物的对比，而是更大身份的差异，更可能是人神之间的差异。

呼图壁生殖崇拜思维以直接的交媾画面点题，是较早的图像表现

---

① 覃圣敏、覃彩銮、卢敏飞、喻如玉：《广西左江流域崖壁画考察与研究》，广西民族出版社1987年版，第64页。
② 覃圣敏、覃彩銮、卢敏飞、喻如玉：《广西左江流域崖壁画考察与研究》，广西民族出版社1987年版，第65页。
③ 王炳华：《新疆呼图壁生殖崇拜岩画》，北京燕山出版社1992年版，第3页。
④ 王炳华：《新疆呼图壁生殖崇拜岩画》，北京燕山出版社1992年版，第6页。
⑤ 王炳华：《新疆呼图壁生殖崇拜岩画》，北京燕山出版社1992年版，第13页。

中国岩画的原始信仰及其审美生成

图5-3 部落选自《云南沧源崖画的发现与研究》

方式。这幅大型群神像在单个神体上基本已经褪去动物的痕迹。动物以神辅助的形式出现在岩壁中：两只虎与两组对马。这四只动物无论是数量还是面积都未能超过人物。群绘中还有许多符咒的痕迹，如一人两头，表现交媾或繁衍；人体胸腔中再绘一人头，表现交媾或繁衍；有两个人物是非常坦白的交媾图。如果说这幅图有动物神因素的话，那就是唯一一个戴着耳罩类的人物，人们称之为猴面人，"大立虎上部，为又一性媾图像。画面左上方，为一猴面人，高1.02米"[1]。此猴面人显示了呼图壁岩画所表现的当时社会动物神逐渐衰落，而人物神已然崛起的局面。

在符咒或牲祭演变为神的过程中，人的特征越来越明显。与人面像相比，蹲踞式人形被人们称为神灵，也是因为它们的人格特征更完善充实。这些图像或被称之为玉鬼神面，或九屈神人。这些图像除有人面外，还有健全的四肢，是明确的人形图像。云南麻栗坡大王神像面目明朗，线条柔和。壮族人将云南麻栗坡大王岩画当作是壮族祖先侬智高的"影身像"[2]。大王岩画已经是纯正的人物形象了。不仅如

---

[1] 王炳华：《新疆呼图壁生殖崇拜岩画》，北京燕山出版社1992年版，第3页。
[2] 盖山林：《中国岩画》，广东旅游出版社2004年版，第160页。

第五章　中国岩画的偶像崇拜意义与审美体验

此，其面目绘制没有狰狞的神秘感，已经完全是人的形象。战国帛画与汉代壁画的伏羲、女娲图虽是蛇身，上半身人的形象却是确凿无疑的。三大宗教加上我们的道教供奉的基本为人形像。所以从图像演变来说，云南麻栗坡大王神像出现的时间应该较晚。

总体来说，中国岩画中的偶像图像兼容于物像与人格像，并已经出现了由人的形象代替物的形象的趋势。中国岩画有些图像的绘制还不及《山海经》中人格化的完成，这说明中国岩画所表现出来的偶像崇拜信仰文化，其中的一部分要早于《山海经》的偶像塑造方式。而另一方面，云南麻栗坡大王偶像形象又完成了人物形象的塑造，应该是时期较晚的绘制。

二　本体肖像

岩画偶像塑造比较原始，只专注表现本体肖像，还未进入故事系统中。佛教绘画的讲经、辩法、送子、下界等故事既要描绘故事发生的背景环境，还要刻画各角色之间的关系。相对而言，中国岩画的偶像塑造背景更简单，肖像更独立。

黑格尔指出："雕刻和绘画特别适合用理想的形式表现个别的神……因为雕刻和绘画之表现本身真实的东西，只是表现它的自己对自己发生关系的客观存在，而不是表现它与许多其他有限事物的错综复杂的关系。"① 造型艺术表现偶像崇拜时图像更多地集中于肖像本身的表达，而很少像漫画、连环画一样注重故事的连续性。故事性图像表达一定要在岩面空间上安排好各个图像的时间关系。这显然是岩画还未触及的领域。因为许多岩画缺少图像之间的有机构图关系，岩画的塑像与黑格尔所述的神的塑像十分相似。岩画是较为孤立的，它的很多图像都可以单独成像。动物神、太阳神、大王神都是表现肖像本身的偶像图。但符咒岩画与牲祭岩画却有一定的图像关系。如符咒岩画中的射猎图，牲祭岩画的崇拜图。而偶像崇拜图像展示给大家的是这是

---

①　[德] 黑格尔：《美学》第 1 卷，朱光潜译，商务印书馆 1979 年版，第 225 页。

什么神，那是什么神，在一个寺庙里，虽然有各种罗汉、菩萨，他们也在做各种动作，可罗汉之间、菩萨之间的故事关联是不会出现在塑像中的。岩画偶像崇拜也是如此。神的动作只是在表示这是什么神，以他自身的身份展示为主。

神像是永恒的，塑造神遵循的规律是尽量将时间泯除，以获得某类形象的永恒。神格化的图像更趋向于肖像化。用什么来标注图像与凡物不同的神格化意义呢？充分掌握写实功力的后世绘画详尽描写服饰、发髻、面容的特征。但轮廓取象的岩画没有办法达到这个效果。所以针对不同的题材，中国岩画作者们进行了不同的处理。

在中国岩画中，动物神图大面积地出现了静止形象刻画，很少像骑射岩画、狩猎岩画一样会表现动物的奔跑。大多数符咒动物图像也只要描绘静态就可以达到效果。狩猎岩画要求具有"猎到"的效力，所以会描绘动态。即使如此，这些动物的描绘也是很懒惰的，有些漫不经心。中国岩画在表现动物图像的动作时较为矜持，动作幅度均不大。微微地一低头，或者回首，这些轻微的动作就算动态表现了，更激烈的动态是四肢分别前后撒开作奔跑状，这是中国岩画动物图像中难得的动作图。中国岩画的动物神图大部分是静态描绘，特别是大型独立岩面的动物（如图2-19）。人面像更是静态图像的代表作。人面像这种静态方式最为适用于偶像表达。人面像只塑造人面，少有手、脚、身体，这种状况下很难表达动作。而中国岩画偶像崇拜中人面像的塑造本来就没有考虑到动作要求，是较为纯粹的肖像式表达。

在中国岩画中人物神的动态是最多的。这既是因为人物神动作比较容易绘制，也是因为人们需要通过特定的动物来标志人物神的独特身份。云南大王神像、新疆呼图壁祖先神，以及云南沧源如图5-3的卷云纹神都是蹲踞式动作，后两者手上还有舞蹈动作。可以看出岩画中的人物形神是与祭祀人相似的神。他们的形象徘徊于祭祀人与神之间。人物图透露出了先民们对动作的重视，不过这些动作具有一致性，并不注重个性动作的描画。这些动作的描摹与其说是创作者在绘制一个个体性行为的发生，不如说创作者是凭借固有的动作来表达特定类型的人物身份。当中国岩画展示一个偶像图像时，它主要说的是这是什么，或者凭借动作来确定此人的身份，而不太注重这个对象在干什么。人物图像中的舞蹈图，狩猎图是特例，因为这些图像的符咒作用恰恰是发生在动作上。舞蹈图以特殊的舞步获得沟通人神的祭祀作用，狩猎图以追击、射箭等动作获得生殖或丰产的符咒效果。当然这些早期艺术还只是突出了类的区分，而未达到个性差异层次。

  岩画的这三个信仰意义依次发展。符咒阶段的岩画因为依赖于相似律作用，所以图像多为写实性仿生，特别是其中的食物类动物图像，既不存在超自然图像因素，又少有装饰。牲祭类图像因为要起着沟通人神天地的中介作用，增加了图像的装饰功能与想象性。偶像图案也具有牲祭图像的变化，同时在形象塑造上突出了以"大"为美的特质，及逐渐形成偶像人格化的倾向。三者的发展还显示了绘图者从重视物象主体到重视空间表达的变化过程。这并不是说符咒中没有位置意识。岩画的绘制是在"石有灵"的意识中产生的，绘在哪块石头上当然有讲究。崇拜信仰中的岩画除了位置要有灵性，还有形体大、独立成像、讲求视觉效果等追求。符咒发生在各物象各部分的打乱中，崇拜却是各部分打乱综合后形成的整体意义。从符咒到祭祀与崇拜信仰，岩画图像的功利意味渐被冲淡，艺术形式的独立意义越发明显。三者之间的变化不是泾渭分明的。岩画中很多图像类型同时处于两个阶段。人面像处于牲祭与偶像两个阶段，动物出现在三个信仰意义中。需要根据信仰三阶段的具体差别来一一甄别。

第六章　中国岩画的三重创作心理

相对于艺术文化社会学、文化体制学从体制、权力、社会关系论述艺术特质的路径，从审美活动的原初、本源、本真性价值寻找艺术品特质的学术思路是另一蹊径。它更注重审美活动的独立、自律意义，探索审美活动的神圣地位。这种途径在原始社会的研究中遭遇阻碍，因为人们不相信神圣的审美活动可以发生在那么遥远而愚昧的时代，甚至连许多美学家在致力于探寻"审美活动的起源"的过程中，也试图在其他活动中寻找审美活动的发源地，并在此基础上研究审美活动的性质。但从"审美天赋"论来看，原始社会人作为人类的一部分并不应当存在审美障碍。那么原始社会是否存在独立的审美活动？审美活动是否起源于其他活动？"审美活动的起源"问题可以在岩画的创作心理中找到答案。

岩画的创作活动是多层的心理建构，这其中有信仰追求的理性深思，有艺术家们喜爱的形式选择，还有偶然性创作机缘。在这多种层次中审美经验或隐或显地抢夺了岩画的图像制作权。因此，审美经验的根源意义可在早期绘画中得到分析与论述。

第一节　题材选择倾向

由信仰所支撑的岩画主要在取材上表现了创造者们的选择。岩画

第六章 中国岩画的三重创作心理

群体食用、崇拜的对象构成了他们取材的来源。在这些取材中，岩画不仅仅依据于信仰，为题材的审美留下了罅隙。岩画因为题材选择的原因缺失了一些在原始社会中常见的图像。岩画创作群体与原始部落都被设定为以巫术、万物有灵说谋取生存利益的文化团体。但在信仰的题材选择上岩画与其他器物之间却有差异。这些差异显示了原始艺术的创作具有纯功利论不能完全控制的领域。在岩画的巫术组合中，有很多的图形不光是凭借功利目的创造，以信仰说不能完全解释他们的取材倾向。

一　题材选择

除了一般的证实性方法，我们还可以采用证伪性的方法来论证我们的命题。我们要证伪的命题是："原始艺术完全符合功利性的巫术论，原始艺术的每一项行动都符合功利性的巫术目的。"一旦这个命题被证伪了，那么我们就可以指出原始艺术的发生除了由功利性的巫术目的驱动，还有其他的非功利性的目的在驱动着。

岩画中的题材与彩陶相比，具有较大的差别。中国彩陶纹饰多有植物纹，如庙底沟纹饰与夏陶纹饰都以植物纹为主。彩陶中也有很多动物纹，如马家窑是以动物纹为主。彩陶中的动物纹是以鱼纹、蛙纹、鸟纹为主的，其次才是羊纹、狗纹、鹿纹等。中国岩画中的动物纹是以羊纹、牛纹、鹿纹为主的，其次才是以鹰为代表的鸟类，很少见鱼、蛙的形象。岩画中的题材选择有自己的特点。这些特点显示了岩画创作群在功利性题材中有他们的情感偏好。这种情感偏好既不取决于经济，也不取决于工具。岩画题材中发生的背离功利信仰的图像为我们展示了岩画创作群体更加繁杂的心理活动。

第一，与原始部落信仰相比，中国岩画创作中飞禽类题材远逊于走兽类。

早期人的信仰非常重视鸟类崇拜。鸟是许多原始部落的图腾形象。中原文明的商周时期已经出现了大量的鸟纹。如江西新干县大洋洲商代大墓、江西商代吴城遗址等处出土的青铜器中多见鸟纹。商代曾经以鸟为图腾。商人崇拜鸟，商族女始祖简狄吞鸟卵而孕。《诗·商颂·玄鸟》："天命玄鸟，降而生商。"在一些甲骨文中，商人的远祖"王亥"的"亥"字上皆有一鸟。殷墟中也出土了一些鸟形玉器，如殷墟妇好墓出土的鸟形玉器。《山海经·大荒东经》记载："有人曰王亥，两手操鸟。"① 《左传》昭公十七年郯子称："我高祖少皞，挚之立也。凤鸟适至，故纪于鸟，为鸟师而鸟名。"② 少皞部落集团内以鸟命各氏族："有凤鸟氏，玄鸟氏，伯赵氏，青鸟氏，丹鸟氏，祝鸠氏，鴡鸠氏，鹛鸠氏，爽鸠氏，鹘鸠氏，还有'五雉'和'九扈'。这些全是鸟的名字，共二十四个氏族。"③ 再早一点新石器时期的山东大汶口文化、山东龙山文化、江浙良渚文化、河姆渡文化遗存中都发现了鸟的造型与纹饰。也有关于夏代鸟崇拜的传说，《水经注》卷四十渐水条："昔大禹即位十年，东巡狩，崩于会稽，因而葬之。有鸟来，为之耘，春拔草根，秋啄其秽，是以县官禁民，有得妄害此鸟，犯则刑无赦。"④ 这是鸟耕田的传说。鸟为什么会耕田呢？宋兆麟解释为："每年来过冬的候鸟，在长江下游的沼泽地和水田中，吃草根，捕害虫，以践踏了水田，撒下粪尿，起到了某种耕耘效果。而以人踏田、以牛踩田而耕作的方法，不久前还在黎族、壮族的民俗中保留着。由于鸟耕之恩，越人崇拜鸟图腾也就自然而然了。"⑤ 比商族晚的秦族也是如此，《史记·秦本纪》记载了秦族的女始祖女脩吞鸟卵而孕的故事。

原始部落研究发现鄂温克人、达斡尔人、赫哲族人等族群都有鸟崇拜信仰。他们认为树上的鸟是氏族生命的象征，鸟的生命力与繁衍状况决定着族人的生存状况。如内蒙古自治区的鄂温克族人具有广泛的鸟崇拜："据调查，在内蒙古自治区陈巴尔虎旗鄂温族中，每一个

---

① 《山海经》，（晋）郭璞注，（清）郝懿行笺疏，上海古籍出版社2015年标点本，第337页。
② （清）阮元校刻：《十三经注疏·春秋左传正义》，中华书局2009年影印本，第4524页。
③ 郭沫若主编：《中国史稿》，人民出版社1976年版，第112页。
④ （北魏）郦道元：《水经注校证》，陈桥驿校证，中华书局2013年标点本，第897页。
⑤ 宋兆麟：《巫与祭司》，商务印书馆2013年版，第52页。

氏族都有自己的'嘎勒布勒'。'嘎勒布勒'系鄂温克语,意为'根子'或'起源'。如那乌那基尔氏族的'嘎勒布勒'是'奥腾',即一种脖长身细、灰色的水鸟。靠闹克特氏族的'嘎勒布勒'是一种名叫'韩卡流特'的小鸟。那妹他氏族的'嘎勒布勒'是一种名叫'乌鲁嘎斯'的鸟。西拉那妹他氏族的'嘎勒布勒'是'哈伊嘎斯'鸟,即身黑头顶白的嘎斯鸟。造鲁套特氏族的'嘎勒布勒'是鹰。我乌特巴亚基尔氏族的'嘎勒布勒'是天鹅。其他民族像鄂温克族一样,也习惯把鸟类当成自己的祖先,有各种鸟祖先神话。"[1] 人们认为鸟是他们的祖先。鸟在原始部落中除了祖先图腾形象,还具有通神的作用。达斡尔族"萨满的神衣以对襟紧身长袍为主体,上身配以嵌有贝壳的披肩,前胸挂有护心镜,后背配挂三个重叠的护背镜。上衣的两个肩端,嵌有布制或铜制的一公一母两个鸟模型,据说这是萨满通达神灵的使者。"[2]

中国岩画中飞禽类以鹰的形式出现得最多。鹰崇拜在北方十分普遍。属于内蒙古一支的布里亚特部落具有鹰崇拜的习俗。鹰是布里亚特部落的原始图腾之一,在布里亚特萨满神话中是萨满的祖先。"几乎所有的布里亚特人都存在这样的禁忌习俗:禁止打死鹰(鹫),不准惊动它,严禁把它从窝里赶出来等。鹰作为第一个萨满受到尊崇是与贝加尔湖和奥耳杭沿岸山崖地带的大量的鹰被视为坚强、长寿之象征的形象化身这一事实联系在一起的。"[3] "布里亚特的有些部落,他们崇拜作为自己始祖的鹰,称之为'伟大神圣之鸟'。他们认为,鹰明白人类的语言,对鹰有不善良态度者,或打死、打伤鹰者,都将受到残酷的报复,一定会很快遭到鹰亲自杀死。在那些认为自己祖先是鹰的布里亚特氏族中都禁止猎鹰。他们说,鹰是'有魂灵的主神',但这已经是

---

[1] 孟慧英:《萨满教的鸟麦信仰》,王晓丽、廖旸、吴凤玲编《宗教信仰与民族文化》第三辑,社会科学文献出版社2009年版,第147页。

[2] 满都尔图:《达斡尔族》,民族出版社1991年版,第117页。

[3] И. А. 曼日格耶夫:《布里亚特萨满教和前萨满教辞典》,满都尔图等编《中国各民族原始宗教资料集成·鄂温克族卷·赫哲族卷·达斡尔族卷·锡伯族卷·满族卷·蒙古族卷·藏族卷》,中国社会科学出版社1999年版,第645页。

较晚的解释了。"① 布里亚特人还有天鹅崇拜,他们认为布里亚特中的绍绍洛克部落是天鹅的后裔,所以禁止人打杀天鹅,吃天鹅肉。

虽然鸟崇拜在先民的信仰中如此重要,中国岩画的动物图依然是以陆地动物为主,飞禽类题材远远少于走兽类。当然岩画中的飞禽类也是有的,其中还有很经典的作品。在新疆阿勒泰地区阿勒泰市骆驼峰就有一鹳鸟啄鱼图。鹳鸟长颈细曲,不仅线条流畅,而且比例适中,凿记技巧较高。鹳鸟长喙啄中其右面的一条大鱼,两动物之间关系明显。这幅图与1978年出土于河南的新石器时代的彩陶缸上的鹳鱼石斧图很相似。在新疆、西藏、青海、内蒙古等地的岩画中可见鹰的图像。如西藏日土县日姆栋一块岩面上凿刻了一只双翅展开的大鸟,疑为老鹰。西藏日土县日姆栋有一幅豹逐鹿图,岩面上有多个鹿、类似豹的猫动物,在一群动物中有一只非常小的鹰,作为配角一点也不起眼地出现在岩面上(如图3-1)。甘肃黑山的一幅人骑雁兽图中有4幅类似大雁的鸟类图像。新疆巴音郭楞蒙古自治州且末县莫勒切河谷的一块岩面上也有一只小小的双翅展开的鸟形象。在内蒙古时常能发现鹰的形象。载满鸟巢的氏族树是一些民族的崇拜对象。岩画中树的形象与鸟的形象也常出现在一处。西藏岩画中可以看出先民们对鸟崇拜与树崇拜的表现。如西藏藏北纳木措湖区的大扎西岛岩画有鸟图像5幅,树木图像9幅。② 鸟类形象在中国岩画中似乎已经由人面像来表达,如在西辽河地区的百岔河岩画与赤峰阴河中下游等地区都发现了类似于鸱鸮的人面像。(如图6-1)③ 欧洲洞穴岩画也有与鸟相关的题材,如距今1300年的法国南部拉斯科洞穴上绘有鸟人巫师图。

但无论是在中国岩画中,还是在欧洲岩画中肖像性的鸟类题材都

---

① г.P.加尔达诺娃:《喇嘛教前的布里亚特宗教信仰》,满都尔图等编《中国各民族原始宗教资料集成·鄂温克族卷·赫哲族卷·达斡尔族卷·锡伯族卷·满族卷·蒙古族卷·藏族卷》,中国社会科学出版社1999年版,第646页。

② 张亚莎:《西藏的岩画》,青海人民出版社2006年版,第301页。

③ 这一类岩画是否为鸱鸮还有待于进一步探索,因为它们没有类似于商代青铜器鸱鸮纹那样的尖嘴。

第六章 中国岩画的三重创作心理

图6-1 鸮面选自孙立勇《西辽河流域的"鸮面"岩画——兼谈先商文明鸮崇拜》

十分少见。如在广西花山岩画数量众多的图像中，飞禽类"数量较少，目前仅见于扶绥岜赖山第一处，后底山第二处和龙州沉香角第一组中，总共才有四只"[1]。岩画中的禽类形象大多以鹰的方式出现，主要遍布在西藏、青海、内蒙古地区，但即使是鹰也没法成为岩画的主题，而是与其他的符号或动物相结合才出现。

在一些地区发现了一些鸟形图。但鸟形图或鸟人图都比较模糊，未能像鹰图一样清晰。图6-2，这些藏区的鸟或鸟人图都没有清晰地如表现鹰一般绘出鸟的形象。这都说明藏民虽然有鸟崇拜，却没有在岩画中将之作为很重要的事情来细心对待。在岩画中，它们不仅数量远逊于陆地动物，而且形象没有牛、羊、鹿那么清晰确定。不仅如此，单个的形象也没有普遍性，除了鹰，很难指出哪种图是中国岩画中典型、常见的鸟类图。也就是说肖像式的鸟类图没有进入程序化作图领域得到广泛有效的传播。从岩画中的鹰图像与陶器中的鸟图像来看，这不是因为原始人的技巧不够。他们可以表现鹰，并将走兽类动物刻画得那么精致，当然也有能力表现其他的鸟类。岩画

---

[1] 覃圣敏、覃彩銮、卢敏飞、喻如玉：《广西左江流域崖壁画考察与研究》，广西民族出版社1987年版，第164页。

中国岩画的原始信仰及其审美生成

创作群体不像重视走兽一样重视鸟类图像，一定有除信仰、技巧表现以外的其他原因。

图 6-2　写形人选自《西藏的岩画》

先民们在岩画上从来不刻制鸟巢。不仅是鸟巢，除藏区外，连鸟所栖身的树也很少出现在他们的刻画范围。同样，与动物形象相比，岩画中的独立的植物形象也较少。连云港将军崖岩画虽有植物形象，但它们是结合人面像出现的。在中国北部西辽河流域有植物图像出现，数量很少。这些植物经常与人面像相组合，如内蒙古阴河下游康家山湾的岩画（如图6-3）。这些岩画可能反映了树葬习俗，需要与人面像相结合，"这种反映树葬习俗的岩画在中国的北方草原具有明显的分布轨迹，从西辽河一直到阿拉善的东西向分布带上都有发现"[1]。这说明岩画创作群体是有植物崇拜信仰的。但在岩画创作中，只有少量的单独岩面刻制植物。为什么岩画题材以陆栖动物为主。为什么北方岩画的生物形象以狩猎或畜牧经济为主，而少见采集经济或耕种经济？或者反过来问为什么北方狩猎经济与畜牧经济的人们喜爱画岩画，而北方采集经济或耕种经济的人看起来在岩画领域，特别是写实性的岩画领域没有那么热衷？中国南方反映农业文明的岩画也不以鸟类或植物形象为主。沿海地带以人面像，渔猎经济为主，西南地带以人物形象为主。岩画中鹰形象的多次出现，并不能说禽类与畜类一样受到了

---

[1] 朱利峰：《环太平洋视域下的中国北方人面岩画》，中国社会科学出版社2017年版，第149页。

岩画作者们的重视。如果禽类受到较多的重视,具有独立的意义,那么它们应该有单独成像图。但现在看到的鹰形象都是杂在其他动物图像之中或之上的,没有获得独立的岩面位置。

图 6-3 植物人面像选自田广林《内蒙古赤峰市阴河中下游古代岩画的调查》

岩画中为什么少有鸟的形象?岩画中不热衷鸟的题材,并不代表这个区域的人没有鸟崇拜行为。如在云南岩画的人物图常身有羽饰,或头戴羽毛或身披羽衣,都表明了他们对羽毛的注重,但他们的岩画是以人物图为主。张亚莎认为藏区写实性鸟类岩画之所以减少,是因为有些鸟形图已经被抽象为符号了。如小扎西岛岩画中出现了很多藏文字母"ཀྱི",张亚莎认为这个字母代表鸟的形象,是鸟形象的抽象纹样。岩画创作者中具有鸟崇拜,却少有鸟的图像。张亚莎认为这是因为鸟的写实图抽象成了字母,导致鸟的写实图稀少。那么表现鸟的写实图的那一阶段的岩画在哪呢?是否还在等着人类去发现,还是原本就很少现身于中国岩画的创作领域?

再者，岩画的创作者们与陶罐的制作群体会有重合吗？新石器时代陶罐的纹饰中不仅充满了大量的植物纹，也有许多蛙的形象。陶器的发现与中国岩画的发现一样，从南到北，从西至东大量地出现了这些先民的遗存。北方新石器时期的红山文化就出土了许多陶器。红山文化以内蒙古赤峰红山命名，地处辽宁西部与内蒙古东部。内蒙古具有很多的狩猎岩画。依据传统，我们将画牛、羊、鹿的这群北部与西部岩画创作族群称为游牧民族，而红山文化这样生产陶器与玉器的族群则代表着农业文明。红山文化的主体在5500年前，这个时候这一地区是农业文明，以后才逐渐出现了游牧文明。这个地区的岩画没有红山文化出现的龙、凤、鹗、鸟等农业文明形象。青海也缺少此类岩画，而1985年在青海大通县黄家寨村发掘到了属于齐家文化到卡约文化时斯的墓葬，其中M5墓葬出土的青铜器中也有鸟形竿头饰[①]；青海乐都柳湾马厂类型时期墓地上发现鹗面陶罐。马厂类型之后的齐家文化的墓地里也出土了更多的鹗面陶罐。但青海除鹰类外，很难看见鹗等鸟类形象。

所以飞禽类在岩画中缺失的原因常被看作是农耕文明与狩猎文明、畜牧文明的差别的观点还有待于进一步商榷。新石器时代陶器以植物纹为主，还有许多的鸟纹、蛙纹，只有少量的哺乳动物纹，是因为陶罐用来汲水、储藏，是农业文明的主要遗存物。北方岩画是狩猎经济与畜牧经济的遗存，所以当然以动物图为主。但北方也有许多农业文明。有些学者认为人面像是农业文明的象征，如朱利峰先生："在中国北方，距今3300年左右，全新世大暖期结束，畜牧业文化兴起，夏家店下层文化被夏家店上层文化所取代。中国北部西辽河流域随着气候的再一次变干变冷，文化发生了转型，夏家店下层的农业衰退，开始了畜牧业的第一次繁荣。反映畜牲经济的岩画在西辽河流域显著增加，并且发展的中心向白岔河流域移动。作画者的注意力更多地转移到人们赖以生存的动物身上，人面岩画不再是最主要的表现对象，多

---

① ［日］三宅俊彦：《卡约文化青铜器初步研究》，《考古》2005年第5期。

是夹杂在动物岩画之间的零星出现。"① 这说明北方的反映农业经济的岩画以人面像为表现，这既与陶器不同，也与南方的农业岩画不同。

第一，以食物论来解释上述的问题，可以说牛、羊、鹿代表了原始人最常见的美味，而他们对鱼、鸟、植物类就没有这么热衷了。鸟不是人类的主要食物，所以北方岩画以牛、羊、鹿为主，虽然有鸟、植物的肖像，数量却比较少。首先岩画对哺乳类动物情有独钟，从吃食的功利角度来看，应该是岩画的创作者们更喜欢吃哺乳动物。其次禽类也不能像马一样帮助狩猎，没办法在狩猎图与人骑图中表现出来。这两种原因大概都离不开吃。这再一次说明中国岩画中动物偶像图较少。中国岩画的偶像崇拜图像是以人面像为主。牛羊一类角与皮毛不太凸出的动物图像都属于符咒和牲祭图像，未能在岩画中享受偶像的地位。后世的牲祭以牛羊猪肉为主。《说文解字》："祭，祭祀也。从示，以手持肉。"② 祭祀要用肉来讨好神灵。初级的祭祀以肉为祭品，在礼文化中转向了以器物为主的祭祀。《说文解字》："牲：牛完全也。"段玉裁注释"牲"字"引申为凡畜之称"③。以肉为中心的祭祀是早期祭祀的特色。北方的动物岩画更多地代表符咒与牲祭两类图像，而不是祖先神的图像。

我们再转向南方以人物图像为主的岩画的讨论。它明显与北方、西部的岩画不一样。南方岩画以人物为中心，也有动物图像，但动物图像不像北方一样占据那么大的比例。为何南方岩画以人物为中心？食物论会解释说在北方岩画创作的繁荣时代是畜牧经济时代，所以动物表现以牛、羊、鹿为主。但是在中国岩画的南方却突然以符号和人物图像为主了，也不见大量的对采集或农耕经济的植物表达。北方非畜牧经济的岩画缘何就以人面像为主体呢？这就不能单纯以食物论来说明问题了。

在这种差异中还显示了先民作图的空间意识。岩画创作者在岩面上作画，岩面连接土地这块牛、羊、马生存的区域。所以岩画绘的是

---

① 朱利峰：《环太平洋视域下的中国北方人面岩画》，中国社会科学出版社2017年版，第150页。
② （清）段玉裁注：《说文解字注》，中华书局2013年点校本，第3页。
③ （清）段玉裁注：《说文解字注》，中华书局2013年点校本，第52页。

陆栖动物。这就保证了动物的图像与他们的生存环境具有大体的一致性。西藏、青海、内蒙古等地有鹰的图像。鹰因为飞得高，可以翻山而过，所以会留给人生活在山崖上的印象。尤其是雕本就筑巢在难以攀登的悬崖峭壁的大树上，更能给人住在山岩上的感觉。而其他的鸟明显栖息在树上，行动在空中，与岩石无关。这大概是南北岩画选材同时忽略鸟类题材，更偏向于陆地动物的原因。

由此可见，在鸟类题材选择中，除了经济原因、食物因素，还有空间的原因影响着原始人的题材选择。但禽类的问题只是岩画题材问题的开始，中国岩画还有许多其他题材的选择透露出了更多的问题。

第二，中国岩画水中生物形象也较少。北部的布里亚特人具有鱼的图腾崇拜习俗。"至于说到布里亚特人，据其传说讲，水在他们的民族起源过程中，起了重要的媒介作用。例如，埃希里人起源于江鳕鱼，某些氏族则起源于哲罗鱼。传说中讲：一个姑娘在河边走路，从水里跳出一条哲罗鱼，这条鱼摇动着的尾巴碰到了姑娘的身上。以后，这个姑娘就怀了孕，生下一子，此子成了库尔库特人和乌利亚阿马人的始祖。豁里人迎接始祖仪式的举行地点为有雌天鹅流动的河湖之畔。"① 岩画中少鱼，东南洞岸的渔猎经济岩画常以船舶为代替。

在内蒙古翁牛特旗南部的毛瑙海山与大黑山出现了少量的鱼纹人面岩画，而且时代靠后，其"制作方法主要为点状敲琢，凿点细密，直径约1—2毫米。部分线条经敲击之后又磨划加工，宽度多在5—8毫米之间，深度在2毫米之内。在这种宽度范围内进行加工，使用新石器时期的石质凿磨器具是比较难以实现的，很可能已经动用了金属工具。"② 说明这个地方的青铜时代，或铜石并用时期出现过渔猎采集群体。但这类岩画出现的范围是很小的。"从大黑山和毛瑙海山这两

---

① r.P. 加尔达诺娃:《喇嘛教前的布里亚特宗教信仰》，满都尔图等编《中国各民族原始宗教资料集成·鄂温克族卷·赫哲族卷·达斡尔族卷·锡伯族卷·满族卷·蒙古族卷·藏族卷》，中国社会科学出版社1999年版，第648页。

② 朱利峰:《环太平洋视域下的中国北方人面岩画》，中国社会科学出版社2017年版，第146页。

个岩画点的直线距离来看,这一支族群的活动范围不大,仅仅在比较小的范围内遗留下了鱼纹人面像。"① 东南沿海反映渔猎经济的岩画以渔船、漩涡纹为绘制对象,却没有鱼的形象。岩画中不重视渔猎经济的鱼形象的表现,是否与鸟一样,同样是创作空间影响了作画者的题材塑造?当鱼属于族群的图腾时,人们塑造它是为了祖先崇拜,祖先是可以行走在陆地上的,单纯的鱼形象就不行了。鱼并不生活于地面,所以鱼的形象很难以食物符咒的方式出现在岩画中。

第三,为什么中国岩画中极少有熊的崇拜?如果说对鸟的舍弃是因为空间的原因,鸟离大地较远,所以不适合画在地面的岩石上,那么,中国岩画创作者对熊的处理又使大家陷入另一个难题。

黄帝又称有熊氏,很可能有熊崇拜的风俗。熊又是原始先民的主食之一。与鸟不同,熊是生活在陆地上的。鄂伦春人有猎熊而食的习惯,还专门有葬熊仪式,被称为"古落衣仁"。在"古落衣仁"的葬歌中有以下几段:

古落、古落、阿玛哈、恩聂嘿!你年年要让我们见到你,你天天要爱护我们。碰到女人、儿童不要咬伤他们,碰到老年人要可怜他们。你是动物神哪,人人都怕被你吃掉,千万不要吃掉我们,我们好好地风葬你。

你不要降祸于我们,你是善良的阿玛哈,你是好心的恩聂嘿。你要多赐给我们猎物,保佑我们幸福生活。我们误伤了你,千万不要怨恨我们。你是兴安岭上的英雄,肠子流出来还在施威。鄂伦春人不敢提你的名,你是我们民族的祖行,应保佑儿孙们幸福。请接受我们的厚礼,带给死去的祖先。

我们最尊敬的熊神呀,为你筹办圣节。我们永远供奉你,你有未卜先知的本领。你要时时指示吉凶啊,你不要伤害我们呀!

---

① 朱利峰:《环太平洋视域下的中国北方人面岩画》,中国社会科学出版社2017年版,第147页。

伤害了我们你就不能成仙了,为了你能早日成仙哪,要多行善事保佑我们。①

阿玛哈是公熊的尊称,恩聂嘿是母熊的尊称。这首歌说明鄂伦春人将熊当作保护神看待。这说明我国东北部有熊崇拜。再来看西部。藏族巫师"从服饰上来说,头上都饰有羽毛(鹫鸟毛或鸡毛),即如不饰羽毛的拔孜,也有一对象征性的牦牛角,本教巫师更是二者兼有。冠帽则各地不同,但均系高原和山区动物的皮革所制。如拔孜为牦牛皮帽,白莫为熊皮帽。"②白马藏人的法冠也常由熊皮做成,"'劳白'的法冠有两种,原来的熊皮帽,用熊头挖去骨肉后,塞以草制作而成。'劳白'作法时戴在头上,并插饰鸡尾多支;另一种是普通的'蝉皮帽'(即现在人戴的那种有荷叶边的盘式毡帽)上加熊皮,再围以'五叶冠'"。③"白马藏人有一种,称黑熊神或面具神。据该族传说,各种鬼都惧怕熊,所以巫师也以熊头为面具,武装自己,这种面具每户有两种,一男一女,绘有粗眉圆眼、虎牙,额头有双蛇,还有5个人物形象,代表巫师们崇拜的神灵……"④藏族巫师们在施法时深刻地认识到鸟与熊的力量。

我到青海玉树去考察时,得知在这个平均海拔为四千多米的高原上,熊曾经也是人们常见的动物,但整个玉树通天河区域岩画多的是鹿、牦牛、羊的形象,却看不到一张确定的熊形象。大概与我一样疑

---

① 关小云:《鄂伦春族风俗概览》,满都尔图等编《中国各民族原始宗教资料集成·鄂温克族卷·赫哲族卷·达斡尔族卷·锡伯族卷·满族卷·蒙古族卷·藏族卷》,中国社会科学出版社1999年版,第22页。
② 《中国各民族原始宗教资料集成·藏族卷绪论》,满都尔图等编《中国各民族原始宗教资料集成·鄂温克族卷·赫哲族卷·达斡尔族卷·锡伯族卷·满族卷·蒙古族卷·藏族卷》,中国社会科学出版社1999年版,第779页。
③ 四川省民委民族识别调查组:《白马藏人调查资料辑录》,满都尔图等编《中国各民族原始宗教资料集成·鄂温克族卷·赫哲族卷·达斡尔族卷·锡伯族卷·满族卷·蒙古族卷·藏族卷》,中国社会科学出版社1999年版,第825页。
④ 宋兆麟:《巫与巫术》,满都尔图等编《中国各民族原始宗教资料集成·鄂温克族卷·赫哲族卷·达斡尔族卷·锡伯族卷·满族卷·蒙古族卷·藏族卷》,中国社会科学出版社1999年版,第826页。

惑，尼玛江才先生在《玉树岩画·通天河卷》指出的一张熊图像多以想象为主，不能令人信服。在其他的文章中也能见到记录熊的文字，如汤惠生先生记录他1987年考察青海昆仑山脚的奈齐郭勒河谷的野牛沟岩画，"岩画内容有野牛、骆驼、马、鹰、狗熊等动物"[①]。可惜在这里目前未能发现一张明确的熊图片。本应该有大量熊图像的大兴安岭也没有好多少。属于内部资料的中共大兴安岭地委宣传部记录了2014年以前大兴安岭岩画发现情况，在93页的一张图片后写着大兴安岭唯一熊图腾岩画，但图像过于模糊，很难确定是熊。丽江金沙江流域的涂绘类岩画有很多野生动物图像，但2011年出版的图集也未收入熊的图片。

与漫山遍野的牛、羊等相比，中国岩画中熊的图像非常少见。熊既可以作为食物，熊的各部分也可以具有法力，熊还是保护神，在欧洲洞穴岩画中能见到一些很明确的熊图像，其中还包括吐血的熊。所以用食物论实在很难说清中国岩画中熊图像的缺席。针对这种情况笔者认为可以从原始人的皮毛癖与角癖来理解。岩画作者们更喜欢绘制有美丽犄角与皮毛的动物。熊虽然在人们的日常生活中很重要，但它一没有美丽的犄角，二又不像猫科动物那样拥有美丽的皮毛，皮毛控与角控的岩画作者们在创作图像时将之忽视也是情理之中。皮毛漂亮的鹿、虎、豹等动物与具有角的牛、羊等动物自然更受欢迎。而且刻画皮毛显著的动物如鹿虎、豹有纹饰图案的发挥余地。这些动物的皮毛在青铜器中以漩涡纹、云纹装饰，在岩画中动物的皮毛除漩涡纹外，还有更简单一些的"S"纹、平行线纹或折线纹等。

第四，凿刻类岩画中的野猪也很少。

岩画中野猪题材很少，但野猪早就得到了早期人的关注。新石器时期的考古发现人们有狩猎野猪，甚至是驯养野猪为家猪的习惯。"最早的家猪遗存已经出现在公元前7000—前5000年的河南贾湖、河

[①] 汤惠生：《经历原始——青藏游牧地区文物调查随笔》，广西人民出版社2004年版，第11—12页。

北磁山、甘肃大地湾和浙江跨湖桥等遗址中。"① 在黄河流域、长江流域、东北地区等地都发现了野猪与家猪的遗存。如淮河流域"多种迹象表明淮河流域在公元前 7000 年就出现了猪的驯化，[……] 而少数猪样本在同位素分布表里单独聚组，可能是野猪。和贾湖一样，大地湾的猪（5800BC—2800BC）也是死于三岁之前，包括遗址最早阶段的猪也是如此；猪第三臼齿的尺寸范围介于家猪和野猪之间（30.8—46毫米）；猪下颌骨出现在墓葬中（甘肃省文物考古研究所 2006）。然而，大地湾第一期猪骨的同位素分析显示，所有的猪都是野生的"②。黄河中上游的马家窑文化"家养动物有猪和狗，被狩猎的野生动物也有很多种，有鹿、野猪、羚羊和河狸"③。再如东北部"猪的遗存在几个兴隆洼文化遗址（6200BC—5200BC）中都有发现，包括兴隆洼、兴隆沟、白音长汗等，均位于辽河流域。在形态上，这些新石器早期聚落中发现的猪都比较大（通过牙齿测量判断），这种形态被看作是野猪的标志。然而，兴隆洼遗址猪牙第三臼齿长度的下限仍然落入典型驯化猪的范围，并且猪牙冠线性牙釉质发育不全的频率比典型的野猪高。这两种因素都是驯化猪的标准。和贾湖、大地湾发现的猪的遗存一样，兴隆洼文化出土的猪可能也包含了家猪和野猪。"④ 新石器时期的器物纹饰已经将猪的形象塑造得很好。如浙江余姚河姆渡出土了装饰猪图案的陶器，凌家滩墓地出土了负八角星纹双猪首翅鸟形的玉器，红玉文化的代表玉器猪龙也显示了猪崇拜在新石器时代的地位。

田野考察发现野猪也是原始崇拜的动物之一，"大略可以说，野猪崇拜在蒙古民族中曾经是广为盛行的。野猪的牙、颌骨、头骨被他

---

① 刘莉、陈星灿：《中国考古学：旧石器时代晚期到早期青铜时代》，生活·读书·新知三联书店 2017 年版，第 108 页。
② 刘莉、陈星灿：《中国考古学：旧石器时代晚期到早期青铜时代》，生活·读书·新知三联书店 2017 年版，第 108 页。
③ 刘莉、陈星灿：《中国考古学：旧石器时代晚期到早期青铜时代》，生活·读书·新知三联书店 2017 年版，第 244 页。
④ 刘莉、陈星灿：《中国考古学：旧石器时代晚期到早期青铜时代》，生活·读书·新知三联书店 2017 年版，第 110 页。

第六章 中国岩画的三重创作心理

们用来作小孩的护身符,也用来充当'洁净'土地的神奇之物。把野猪头挂在家畜圈舍附近,人们以此求其平安无损。"①

岩画有很多的动物图,猪的形象非常少。宁夏中卫香山发现了磨刻野猪岩画,说明对岩画创作者来说磨刻野猪不会有太大的困难。岩画中的野猪形象大都以涂绘类的方式出现。金沙江流域岩画、赤峰克什克腾旗岩画、云南沧源丁来1号岩画都有似野猪的涂绘类岩画。在中国岩画中涂绘类野猪形象出现得更频繁。凿刻类岩画中野猪的少产原因恐怕与熊的待遇原因是一样的,野猪一无花哨皮毛,二无犄角。不符合先民们角控与皮毛控的选择。具有此两种癖好的岩画作者们才会不重视此类形象。而涂绘类岩画因为可以自行上色,所以更多地保留了猪的题材。

第五,岩画中少有狼形象。如果蒙古、西藏岩画是游牧民族岩画的话,那么也许可以用食物论解释他们的岩画中为何以牛、羊居多。但游牧民族的信仰是可以在文献中查证的,文献中清楚记载着有狼的崇拜。如前文所述《魏书·高车传》记载了狼是高车的祖先。乌孙族也深受狼的恩惠。《汉书》卷六十一记:"乌孙王号昆莫。[……]子昆莫新生,傅父布就翎候抱亡置草中,为求食,还,见狼乳之,由乌衔肉翔其旁,以为神,遂持归匈奴,单于爱养子。"② 岩画中为何少有狼?少有狼并不是他们画不了狼。新疆塔城地区托里县喀拉托别牧场内司马依勒克冬窝子有一岩刻,画面中心是一只北山羊被三只狼包围攻击。狼的四肢蜷缩在前,蓄势而发,是中国岩画中为数不多的动态岩画。狼这种形象已经进入岩画作者们的视域,他们也完全有能力将之表现出来。但狼的题材在中国岩画中相当少。用食物论,我们可以解释说狼不是食物,岩画作者们只对食物感兴趣,那么为什么会有那么多的老虎形象呢?再者,对于游牧民族来说,鹿也不是他们的放牧

---

① г. P. 加尔达诺娃:《喇嘛教前的布里亚特宗教信仰》,满都尔图等编《中国各民族原始宗教资料集成·鄂温克族卷·赫哲族卷·达斡尔族卷·锡伯族卷·满族卷·蒙古族卷·藏族卷》,中国社会科学出版社1999年版,第647页。

② (汉)班固:《汉书》,中华书局1962年标点本,第2691—2692页。

主体，为何岩画中有大量鹿的形象？蒙古、西藏、新疆等北方与西北方的岩画题材，仅凭游牧和食物并不能完全说明问题。

这些狼形象出现在狩猎岩画中。常常绘制的是狼对鹿或羊的捕捉图。对古人而言，狼很难驯化，所以这些狩猎图并不是希望狼可以捕杀到猎物，然后依据图像的交感巫术而获得人类狩猎活动的丰收。从西藏岩画出现的许多人类骑射图来看，大家一般将丰产的希望寄托在人类的狩猎图上。因为狼的形象不具备独立性，所以西藏狼图也不是偶像图像。

与狼类似的犬的形象除了广西花山，其他地方也不多见，但犬崇拜其实也是常见的。藏族有犬图腾崇拜。《新唐书·突厥传下》："吐蕃，犬出也，唐与为昏。"① 《册府元龟》："设宴谓振曰：'吐蕃，狗种，唐国与之为婚，奚及契丹，旧是突厥之奴，亦尚唐家公主。'"② 更早的文献中有关于犬戎族的记载。《国语·周语》记穆王伐犬戎"得四白狼，四白鹿以归"③。《山海经·大荒北经》记："大荒之中，有山名曰融父山，顺水入焉。有人名曰犬戎。黄帝生苗龙，苗龙生融吾，融吾生弄明，弄明生白犬，白犬有牝牡，是为犬戎，肉食。"④

作为崇拜对象的狼形象与犬形象并没有成为独立的动物神出现在中国岩画中。广西花山中的犬形象只是辅助中介。狼与犬的外在形式有没有可能影响它们的出场频率？毕竟它们是没有角的，而且在皮毛上也不出色。

第六，北方岩画与西部岩画中为什么有大量的驯鹿形象。

如前文所述鹿是萨满通神中非常普遍的动物。鹿的形象又以公鹿为主，因为鹿角是岩画形象的重点。对鹿的崇拜中常以鹿角崇拜为中

---

① （宋）欧阳修、宋祁：《新唐书》卷二百一十五下，中华书局1975年标点本，第6053页。
② （北宋）王钦若等编：《册府元龟》，《四库全书》第919册，上海古籍出版社1987年影印本，第379页。
③ （战国）左丘明：《国语》，上海古籍出版社2015年标点本，第5页。
④ 《山海经》，（晋）郭璞注，（清）郝懿行笺疏，上海古籍出版社2015年标点本，第383页。

心,如达斡尔族中"萨满举行'斡米南'仪式的目的,是请他的诸神降临吃血,借助祖灵的指点,诉说他上一次'斡米南'以来在宗教活动中的得失和个人的品德修养。每经过一次'斡米南'仪式,标志其资历的神帽上的鹿角就增加一个支叉"。① 达斡尔族萨满的神帽具有鹿角装饰,"萨满的神帽顶部的正中是铜制的鸟,是其神灵的代表。其两侧是两根铜制的鹿角,一般多为五叉、七叉,九叉者很少。"② 鄂温克族萨满也有类似的帽饰,"萨满在举行第一次考验性的仪式后,戴六枚鹿角叉,第二次仪式后戴八枚鹿角叉,第三次仪式后戴十枚鹿角叉,第四次仪式后戴十二枚鹿角叉。鹿角叉的多少,是一个萨满的经历和本领的标记,鹿角叉愈多本领愈大,在群众中威信愈高。"③ 东北的赫哲族也是如此,赫哲族的鹿角神帽以鹿角叉数的多少而分品级的高下,这期间要求萨满付出许多时间和努力,"从初级神帽升到三叉鹿角的神帽,要经过两三年之久。以后升级的年限不一定,升至最后的一级,即十五叉鹿角神帽,须有四五十年的功夫"④。这说明北方常将鹿选做沟通人神的动物,并且将沟通人神的力量都集中在鹿角上。

蒙古地区的鹿崇拜也非常盛行。"鹿崇拜曾是广为流行的,不论它是公鹿还是母鹿。他们相信,鹿在鸣叫时发出的声音是这样的意思:'谁想要打死我,让他不能活到老;谁要是听我的话,我将保护他长寿。'不论是蒙古人,还是布里亚特人,都有崇拜鹿角之俗。……鹿崇拜在蒙古民间艺术中也有所反映。在蒙古包里(这里生活着布里亚特人家庭),我们能发现用红颜色漆成的箱子,这个用传统工艺制成的箱子要放在蒙古人最崇尚的方向。在箱子的金边之内还画有犄角多杈的红鹿。萨满的铃鼓上也挂有这样的鹿。红色意味着,鹿是

---

① 满都尔图:《达斡尔族》,民族出版社1991年版,第116页。
② 满都尔图:《达斡尔温克蒙古(陈巴尔虎)鄂伦春族萨满教调查》,满都尔图等编《中国各民族原始宗教资料集成·鄂温克族卷·赫哲族卷·达斡尔族卷·锡伯族卷·满族卷·蒙古族卷·藏族卷》,中国社会科学出版社1999年版,第346页。
③ 宋兆麟:《巫与祭司》,商务印书馆2013年版,第120页。
④ 凌纯声:《松花江下游的赫哲族》,民族出版社2012年版,第118页。

'活的'。①北方岩画的鹿十分常见，正符合北方人的这种信仰。

从岩画图像中看，岩画中的鹿以鹿角最为突出，鹿角不单喜欢画得大，还喜欢让它多分枝。鹿是狩猎动物的代表，常画鹿是不是因为它是狩猎食物中最主要的食物呢？青海玉树岩画以鹿和牦牛图为主。前者代表狩猎经济，后者代表畜牧业的成长，羊的形象反倒不突出。玉树的狩猎岩画以鹿为中心，显示了人们对这种拥有美丽的角的动物具有浓厚的兴趣。

推断人们画鹿受角控癖好推动的另一原因是岩画中鹿的形象多为大角，而且少有毛茸茸耳朵的母鹿形象。鹿中只有驯鹿的雌雄鹿都具有角。有些鹿角非常夸张，具有欧亚草原的斯基泰风格，如青海卢山岩画、青海玉树岩画、西藏日土岩画中的某些鹿的形象。斯基泰风格的鹿以鹿角的夸张为特征。在斯基泰风格图像中鹿角与鹿身可以同样长，有些鹿角甚至比鹿身还长。青海卢山与宁夏贺兰山还发现了嘴呈鸟喙状的鹿，也符合斯基泰风格中鸟兽的结合。斯基泰风格中常见鸟兽结合纹，鹿石、牌饰中也常见鸟状嘴的鹿。鹿角的夸张变形远离了符咒的写意意蕴，更多了装饰意蕴。斯基泰纹饰风格向东传播的岩画创作区不仅仅有驯鹿出没。按照动物图像的写实特征来说，岩画中的鹿画的不应该全是驯鹿，那么就只能是其他鹿种的雄鹿形象了。

鹿的刻画多以雄鹿为主。雄鹿是雄性的象征，原始人类似乎更喜欢刻画雄性生物。但从其他的图像来看，又没有发现原始人的这种偏好，至少在羊、牛的刻画中他们没有明显地表现这种性别偏好。雄鹿居多是因为雄鹿头上漂亮的分枝犄角在审美意识上引导人们的偏好。这再一次证明了岩画作者们的角控癖好。

第七，岩画中少有想象动物的形象。龙凤文化是中国传统文化的重要一维。在新石器时代红山文化中已经发现了玉龙，即1971年发现

---

① r. P. 加尔达诺娃：《喇嘛教前的布里亚特宗教信仰》，满都尔图等编《中国各民族原始宗教资料集成·鄂温克族卷·赫哲族卷·达斡尔族卷·锡伯族卷·满族卷·蒙古族卷·藏族卷》，中国社会科学出版社1999年版，第644页。

于内蒙古三星他拉地区的玉龙，也有人解释为猪龙。在河南濮阳仰韶文化中又发现了蚌虎与蚌龙。所以新石器时期中国局部区域龙的形象已经形成。龙与雷神、雨神相关，学术界多认为是抽象符号的化身。"幻想龙这一动物的契机或起点，可能不是因为古人看到了与龙相类似的动物，而是看到天空中闪电的现象引起的。"① 龙在字型中与"电""雷"有关。徐山先生说："和'电、雷'两字相比较，龙字可视为'电、雷'的变形。龙字保留了闪电的弯曲状，又将表示雷声的符号'口'状移至弯曲处的终端，表示龙的口部。龙字中的口开口朝下，表示雨从龙口中倾泻而下。这样，原来在雷字中不连接的闪电和雷声两部分，在龙字中合而为一，变成有口有弯曲身体的想象中的龙了。这是原始先民对产生雷电的原因的一种生物化解释。"② 其他学者也有这样的看法："并不是某些生物被神格化而成为龙、凤。相反，倒可能是某些自然现象被生物性地解释为龙和凤，然后才艺术性地通过想象被加工从而具有了生物的意义。就龙来说，云，以及云和雨的功能性关系（云产生雨），就是产生龙的意象的基础。"③ 龙是某种自然现象的想象象征，起的是沟通人神的作用。新石器时代的红山文化与仰韶文化中已经有龙的形象。从时间上来看，中国岩画多为铜石并用时代，岩画创作的时代人们应该已经知道龙的存在。可中国岩画却偏偏几乎没有发现龙的形象。

龙属于想象性动物。世界岩画点的有些区域出现了很明显的想象性动物，如加拿大密西西比河沿岸的崖壁上的水怪，"他们在岩画上创作的水怪形象长着动物的四条腿，却用鸟爪代替蹄子，背部有锯齿状的芒刺，头上有犄角，尾巴卷曲上翘，集多种猛兽与猛禽的特征于一身，赋予其强悍的力量。至今一些印第安人仍然崇拜它，我们时常还会见到在岩画的水怪形象前，供奉着祈祷者的圣杖、衣服和烟叶之

---

① 朱天顺：《中国古代宗教初探》，上海人民出版社1982年版，第51页。
② 徐山：《雷神崇拜——中国文化源头探索》，上海三联书店1992年版，第3页。
③ 何新：《诸神的起源》，生活·读书·新知三联书店1986年版，第63页。

类的物品。"①

　　中国岩画有类似于蛇的形象，如浙江台州岩画中的波浪纹线条，也可以看作蛇的简化体。但龙必须带角与爪。在赤峰文化局与赤峰市博物馆共同编写的《文物古迹博览》一书中写岩画的一部分记载了龙的形象："白岔河裕顺广的大型舞蹈岩画，几十个人物欢聚在一起，分成三个区域进行歌舞表演。这些舞蹈者或单独，或两人手拉手，或者列队围成圆圈表演独舞和群舞，[……] 在画面的上方绘有两条大型团龙图案，[……] 在同一幅岩画的上方，用一条斜线描绘出山脉，山坡上一群野猪款款而行，[……] 在岩画的下方，还有一群人围着一头大角雄鹿翩翩起舞[……]"② 赤峰克什克腾旗裕顺广村在当地人口中也叫榆树广村，这就是为什么关于此处的资料有时记载为裕顺广村，有时记载为榆树广村的原因。为了看这两条龙，笔者去了裕顺广村，在当地人的带领下横穿白岔河找到了这幅岩画，看到了舞蹈图。图中有"龙"上方的山脉与"野猪"，还有"龙"下方的大角鹿，却没有看到"龙"的形象。但确实有两条长长的横线。整个画面以大角鹿、人物图，及类似野猪图为主要形象（如图6-4）。这两条横线应该都是表示道路或者山脉，并不是龙。在广西、云南以横线表示地平线的道路或水面是常见的现象。

　　再来看另外一篇记载东北龙形象的资料。"大兴安岭岩画中，目前发现了三处类似的龙形象的岩画，分别为大兴安岭加格达奇白灰窑岩画点的'S形鹿角龙'、新林区翠岗岩画点的'C形鹿角龙'和加格达奇翠峰林场'C形龙'（更确切地说是C形腾飞的蛇）。"③ 因为作者自己也认为第三条是蛇，所以我们只看前两条龙。"S形鹿角龙"的岩画点"位于加格达奇区白桦乡白灰窑附近，共有10处岩画，单幅近750余幅，为红色岩绘，是大兴安岭近年发现的内容最为丰富的岩画

---

① 陈兆复、邢琏：《世界岩画》，文物出版社2011年版，第143—145页。
② 赤峰市文化局、赤峰市博物馆编：《文物古迹博览》，内蒙古科学技术出版社1994年版，第92—93页。
③ 庄鸿雁：《文化结点上的大兴安岭龙形岩画解读》，《学习与探索》2015年第7期。

图 6-4　野猎与人作者摄自内蒙古赤峰克什克腾旗

点之一,'S形鹿角龙'就是其中的一幅。"① 所以这幅鹿角龙只是750幅的图像之一。偶发性非常强,并不是当地岩画的代表性样本。这两幅龙图皆与人物形象相组合,是祭祀图。

岩画中凤的形象还不如龙多。岩画除人面像外,动物图像想象性图案很少。岩画中的动物图多为起相似性符咒作用的图案。

二　题材成因

应该认识到岩画中的动物图像在很大程度上确实可以用食物来解释。如犬的绘制不如牛、羊、鹿,是因为犬不是人们的主要食物。动物题材中缺少想象性动物,可见动物题材均为写实。写实的目的是为了模仿得更像,增加图像与所指动物之间的相似性,也有可能将图像当作真实动物对待。

中国岩画中的写实动物图像以牛、马、羊、鹿、虎为主,有少量

---

① 庄鸿雁:《文化结点上的大兴安岭龙形岩画解读》,《学习与探索》2015年第7期。

的猪、鸵鸟,可能还会有极少的熊。已化为人面像的猴等动物先不考虑,那是属于想象性的图像。考虑到马图像出现是常与人组成骑马图,暂时将马排除出当时人的主要食物。岩画作者以牛、羊、鹿为主要食取对象,而不是古人在祭祀时常用的太牢——牛、羊、豕。这有很明显的畜牧业与狩猎业的区别。但又不仅如此,太牢是用来祭祀的,人们选择了他们认为的最好的食物奉献给神。岩画不全是用来祭祀的。岩画的绘制对象也不全是食物。

第一,对动物的角情有独钟。岩画创作群偏爱鹿、羊、牛这些具有长长的角的动物。而犬、猴都无角。对鹿的绘制以驯鹿为主。鹿角、羊角、牛角都有明显的修饰性,特别是鹿角与羊角。一方面人们喜欢鹿的角,所以才将鹿都绘成驯鹿形象。因为只有驯鹿才会不分雌雄都长着美丽的角。这有可能是他们意识到了驯鹿与其他鹿种的不同,还有可能他们根本就没有意识到这种不同,而都选择了有漂亮大角的公鹿。另一方面岩画作者们选择鹿具有强烈的审美倾向。孔子论祭祀山川就提过神灵喜好皮毛与角周正的动物:"犁牛之子骍且角,虽欲勿用,山川其舍诸?"① 犁牛是一般的耕牛,毛色杂,不适合祭祀。骍指赤色。犁牛所生的小牛颜色赤红,角型周正,一定能得到神的喜爱。礼文化的祭祀中,判断牲祭能不能为神所喜,主要是皮毛与角两部位,以及大小、筋骨这些外貌形式。

第二,为皮毛所吸引。岩画的动物选材呈现出以皮毛为主导的倾向。虽然熊、野猪也是早期人不错的食物,熊和野猪也具有一定的力量,能形成威慑力,但中国岩画中少有熊、野猪题材。熊、野猪的皮毛为一体黑色或灰色,没有花纹。西藏、青海、内蒙古地区都有狼的出没,岩画作者们却不爱画它,其原因可能和熊、野猪一样,狼也无好看皮毛,从审美上进入不了岩画作者们的视线。岩画作者们不喜欢绘制猪、熊等动物,而喜欢绘制鹿,很可能是因为鹿的美丽更吸引这些创作者们。

---

① 程树德集释:《论语集释》,《新编诸子集成》,中华书局 2014 年标点本,第 484 页。

具有威慑力的动物中，常有老虎或豹子的形象出现在中国岩画中。为什么是老虎？显然老虎与牛、马、羊、鹿这些动物不同，它不可能是人类的主要食物。岩画老虎的纹饰与鹿身上的纹饰常常相似，这种皮毛漂亮的动物颇受青睐，也能够给创作者们发挥空间。宁夏白芨沟有双虎岩画饰有漩涡纹；大西峰沟老虎岩画身体图案精致多样，有些是漩涡纹，有些是一些平行的条纹；宁夏大麦地老虎身上饰有平行的折纹。

涂绘类岩画中皮毛惨淡的动物形象会增多。金沙江流域的涂绘类岩画有许多动物图。这些动物与北方的磨刻动物图在题材选择上不一样，被称为野生动物图。相较凿刻类岩画，这些涂绘类的野生动物图没有表现出那么显著的皮毛癖与角癖。涂绘类野生动物图中，不仅有野猪形象，还有獐子等动物形象。

第三偏爱陆地动物。虽然中国许多区域有鸟类崇拜，但在中国岩画中却不常表现此类题材。也少有鱼类题材出现。所以天上飞的与水中游的不是岩画动物题材的主要取向，只有陆地的动物才是中国岩画创作者们都习惯的题材，这就与陶器文化发生了较大的差异。这种差异也不能完全用狩猎经济与农业经济的区分来解释。因为表现农业经济的南方岩画中鸟的题材更少。按照原始思维，岩画的创造载体石头与大地在一定的程度上影响着动物的题材选择。将天上飞的鸟，水中游的鱼，刻画在陆地上，使这些动物图像远离他们原本的生活环境，势必影响图像的生命活力，而无论是符咒还是崇拜，需要的都是更具有活力的图像真身。因此，岩画创作者们从载体的角度思考了他们的取材。

从题材选择来看，中国岩画的作者只对牛、羊、鹿这些动物情有独钟。这已经是不可用纯功利性的原因解释得通了。只能说这是他们的形式偏向。可能最开始的岩画创作者有这偏好，后来的人们也依例而循将这种偏爱延续了下来。

第四基本为写实性动物。除人面像中的动物特征表现外，岩画中的动物图像是非想象性的肖像描写。岩画中的动物图形建立在巫术作用的符咒基础上，必须保证基本的相似性才能使图像的符咒起到作用。岩画中很少出现新石器时期就已经完形的龙形象，不重视角龙形象的塑造，也不存在《山海经》里的异兽奇禽。岩画中的动物题材基本为写实肖像模仿。

上文说的是整个中国岩画的大体倾向。从单个地区来看，又可看出他们各有地域特色。宁夏岩画以羊为主体，青海岩画以牛与鹿为主体，相较而言，羊的形象大为减少，而宁夏岩画牛的形象相对青海岩画也大为减少。这可以说是两地食物不同的原因。青海以牦牛为主食，宁夏以羊为主食，但两个区域都同时保留了对鹿的喜爱。在岩画动物中，鹿是唯一一种既拥有漂亮的皮毛，又拥有美丽的角的动物。绘鹿又以公鹿或驯鹿为主，这都说明岩画创作者的形式偏爱。

从中国岩画的题材选择来看，岩画在选择画什么与不画什么时，透露出了它们的形式追求，这些追求与功利性的巫术与崇拜具有偏差，显示了岩画题材选择的审美可能。创画创作者们选择题材时既为功利性所牵引，也暗含他们的形式主张。

第二节　艺术中的选择

岩画图像的审美性更大地体现在它的艺术选择中。人们经常认为岩画艺术简陋，其中少有艺术的自主选择。岩画作品地域广阔，风格在一定的范围却有一致性，这正说明原始人艺术选择太少，所以常常撞图。但对世界岩画有所了解的人都知道，世界各地岩画的风格还是具有很多差异的。如澳大利亚岩画的 X 光风格，就很少在中国岩画中发现。从艺术技巧上思考，能发现中国岩画的许多艺术选择特征，这些特征说明了岩画创作过程的审美风格。

一　环境

岩画的空间选择包括作画环境、作画载体、画中的排列组合关系

第六章 中国岩画的三重创作心理

这几个因素。中国岩画的作画载体常与它的作画环境相联系，故这部分将一起论述。

中国岩画基本绘在漫山遍野的石头或石壁上，有些在临水的悬崖上，还有少部分在石棚或山洞里。将图像绘在石头上就已经表明了岩画创作者们的艺术选择方向。当时人们可以得到兽骨、龟壳、陶器等现在我们依然可以看到的作图载体材料，但岩画作者选择了石头。这种选择与原始人对石头的崇拜相关。在早期先民的眼中，石头也具有灵性。史书中石头有各种奇异功能。有时石头可以自由移动，如《汉书·五行志》载："孝昭元凤三年正月，泰山莱芜山南匈匈有数千人声，民视之，有大石自立，高丈五尺，大四十八围，入地深八尺，三石为足。石立处，有白鸟数千集其旁。"[1] 不仅如此，石头还常与人们的生殖期望有关。《通典》卷五五载："汉武帝晚得太子，始为立高禖之祠。高禖者，人之先也。故立石为主，祀以太牢也。"[2] 干宝《搜神记》卷七称："元康七年，霹雳破城南高禖石。高禖，宫中求子祠也。"[3] 高禖是人的祖先，常以石头的形式出现，皇家拜祭高禖以求子嗣。《礼记·月令》里有更详细的记载："是月也，玄鸟至，至之日，以大牢祠于高禖，天子亲往，后妃帅九嫔御，乃礼天子所御，带以弓韣，授以弓矢于高禖之前。"[4]

根据何星亮先生的研究，我们知道原始人的石神观念可分为三种类型："一为辟邪、驱魔之神。二是生育之神，三是保护神。"[5] 避邪、驱魔神与保护神都是被当作神来崇拜，只要供奉膜拜，另加祭祀就行了。第二种生育之神具有浓厚的巫术意义，更接近岩画中的凹穴。由此可见，岩画作画于石可包括各种信仰意义，石块也具有灵性，凹穴更是与生殖符咒相关。

---

[1] （汉）班固：《汉书》，中华书局1962年标点本，第1400页。
[2] （唐）杜佑：《通典》卷第五十五，中华书局1988年点校本，第1551—1552页。
[3] （晋）干宝：《搜神记》，中州古籍出版社2010年标点本，第148页。
[4] （清）阮元校刻：《十三经注疏·礼记正义》，中华书局2009年影印本，第2948页。
[5] 何星亮：《中国自然崇拜》，江苏人民出版社2008年版，第316页。

中国岩画的原始信仰及其审美生成

  选择岩画绘图，除了看中石的灵性，岩画创作还有其他的优势：岩画场景开阔，敞在天地之中既可吸收天地灵气，也可远观近摹，视野灵活；岩面平整，峭壁中岩面又可相互连接，为岩画的组图创作建立了足够的空间；开放的岩面周边，又为岩画的集体创作提供了可能，所以岩面的选择既有信仰原因，也有艺术原因。与大量绘制在洞穴深处的欧洲岩画相比，中国岩画基本可以算做露天绘画。中国大部分岩面的敞开性特征，也表明着它的独特性。

  在露天的环境中，中国岩画对山水特别钟爱。岩画创作者们具有依山傍水的作画习惯。中国岩画大都分布在山势峻奇的山崖峭壁上，或山脚下，因此中国岩画点的命名多以山名为主，如阴山岩画、贺兰山岩画、阿尔泰山岩画、花山岩画、黑山岩画、曼德拉山岩画、具茨山岩画等。有些岩画虽没有以山命名，但实际上也是绘在山上的，如青海通天河流域岩画、内蒙古白岔河流域岩画、云南沧源岩画采用了地名命名方式，但它们也是绘在崖壁上的。

  除山外，河流也是岩画创作者必选的环境。郦道元在《水经注》中对岩画的记载也多与水相关，如《水经注·江水》记宜昌县人面像："人滩水至峻峭，南岸有青石，夏没冬出，其石嶔崟，数十步中悉作人面形。或大或小，其分明者，须发皆具。因名曰人滩也。"[①] 看看一些中国岩画点的排布：黑龙江牡丹江崖画"面南向日，高出江面约 23 米"[②]；赤峰岩画分布于阴河与白岔河流域；青海通天河流域岩画排列在通天河两侧；贺兰山贺兰口的岩画分布在大峡谷两侧，中间是长久岁月中被山河冲刷成的河床；江苏连云港将军崖石刻靠近海边；福建华安仙字潭石刻位于汰溪盘旋而成的仙字潭上方崖壁上；贵州关岭县马马崖岩画临近北盘江上游的花江段；贵州开阳画马崖岩画处在乌江支流清水江旁的崖壁上；广西花山崖画高高悬挂在花山崖壁上，崖壁下

[①] （北魏）郦道元：《水经注校证》，陈桥驿校证，中华书局 2013 年标点本，第 758—759 页。

[②] 黑龙江省博物馆：《黑龙江省海林县牡丹江右岸的古代摩崖壁画》，《考古》1972 年第 5 期。

是奔腾的左江浪潮；香港东龙石刻、广东珠海石刻皆靠海……特别是人面像，更加明显地体现了这个特征，"据观察，所有人面形岩画，在古时，都镌凿在水源边。现在绝大部分的人面形岩画遗址边，仍有清澈可人的流水或常年不涸的潭水"①。山水环境结合起来看，有些岩画点的岩画很明显地选择了临水之山。如广西宁明崇左的花山岩画，岩画绘在临水崖壁上，崖壁还处于水流的转角处，而不临水的山，即使崖壁有类似的作画环境，也不能吸引先民们作图的愿望。如图6-5，左边的山因为临水，所以上面有大量的岩画，而紧挨着它的右边的山虽然崖壁上有一大片裸露岩面，但并没有岩画。

图6-5 花山作者摄自广西崇左

山水的神秘性让古人对之具有超越于现实的想象。人们常认为山是神仙出没的地方，"华山、青水之东，有山名曰肇山，有人，名曰柏高。柏高上下于此，至于天"②，郭璞认为柏高为柏子高，是仙人，所以在高山上神出鬼没。为何山具有这种神秘意义呢？因为根据古人的观察，山是天体出没的地方，"西海之外，大荒之中，有方山者，

---

① 宋耀良：《中国史前神格人面岩画》，上海人民出版社2015年版，第55页。
② 《山海经》，（晋）郭璞注，（清）郝懿行笺疏，上海古籍出版社2015年标点本，第389页。

上有青树，名曰柜格之松，日月所出入也"①。水也很神秘，古代传说中的河伯、龙王都住在深不可测的水中。《周易·系辞上》记载："河出图，洛出书，圣人则之。"② 帝王们也常在名山胜水处举行大型祭祀活动，《史记·封禅书》里述："天子祭天下名山大川，五岳视三公，四渎视诸侯，诸侯祭其疆内名山大川。"③ 人们对山水的敬畏早在远古时期就已经体现在了岩画的作画环境选择中。虽然山还没有成为岩画的题材，但岩画中已经有了水的形象，如新疆吐鲁番地区托克逊县柯尔碱村的柯尔碱沟沟南的一块花岗岩上的泉水图与台湾万山孤巴察峨岩刻以蛇状的水波纹和漩涡纹图。

除了依山傍水，有些地方的岩画还偏爱袖画于向阳的方位。如广西左江崖画"在方向上，画面大部分朝南或基本朝南，一部分基本朝向东、西，基本朝北的很少，朝向正北的目前还没有发现。这是什么原因？从地质上观察，崖壁画分布区内多有断裂带，而断裂带多为西南——东北走向，故而沿断裂带而形成的石壁多朝向东、西方向。但是，在左江两崖，朝向正北而作画条件良好的石壁仍然不少。"④ 阴山岩画"通常分布在避风向阳的地方，由山的南面山腹，一直延伸到山顶，或在山沟北岩，画面迎南或迎东，而向北的岩画极少"⑤。人面像更是喜爱向阳的一面，如苦菜沟的人面像"位于乌海市海勃湾区东北10公里处，这里崖高谷深，岩画从沟口开始，集中分布在南部峭壁上，北部崖壁有少量分布，与召烧沟的风格类型大体一致。共统计画面23幅，57个单体图像"⑥；宋耀良在《中国史前神格人面岩画》中

---

① 《山海经》，（晋）郭璞注，（清）郝懿行笺疏，上海古籍出版社2015年标点本，第356页。
② （清）阮元校刻：《十三经注疏·周易正义》，中华书局2009年影印本，第170页。
③ （汉）司马迁：《史记》，韩兆琦译注，中华书局2010年标点本，第2169页。
④ 覃圣敏、覃彩銮、卢敏飞、喻如玉：《广西左江流域崖壁画考察与研究》，广西民族出版社1987年版，第150页。
⑤ 盖山林：《阴山岩画》，文物出版社1986年版，第5页。
⑥ 朱利峰：《环太平洋视域下的中国北方人面岩画》，中国社会科学出版社2017年版，第82页。

指出人面像喜爱对着阳光,因为"至今在完全背阴处,无见有人面岩画镌刻"①。将岩画绘制于阴暗处使人难以窥见,与将岩画放置向阳处获得阳光熠熠之辉,是两种截然不同的岩画处理方式。欧洲洞穴岩画与中国岩画在这方面走向了两个不同的极端。

岩画的环境选择虽然具有一定的信仰基础,但从审美鉴赏来看,岩画的环境选择倾向于开阔明亮的山水宝地。岩画独特的载体——视野开放的岩面,使岩画更可能是集体创作的作品,更具有开发性。岩画依山傍水、面朝阳光的位置选择又正好形成了岩画面向天地、视野辽阔的体验空间。

二 用色

岩画中的涂绘类是具有色彩的,在中国岩画中,绝大部分的色彩都是红色。金沙江流域、广西、云南、东北山林这些地方的岩画都以涂绘类岩画为代表,它们的颜色基本为红色。对原始人的色彩体验来说,鲜艳的颜色会更有效果。早期社会素色并不受推崇。"秦始皇时以紫绯绿袍为三等品服,庶人以白。"②《山海经》中记载的表示祥瑞的事物常以五彩的形象出现。到了后来的绘画中,原始图像对鲜艳多彩颜色的喜好慢慢被淡化了。从总的趋势来说,中国传统绘画注重的不是色彩,而是笔墨,如南朝谢赫把"骨法用笔"放在"六法"的第二位,再者色彩也被水墨所代替。

早期发展阶段的人们还不懂苍璧祭天、黄琮礼地式的礼文化祭祀,崇拜的东西往往是与生存最直接相关的事物,这种习惯也称为拜物教的倾向。岩画取材明显地表现出了信仰的重要,牛、羊、鹿这些常用题材都与食物相关,而生殖岩画又直接与繁衍相关。就算全部用信仰论来解释,对大部分人来说似乎都行得通。如陈兆复先生所说:"先民们为什么制作岩画,其目的如何?其功用何在?对此,我们首先会

---

① 宋耀良:《中国史前神格人面岩画》,上海人民出版社2015年版,第91页。
② (宋)郭若虚:《图画见闻志》,俞剑华注译,江苏美术出版社2007年标点本,第19页。

想到岩画与宗教的联系。"① 所以人们用自然崇拜、祖先崇拜、图腾崇拜、生殖崇拜、丰产巫术、生殖巫术等信仰来解释岩画的作图目的。而岩画的颜色也表现了他们对生存目的的重视。

原始人对血的崇拜显露了他们对"红色"满怀畏惧的心理。血对原始人来说具有很不一样的意义。鄂伦春族血祭风气浓厚，他们认为血是祭祀神灵的佳品。鄂伦春族的萨满在进行萨满仪式时要抢着喝禽兽鲜血；高原地带广泛相传着血祭传统；汉族文化中也有歃血为盟的典故。对血的质量也有一定的讲究，祭祀祖先神的时候鄂伦春人会"将野兽心脏里的血或大鱼脊椎骨上的血逐一抹在众神的嘴上，认为这种血是干净的"②。狩猎过程中人们时有受伤，很容易发现在血大量流出后，人的生命力便会随之衰竭。血对人们来说持有神秘的力量。在这种认知中血所代表的红色自然更受原始人欢迎。不过红色毕竟不是血，原始人将两者混在一起，又是相似律在起作用。

还有人将原始艺术的红色解释为生殖崇拜中的经血崇拜。如苏北海与孙晓艳在论述新疆的彩绘岩画时论到："在对生育奥秘的探索过程中，又发现了女性有了经血，才能怀胎生育。一经怀孕，经血中止，待分娩后经血才恢复，由此而错认为人由经血形成，于是产生了崇拜女性经血，尚红也就成为母系氏族社会的重要观念。如山顶洞人在尸骨上涂抹红粉，即象征对女性生殖器的崇拜。在唐巴勒塔斯洞窟中的几个女性生殖器均突出红色，同样是体现了既重视对女阴的崇拜，也重视对经血的崇拜。富蕴县唐巴勒塔斯正中岩壁赭绘的女阴，左面第一个女性生殖器，外面所包红色圆圈既宽又大，特别显著；在其左上方的阴户，更全部绘在红色之上，而整个红色底也是阴户形状。位于右及下方的阴户也均包了一个红色椭圆形圈，可知母系氏族社会中对阴户及经血的重视，原因就是那时人们把经

---

① 陈兆复：《古代岩画》，文物出版社2002年版，第163页。
② 蔡家骥：《鄂伦春族的原始信仰与崇拜》，满都尔图等编《中国各民族原始宗教资料集成·鄂温克族卷·赫哲族卷·达斡尔族卷·锡伯族卷·满族卷·蒙古族卷·藏族卷》，中国社会科学出版社1999年版，第51页。

血也视为人的本源。"① 对经血的崇拜不是所有岩画使用红色的原因，可以将其看作对血的崇拜的一种。

原始人喜爱红色的原因还有另一种解释。格罗塞《艺术的起源》中述："每一个小孩都知道牝牛和火鸡看见了红色的布会引起异常兴奋的感情，每一个动物学者，从热情的狒狒的臀部红色硬皮，雄鸡的红冠，雄性蝶螈的交尾期间负在背上的橙红色等事实，都能观到动物用红色来表示第二性征的显然的例子。这种种事实都证明红色的美感，是根本靠着直接印象的。然而在另一方面，这种直接印象在人身上所生的效力又因着感情上强烈的联想而增加，也是真的。"② 格罗塞的解释更偏重于人们对红色这种形式本身的情感爱好。

应该说前两种解释都是有可能的。格罗塞的是一种审美的解释，而前两种都是信仰的解释。因为"红"与生命中"血"的颜色相通，导致格罗塞的解释虽然很有道理，但也没办法完全论证原始人偏爱红色是因为他们具有一种与生存无直接功利因果关系的情感偏向。

原始信仰对颜色有着特殊的要求。云南哈尼族的祭龙仪式选择牲畜时要求毛色纯正，"猪、鸡等，要用一定毛色，猪必须是纯黑，不能有半点杂色。这种毛色的选择，在许多祭祀中都是讲究的。它根据不同地区、民族和不同祭祀的需要，选择不同，有时尚白，有时尚黑，但都不能有杂色，只有纯才能起到它本身的作用。在人们的意识中，牺牲物之混杂不纯，即等于祭祀之心不纯不虔。色纯才能意真，意真才能对鬼神发生影响。"③ 与畜类不同，鸡这一类牺牲又要用彩色，如《山海经·西山经》记："其十辈神者，其祠之毛一雄鸡，钤而不糈，毛采。"④ 山海经中五彩的禽类多为祥瑞，如《南山经》："有鸟焉，其状如鸡，五采而文，名曰凤皇。首文曰德，翼文曰义，背文曰礼，膺

---

① 苏北海、孙晓艳：《新疆母系氏族社会时期的洞窟彩绘岩画》，《岩画》（1），中央民族大学出版社1995年版，第74—75页。
② ［德］格罗赛：《艺术的起源》，蔡慕晖译，商务印书馆1984年版，第48页。
③ 张紫晨：《中国巫术》，上海三联书店1990年版，第79—80页。
④ 《山海经》，（晋）郭璞注，（清）郝懿行笺疏，上海古籍出版社2015年标点本，第47页。

文曰仁，腹文曰信。是鸟也，饮食自然，自歌自舞，见则天下安宁。"①凤凰是鸟类中最为圣洁高贵的动物，它的羽毛五色备具，《说文》："凤之象也，鸿前鹿后，蛇颈鱼尾，鹳颡鸳思，龙文龟背，燕颔鸡喙，五色备举，出于东方君子之国。"② 目前来看，畜类的颜色以纯正为吉，鸟类以五彩为吉，而岩画以纯正的红色为主。

颜色的多种解释显出了确定意义的难处。偏向功利性的巫术论、信仰论的解释是可能的，偏向情感、形式直观的审美论的解释也是可能的。但仅是一种可能。对审美最有优势的比例也只是各占一半，并不能有力证明原始艺术的审美起源问题。

三 空间组合

岩画上图像的排列组合也体现了空间意识，当然与后世艺术相比，这一点并不明显。"原始人的美术图像缺乏构图意识，还没有显示出创造空间概念的能力和抽象的机能"③，这样说可能有些过于绝对。与成熟绘画相比，岩画的构图意识可以说相当薄弱。岩画中的构图缺陷与早期人构图技巧不成熟相关，但他们也不是毫无选择余地，因为岩画的排列组合都具有一定的模式。

岩画中很多图像出现了打破重叠关系。如沧源岩画中"图形有重叠现象，一块崖壁往往画过许多次"④；西藏任姆栋岩画点"可以看到各期岩刻的重迭现象，诸如中期的狗复盖在早期的图像上，晚期的豹重刻在中期的羚羊身上，或是晚期的鹿叠压在中期的鹿上"⑤。打破重叠关系是因为不同的历史时期人们在同样的位置作图。因为属于不同历史时段绘制，所以这种重叠组成的效果不是创者们有意识的构图效果。

---

① 《山海经》，（晋）郭璞注，（清）郝懿行笺疏，上海古籍出版社2015年标点本，第19页。
② （清）段玉裁注：《说文解字注》，中华书局2013年点校本，第149页。
③ 户晓辉：《岩画与生殖巫术》，新疆美术摄影出版社1993年版，第118页。
④ 汪宁生：《云南沧源崖画的发现与研究》，文物出版社1985年版，第19页。
⑤ 陈兆复：《中国岩画发现史》，上海人民出版社2009年版，第158页。

第六章 中国岩画的三重创作心理

岩画中的组合关系主要指同一岩画群体所创作岩画呈现的空间意识。中国岩画中一些图像的排列展示了选民们显著的方位意识。在云南沧源、广西左江岩画中都发现了站立图。站立图有时是人站在人的肩膀上，如沧源的曼帕岩画点就有一幅双人叠立图。图像记录的是一个人站在另一个人的肩上。上面的人双手向侧平举，前臂向下弯；下面的人用双手扶着上面人的双脚，如图5-3的右侧。有时是一个人站在动物身上，这多出现于人骑行图或骑射图中，广西左江还出现了人站在狗上的图案。有时是两只动物上下排列。站立图是上下方位意识的呈现。在很多岩画中还有水平排列图像。一系列的人或动物站成一排，或站在一根横线上。在云南、广西、新疆、内蒙古都有此类岩画。这些属于基本的线性排列，原始人已经掌握得很好。大的图像将小的图像包容进去。宁夏贺兰山回回沟的一幅牛图，长2.01米，高1.01米[1]，此幅图被称为巨牛图。巨牛图的腹部还刻了五只小羊。岩画中的母子图也多采用此种方式，母亲图像会包容下幼崽图像。

就单个的物体而言，有些动物在图像中处的方位也是较为固定的。如鹰时常处于图像的上侧，以象征鹰在实际生活中的位置。在祭祀岩画中，被崇拜的对象也会处于图像的上位，或中心的位置。如新疆呼图壁人物群像图，祖先神在石壁的上方，表示子子孙孙的小人物在石壁的偏下方。这是以构图的上下方位来表示图像中角色的地位。而在广西左江岩画正面的大型人物周围排布着小型人物或侧身人物，形成众星拱月的格局。这两种方式都是后来宗教壁画的基本格式。

有些符咒岩画与祭祀岩画会用线条在岩面上划分空间，以强调图像之间的联系。如云南沧源丁来1号点的"村落图"将村子用圆圈圈起来，形成了村里与村外两处场地。村子里的干栏式建筑沿着这根村落线正好转着一个圆圈，并被这根圆圈线封在村内（如图5-11）。大多数情况下，中国岩画是以一根线条来连接图像空间的。广西花山岩画常在祭祀人物脚下绘上一条线，这条线可能是船只的象形，表示这

---

[1] 陈兆复：《中国岩画发现史》，上海人民出版社2009年版，第111页。

些人正在船上举行祭祀活动。大多时候这条线表示陆地。如内蒙古、云南等地都出现了这样的空间划分，尤其以云南沧源岩画为代表。

沧源岩画的多个岩画点除了有明确的祭祀形象、神的形象，还有很多的生活场景，反倒是符咒图不是很突出。沧源岩画迎面而来的生活气息，冲淡了岩画中的信仰牵引。沧源岩画更多的是劳作场面，而且多为群体性劳作。如图5-1的村落图，图右侧有四行近乎平行的横线，横线上有人有动物，大家基本依着横线而站，看起来是在田垄中合力劳动。图上中下各处都有类似的横行，一组横行表示一组群体，横线将横线上的人物与动物归为了一个空间。除了丁来1号点的村落图，沧源岩画曼帕岩画点、勐省岩画点、洋德海岩画点都有类似的划分空间的横线。在曼帕岩画点与勐省岩画点这些横线还会上下起伏，像山脉的走势。横线上的人物大小也绘得较为一致，有些甚至动作都比较统一，可见作画者们是用横线来表示一群特定的角色。

一般来说图像除了平面空间还有展现深度空间，也就是角色与背景的关系，以及图与底的关系。岩画图像的构图没有明确的山水背景衬托，图像缺乏深度背景。中国岩画的深度空间只是指它的图与底的关系。比起现代设计图，这方面岩画更加简约，甚至远没有岩画平面空间设计那么复杂。岩画的纵深层次只有两层：图与底。岩石就是岩画的"底"，再加上岩画，只有两层，非常质朴粗放。

在前文的"勾勒与通凿"那一部分我们已经比较过，欧洲洞穴岩画会将凿刻与涂绘两种方式叠加运用。再加上欧洲洞穴岩画的色彩有时候有红黑两种，这就很容易形成三个层次的图底关系。如他们画一头涂绘式的野牛，先用棕红色打底子，再用黑色加以渲染，红色图层上还有一层，图已经有两层，加底为三层。有些地方的图像还在牛角、背脊、眼睛等处进行刻凿，如法国哥摩洞穴的彩牛图。[1] 与之相比，中国岩画用色较为单一，线刻与涂绘两种技法彼此独立，所以大都没有利用色彩与技法涂绘出三层关系。中国岩画要在通体轮廓上表现出

---

[1] 陈兆复、邢琏：《外国岩画发现史》，上海人民出版社1993年版，第53页。

细节怎么办呢？以贵州岩画人物图像为例，我们可以发现贵州岩画人物图先用红色颜料勾勒出人物的轮廓，但它并不是通体平涂，而是在人物面部留下几个空白，表示人物五官。贵州岩画以岩面为五官，与传统绘画"计白当黑"的手法异曲同工。

中国岩画纵深的简单化不仅仅是颜色的问题。如云南麻栗坡大王岩画有黑、红、白三种颜色。可这三种颜色的使用是并置的，除了眉眼点在白色脸谱上，多了一层图，其他颜色运用更像脸谱式方法，是颜色的并列掺杂。所以云南麻栗坡大王岩画依然是图与底的两层关系。

就岩画的对象表现来看，也可以呈现三层关系，那就是"X光线风格"的作品。这类岩画会画出动物的骨骼，甚至可能是内脏。它就像"X光线"一样，揭示了动物皮毛下的内部事物。中国岩画对皮毛底下的骨骼、内脏也不太感兴趣，大都用涂绘手法。

中国岩画的空间组合主要用力在平面组合中。中国岩画能多方位地运用平面组合中的方位意识，确定图像的空间位置。但中国岩画的纵深组合表现不突出，比较依靠图与底的二项关系。与欧洲洞穴岩画相比，中国岩画更注重图像的轮廓刻画，所以没有将注意力放在物象局部细节，这再一次表现了中国岩画的物象绘制的整体观念。

四　程式化倾向

与其他早期艺术一样，因为是集体创作，岩画图像呈程式化倾向。新石器时陶器、玉器等各器物都已经具备程式化特点，才使人们对它们的文化特征进行归纳总结。在民间的大规模器物制造中，一直都具有这种倾向。程式化倾向在文人的审美经验中越来越被排斥。我们看看中国古典时期对图像的期许，并将之与岩画对比，就能很明显发现二者之间的差异。

中唐时期的韩愈得了一幅"虽百金不愿易也"的画，特为之做《画记》。我们看韩愈对得意之作的记载如下：

> 杂古今人物小画共一卷。骑而立者五人，骑而披甲载兵立者

十人。一人骑执大旗前立，骑而披甲载兵行且下牵者十人，骑且负者二人，骑执器者二人，骑拥田犬者一人，骑而牵者二人，骑而驱者三人，执羁靮立者二人，骑而下倚马臂隼而立者一人，骑而驱涉者二人，徒而驱牧者二人，坐而指使者一人，甲胄手弓矢鈇钺植者七人，甲胄执帜植者十人，负者七人，偃寝休者二人，甲胄坐睡者一人，方涉者一人，坐而脱足者一人，寒附火者一人，杂执器物役者八人，奉壶矢者一人，舍而具食者十有一人，挹且注者四人，牛牵者二人，驴驱者四人，一人杖而负者，妇人以孺子载而可见者六人，载而上下者三人，孺子戏者九人。凡人之事三十有二，为人大小百二十有三，而莫有同者焉。

马大者九匹。于马之中，又有上者、下者、行者、牵者、涉者、陆者、翘者、顾者、鸣者、寝者、讹者、立者、人立者、龁者、饮者、溲者、陟者、降者、痒磨树者、嘘者、嗅者、喜相戏者、怒相缇啮者、秣者、骑者、骤者、走者、载服物者、载狐兔者。凡马之事二十有七，为马大小八十有三，而莫有同者焉。

牛大小十一头。橐驼三头，驴如橐驼之数而加其一焉。隼一。犬羊狐兔麋鹿共三十。旃车三两。杂兵器弓矢旌旗刀剑矛盾弓服矢房甲胄之属，瓶盂簦笠筐筥錡釜饮食服用之器，壶矢博奕之具，二百五十有一，皆曲极其妙。①

韩愈论画只讲画中所绘内容，对图画的布局没有涉猎。对韩愈来说，判断图画价值在于"莫有同者焉""皆曲极其妙"。他全文重点在于论及画中人物众多，而各不相同。这种观念并不只韩愈一人，表现物象各自不同是中国人物绘画的趣味之一。张择端的《清明上河图》，中国传统绘画中最常见的百子图等都是如此。而百子图又常常忽视图像的构造布局，艺术的重点在塑造不同的形象。

早期艺术与之不同。岩画在乎的是类的塑造，所以可以忍受千人

---

① （清）董诰等编：《全唐文》卷五百五十七，上海古籍出版社1990年影印本，第2496页。

一面，千篇一律这样的艺术走向成熟后坚决排斥的模式。大部分岩画是集体创作的遗留，这也导致了他们集中于类的创作。新石器时期的陶器，商周的青铜器也有类似的现象产生。一个时期的陶纹与青铜器纹不仅有较为一致的艺术风格，甚至还有较为一致的题材选择。陶器与青铜器中的程式化倾向多多少少受铸陶，或铸铜模型的影响。瓷器的类似与同一个窑使用的原材料与工艺手法相关。岩画显然并不受限于此。因为制作工具的相对简单，岩画程式化的表现受工具的影响不如其他作品，这也直接影响了工艺手法对岩画图像制作的限制范围。在写实模仿的过程中岩画的作者们表现出了一致性。为了确定图像的类别，岩画图像具有程式化特征，如牦牛拱起的背，对称的角；鹿大而长的角；鹿马具有一定的固定身形等。当然因为岩画的不精确性，有的图像是会反程式化。如青海玉树的统吉岩画 QBT-1 画幅最上方是一鹿，但体形极为肥壮，更靠近牦牛的体型（如图6-6）。

图6-6 狩猎选自《玉树岩画》

岩画的类似更直接地受到各地的信仰与经济的影响。经济的差异造成狩猎业、畜牧业、采集业、种植业图像的不同。而信仰如对人面像的信仰、对符咒的信仰、对偶像的信仰当然也会在图像中表现出来。

这些差异表现在不同地区的岩画会有不同的特征。如西藏岩画在取材上就与其他地方不同。（1）相较而言，除大量的可食类哺乳动物外还有少量的鸟形象。如大小扎西岛上的鸟形图。（2）有较多的天体符号。如尼玛县夏仓、尼玛县加林山、班戈县其多山洞穴、革吉县盐湖发现了太阳或月亮的图案。（3）有本地域宗教信仰的雍仲符号。（4）有塔的形象。（5）牛的形象中主要为牦牛。（6）在绘制风格上，西藏主要体现了"S"纹的横向装饰。如西藏日土县扎布的一幅公鹿图（如图6-7）。与西藏相似的青海玉树岩画又具有自身的特征：（1）牛的图像为牦牛图。牦牛的形体有起伏动感。（2）对羊的塑造漫不经心，喜爱带有大角的鹿。（3）牛、鹿等动物图要大大多于骑射图。而宁夏岩画的特征是：（1）具有大量的羊图案，且羊的图案常以抽象简化形式出现。（2）有许多的人面像图像。（3）具有纹饰各异，面积较大的虎的图案。左江花山岩画艺术特色：（1）多有人物图像，且人物图像弯膝、侧身。（2）是涂绘类作品。颜色为红色。（3）人物图像之间有一定的排列关系。不仅是单幅成图，塑造的是大型的祭祀场面，具有一定的写实意义。（4）各个画面以正面蛙形人物为中心，附设狗、舟、人群图像。云南沧源岩画特色与之相近，涂绘作品，颜色为红。但与左江不同，人物没有表现出蹲踞特征，少侧身。构图意义多样，不仅仅是祭祀场面，还有生活场面。再看看以抽象岩画为主的河南。河南凹穴岩画的特征如下：（1）多为抽象式图案，主要以凹穴、网格纹、沟槽为主。（2）与其他地方凹穴的简单排列不同，河南凹穴的排列非常有秩序。（3）对状凹穴的排列暗含了二元对立思维及二进制思维。可见各地岩画都呈现了地方特色，表现出了较为集中统一的风格。风格的一致正是程式化的表现。这说明岩画的创作在一定的程度上是集体行为，具有集体一致性的目的。

中国岩画中的人面像最接近神的构图，有些很可能已经是神的化

图6-7 公鹿选自《中国岩画全集》

身了。人面像以圆为主。中国岩画的人面像多为圆形、椭圆形，或近于椭圆的核形。在某些区域中，岩画中的人面像已经在保持较为统一的风格。如连云港将军崖直线式格子纹的人面像；大西峰沟的连目纹人面像；苦菜沟、毛尔沟与召烧沟中的芒纹人面像等。有些地方并没有达到程式化水平，如大麦地、贺兰口等地的人面像风格多样。大麦地岩画中的人面像有纵目的、有连眉的；贺兰口的岩画的人面像有核状的、羊纹、秃发的、花冠状等几种类型。这说明人面像的功用处于偶像与牲祭之间，还没有完全神格化。人面像在各自的区域中拥有近似的风格。

除了各个地域的风格，在总体上，由于早期的信仰与艺术表现习惯相通，中国岩画也有一些共通之处。我们知道神像的刻画是程式化的。图像模式较为固定，注重形体外貌，少有动态刻画。就算有动态刻画，也以程式化为主。黑格尔指出："雕刻和绘画特别适合用理想的形式表现个别的神，[……]因为雕刻和绘画之表现本身真实的东西，只是表现它的自己对自己发生关系的客观存在，而不是表现它与许多其他有限事物的错综复杂的关系。"[①] 神超越自然的神圣意义，很大程度上是来自于神的某种永恒意蕴的形成。在这方面，偏重于时间

---

① [德]黑格尔：《美学》第1卷，朱光潜译，商务印书馆1979年版，第225页。

艺术的诗歌、音乐都不如偏重于空间艺术的绘画、雕刻来得直接、容易。绘画、雕刻在以神像诱导民众时借助于程式化的手法，使图像的某种表达获得了永恒的超自然意义。时间性的诗能轻而易举地描绘神的变化。神的变化与神的永恒是相矛盾的，这也是柏拉图在《理想国》中批评诗人的论据之一。程式化的造型艺术更能表现神永恒性的静穆高贵。就中国绘画而言，早期绘画是人物绘画，常为孝子烈女功臣等肖像绘画，是表彰性的功用绘画，后来才将注意力转移到故事中。但当绘画越重视情节表现，就越脱离永恒肖像表现。绘画中会具有更多的世俗、生活气息。岩画图像也有故事，比如射猎图，但这种故事非常单薄，只是一个单一事件场景的陈述，场景与场景之间没有明确的联系。那些拥有千篇一律，大同小异题材的岩画图形是以肖像的方式呈现出来的。因为是肖像式表达，所以岩画图像不避讳图像的相似性。

岩画中的人物图像虽常呈现出不同的动态，但程式化倾向依然明显。如新疆呼图壁县康家石门子沟岩刻中大部分人物做着统一的手臂 S 形动作。右手向上甩，左手向下甩。广西左江岩画人物多为蛙形动物。广西左江的侧面人物图也是双腿弯曲的。这些人物图像具有深厚的仪式意义。云南沧源岩画倒三角形的人物躯干形成该地区人物形象的显著风格。沧源岩画的倒三角形更像是一种艺术塑造风格的形成，因为岩画中无论是大型人物，还是小型人物都可见倒三角形身躯。

动物图也是如此。如鹿角的绘制以多权为好。《中国各民族宗教与神话大词典》载赫哲族"萨满各派品级，均以其所戴神帽上鹿角枝权的多少来区分。鹿角权数，约为分三、五、七、十二和十五等级别"[①]。《赫哲族社会历史调查》同样记载："鹿角每枝的权数多寡而分品级高低；鹿角的权数有三、五、七、九、十二、十五共六个等级。八岔乡一带的萨满戴十二权的鹿角神帽为品级最高者。各地区的萨满品级不

[①] 《中国各民族宗教与神话大词典》，满都尔图等编《中国各民族原始宗教资料集成·赫哲族卷》，中国社会科学出版社 1999 年版，第 222 页。

第六章 中国岩画的三重创作心理

同,戴的鹿角神帽杈数多寡各异。杈数越多,萨满的本领越大。杈数的多少决定于祖先萨满和自己的本领。"① 这些文献记载符合中国岩画鹿的塑造重视角的特点。

中国岩画的一些组合呈现了多次出现的组合搭配。中国岩画的符咒的结构由表意部件、物象各部分的组合这两个功能相组成。表意部件主要包括箭、生殖器、手印、圆穴等符号。祭祀的图像结构由动物、人物组成。动物为牲祭,人物为萨满或巫觋,其中带皮毛与角的动物是可以辅助萨满或巫觋的通灵物。崇拜图像由人面像、大形人物、形体位置显著这三个功能形成。

在太阳的表征中,太阳是与人面相结合的。陶器中的太阳纹有时表现为鸟纹。《山海经·大荒东经》记载了日载于鸟的传说:"汤谷上有扶木,一日方至,一日方出,皆载于鸟。"② 《淮南子·精神训》有"日中有踆鸟"的记载。陶器中鸟纹又与旋涡纹相组合,马家窑期彩陶中"鸟纹通常画在瓶或盆的外壁,并同旋涡纹组成统一的画面。为了让两种纹饰取得协调,鸟纹本身也便旋涡纹化,使得多数只有头部保持鸟的形状,身体有时变得难以辨认。"③ 鸟纹与旋涡纹、重圈纹,及重圈纹中心加一点类似。旋涡、鸟纹、重圈纹都与太阳图相关。在仰韶文化的陶器中,特别是马家窑文化中太阳图案常与鸟相结合。太阳图案在彩陶上表现为重圈纹与旋涡纹。马厂文化中有四大圆圈纹。"鸟纹经过一个时期的发展,到马家窑期即已开始旋涡纹化,而半山期的旋涡纹和马厂期的大圆圈纹,形象拟似太阳,可称之为拟日纹,当是马家窑类型的旋涡纹的继续发展。可见鸟纹同拟日纹本来是有联系的。"④ 岩画中具有很多重圈纹,但中国岩画没有太阳与鸟相结合的

---

① 《中国少数民族社会历史调查资料丛刊》修订编辑委员会黑龙江省编辑组:《赫哲族社会历史调查》,满都尔图等编《中国各民族原始宗教资料集成·鄂温克族卷·赫哲族卷·达斡尔族卷·锡伯族卷·满族卷·蒙古族卷·藏族卷》,中国社会科学出版社1999年版,第222页。
② 《山海经》,(晋)郭璞注,(清)郝懿行笺疏,上海古籍出版社2015年标点本,第338页。
③ 严文明:《甘肃彩陶的源流》,《文物》1978年第10期。
④ 严文明:《甘肃彩陶的源流》,《文物》1978年第10期。

纹饰。岩画图像创作与"日中有乌"的传说属于另一个创作领域。岩画中太阳最常见的组合搭档是人面像。太阳与鸟相结合的传说大概是解释太阳是如何运行的。鸟负日而飞，才使太阳朝起于东，晚落于西。太阳人面像在偶像领域是神格化的现象，在符咒与祭祀领域是人面对太阳能量的吸收与利用。

除了太阳与人面像，凹穴与人面像也常组合在一起。"在亚洲中国阿拉善左旗贺兰山西麓的双鹤山、敖包图山早期人面岩画中间夹杂着许多圆穴，有些轮廓内的面部器官也简化成几个圆穴与线段的排列组合。这种凹穴和线段等抽象符号的人面像组合构图在亚洲中国阴山、贺兰山以及巴丹吉林沙漠中的比重逐渐增多，表现出从东向西越来越抽象化的特点。［……］北方草原地带，只有人面岩画分布的地点才发现凹穴，基本上可以确定这些凹穴都是作为人面图像的伴生图案而出现的。"[1] 除了北方，在江苏连云港将军崖的人面像旁也发现了凹穴。人面像的意义是神或祭祀用的面具，起着沟通人神的作用。凹穴可以表示生殖或星宿。

中国岩画的程式化比陶器、青铜器、玉器与后世瓷器中的程式化程度要低。一来，岩画虽是集体所做，却不是国家权力的集中体现。二来，与器物相比，岩画图像还显粗犷，未能达到那样精致的程式化水平。

五　最大轮廓化原则

先民们偏爱投影式轮廓取象。学者们已经注意到了岩画轮廓绘制的特征。如盖山林先生说："岩画所表示的物象主要是供人远观的，在物质条件和当时技术手段的局限下，先民们难于刻画细部，故把对象外形高度简化，舍弃细节，强调主要特征，只把握基本形。"[2] 陈兆

---

[1] 朱利峰：《环太平洋视域下的中国北方人面岩画》，中国社会科学出版社 2017 年版，第 181 页。

[2] 盖山林：《中国岩画学》，书目文献出版社 1995 年版，第 202 页。

第六章 中国岩画的三重创作心理

复先生也认为:"岩画主要是抓基本形,绝大部分是五官也不画的。"① 两位先生所说的基本形,就是指物象的投影轮廓。

投影轮廓的取象规律是世界岩画的一个共通点。不仅发生在原始艺术中,也发生在古典艺术中。沃尔夫林(Heinrich Wolfflin)在《艺术风格学》中论述了艺术中线描风格与涂绘风格的不同。线描风格艺术意味着:"首先在轮廓上寻找事物的感觉和事物的美——内部的各种形体也有其轮廓——意味着眼睛沿着边界流转并且沿着边缘摸索。"② 沃尔夫林讲的线描风格便是按照投影轮廓绘画的艺术风格。他认为波提切利(Botticelli)、拉斐尔(Raphael)、丢勒(Albrecht Dürer)的作品是线描风格的艺术代表。在他们的作品中,围绕影廓的边线具有最重要的作用。

西方绘画的线描风格后来渐渐被涂绘风格所取代,中国绘画却一直将轮廓取象当作主要绘画准则。中国画家画的桌子常常是远处的桌面大,近处的桌面小,违反透视规律。可如果是投影,桌子的物象就应该是远处桌面大,近处桌面小。中国画家不仅是轮廓取象,还真正做到了投影中的"投"字,产生了远处大近处小的物象。在我们的画论中也常强调轮廓的重要性,如董其昌说"有轮廓而无皴法,即谓之无笔;有皴法而无轻重向背明晦,即谓之无墨"③。这句话虽是为了强调"画家以皴法为第一义",但从轮廓、皴法、明晦向背这三个层次来看,轮廓是最基础的。

在轮廓取象的基本上,我们还可以发现,中国岩画遵循的是最大轮廓化原则。最大轮廓化原则指在取象时,尽量截取对象最大面积的轮廓。在中国岩画,甚至是世界岩画中,动物的图像多为侧面影像,人物的图像多为正面影像。这是因为,对于动物来说,它的侧面影像

---

① 陈兆复:《中国岩画发现史》,上海人民出版社 2009 年版,第 374 页。
② [瑞士]海因里希·沃尔夫林:《艺术风格学》,潘耀昌译,中国人民大学出版社 2004 年版,第 26 页。
③ (明)董其昌:《画禅室随笔》,《四库全书》第 867 册,上海古籍出版社 1987 年影印本,第 448 页。

要大于它的正面影像，而人物影像正好相反。早期的绘画中常出现"歪曲远视法"，阿恩海姆称其为发散透视（Divergent perspective），"聚焦透视隐藏事物旁边的平面，而发散透视将他们展示出来"[①]。"歪曲远视法"常将岩画中的图像的正面与侧面同时结合在一个图形中。这种绘制方法也表现了取象的最大轮廓化原则。

　　最大轮廓化原则在动物岩画中表现得最为明显。动物是岩画中最常见的题材，以中国岩画的分布来看，北部与西部的岩画中动物主题图像要多于人物主题图像。这些图像不约而同地都采用了最大轮廓化原则：以动物的侧面影像绘制动物。为了更进一步地贯彻这种原则，有些岩画截取了动物身躯的侧面和头部的正面。如青海天峻县卢山的一幅野牛图，牛角合成一个圆形，分明是正面取象，而身躯依然采用侧面的影像（如图6-8）。中国南部的岩画以人物为主题，相对而言不太擅长绘制动物。比起北部和西部，南部岩画的动物图像更遵循最大轮廓化原则，图像将四肢如实记录。而北部与西部岩画中已经出现了大量的两腿动物，这便打破了动物绘制的最大轮廓规律。打破最大轮廓规律可能有两个原因：1. 这些作品本身就有优劣之分。2. 除了最大轮廓化原则，先民已经在探索不同的技法。

图6-8　牛选自《中国岩画全集》

---

　　① Rudolf Arnhelm, *Art and Visual Perception*, Berkeley and Los Angeles, University of California Press, 1974, p.195.

第六章 中国岩画的三重创作心理

中国岩画的人物图像中也表现了最大轮廓化原则。中国块面岩画中人物的身躯多取像正面，广西与云南两处的岩画涂绘人物，基本为人物正面模样。有些侧身人物，身躯的肩部也经常是展开的，形成了正侧面的风格，在西部与北部块面岩画的狩猎图中可见此类形象。中国岩画中大部分的人物形象都是正身人物形象。人物形象中的蹲踞式人物更符合最大轮廓化原则。蹲踞式正面人物类似"蛙形"，"蛙形"人像在中国早期艺术中具有非常重要的地位，青铜器、陶器、岩画图案中都早有此人物图像。对"蛙形"人像的意义，学术界一般认为是生殖崇拜或祖先崇拜的形象或神人图像。从信仰方面说可能是"蛙形"与生殖力强的"蛙"相似，所以才拥有超越现实的各种功能。除了信仰原因外，"蛙形"人像的塑造最符合最大轮廓化原则。这样不仅能将人头、躯干、四肢展示出来，还能将大腿、小腿、上臂、下臂依次展现。

除动物、人物外，器物也常以最大轮廓化原则塑造。岩画中的器物主要包括鼓、刀、车、船等物。刀是扁平状，最适合用最大轮廓化原则绘制，岩画是如此，后世也是如此。比起刀，鼓更具有立体性，先民们却只绘出了鼓面。鼓面当然比鼓身的侧面轮廓要大。船是侧面形象，因为侧面的轮廓从正面轮廓大。以上三者的表现，在古典绘画中也是可以看到的。但原始时代"车"的表现就完全违背透视法。绪论表格中有一张岩画的车图。这是一幅从上面、左面、右面三个视点获得的图像。每一个视点都保证了轮廓的最大化。中国岩画的车图最能表现最大轮廓化的智慧。在绘画时，创作视角可以从多个方向投射到一个物体上，使物象的整体轮廓多方位地呈现在图像中。青铜器中的神兽面孔有时是两个侧面的结合体，如1992年发掘的侯马铸铜遗址出土青铜器的陶鼎足模就是如此（如图6-9）。现代绘画如毕加索的许多画中一个人面可以同时出现两边侧脸也属于这种风格。

最大轮廓化原则是早期艺术的通用风格。整个欧亚大陆上的车图都使用了最大轮廓化原则。印度马哈德山崖岩画人物躯干是正面的，腿部与脚却从侧面取象，腿部的曲线起伏有致。人们经常谈论的埃及

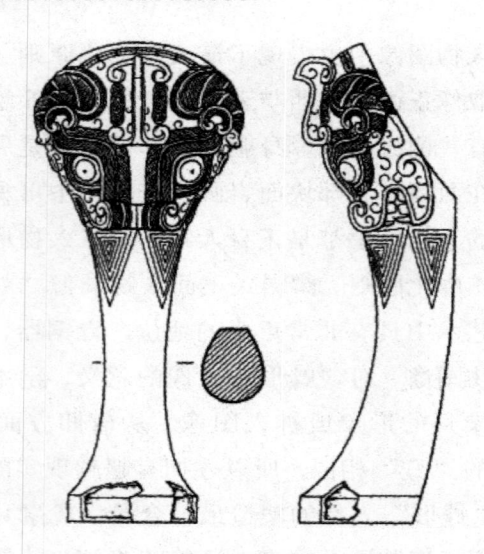

图6-9 兽面陶鼎足模选自山西省考古研究所侯马工作站
《1992年侯马铸铜遗址发掘简报》

正侧面人身像，也属于此类原则。这说明早期绘画经常使用最大轮廓化原则。最大轮廓化原则凸显了两层意义：先民们按事物所是取象，而不是按视觉所是取象；先民们在取象时偏好截取图像最大面积的视角。最大轮廓化原则是不为视觉所囿的整体化作图选择。

中国岩画中的人形图像已经在开始打破最大轮廓化原则，而偏向侧面人物。最有代表性的是广西左江流域的人物图像。广西左江流域的人物除了很多蛙形蹲踞式人物图，还有许多侧身蹲踞式人物图。如我们在第五章以大为美那一节所述，左江岩画的正面人物要尊贵于侧身人物，而正面人物像才符合最大化原则。这说明，虽然广西左江人物塑形已经打破了最大轮廓化原则，但从身份的尊贵上可见最大轮廓化原则依然在一定程度上起作用。早期人习惯使用最大原则技巧来塑造更重要的人物。打破最大化原则的原因很多，有些是被抽象手法所打破，如贺兰山的抽象羊图。但贺兰山的羊图依然是侧身取象。有些是为了区分正面人物形象的身份而选择侧身形象，如广西左江岩画。但这些打破不能否认岩画创作的最大轮廓化取象原则。

岩画在以线或块面塑象时，不仅对轮廓、侧影感兴趣，还遵循了最大轮廓化原则。为什么会这样呢？按照沃林格的说法，原始人的平面选择，是由对空间关系的恐惧而造成的平面选择。"这种倾向于对平面的表现不能理解成，人们只对轮廓，对侧影感兴趣，因为，这样一种侧影绝不会呈现一个独立自足的材料个性的图象。那种倾向于对平面的表现必须理解成，深度关系必须尽可能地转化成平面关系。"①因为生疏于空间表现，所以原始人将空间的深度转换成图像上的多角度视点平面，最大轮廓化原则恰好能做到这一点。

六　尚圆

原始人有尚圆倾向，如我们古代的天圆地方观念，早期器物的圆形器型、纹饰中的各类圆形纹都表现了这点。圆是一种完整、不单一的图形，很容易得到人们的注意力。

在人眼睛的塑造上可以看出中国岩画的尚圆意识。眼睛具有超自然的法力，在原始意识与宗教意识中都有所表现。《妙法莲华经》中述："若三千大千国土满中夜叉、罗刹欲来恼人，闻其称观世音菩萨名者，是诸恶鬼尚不能以恶眼视之，况复加害。"在中亚地区甚至有恶眼之诅之说，被人盯着看可能被眼睛所诅咒，所以是不能盯着别人的孩子看的。苏美尔人的神话中，Enki 的女儿被判官用"死亡之眼"注视而死；埃及有荷鲁斯之眼，是反抗恶魔之眼的神力之眼；中国成都的战国船棺墓葬也出土过蜻蜓眼。在五官之中自然之物的眼睛的神力最受重视。

岩画中人面像的眼睛大都是圆形。岩画在人面像上突出了圆的特征。岩画中的人面像大多倾向于圆形，除了脸的轮廓是椭圆形的或者圆形的，五官也以圆为主。特别是人面像中的眼睛，甚至有重圈纹出现。而新石器文化时期饕餮等兽面纹有很多是横斜形。如石家河文化晚期的湖北钟祥六合 W9：1 玉兽面，湖北天门肖家屋脊 W7：4 玉人

---

① ［德］W. 沃林格：《抽象与移情》，王才勇译，辽宁人民出版社 1987 年版，第 39 页。

头像。这些玉面像眼睛不是圆形，而都为横斜形（如图6-10）。横形的眼睛与三星堆的面具很相似。三星堆出土的青铜面具面部棱角分明，双眼斜长，更靠近方形。当然玉器上神人兽面纹的眼睛也可能是圆形的，如良渚文化玉琮上的神人兽面纹就有很多是有线刻重圈为眼睛。

图6-10 玉兽面与玉人头像选自朱乃诚《从龙山文化四种玉器的文化传统看濮阳地区在中国文明形成中的重要地位》

岩画中的人面像与青铜器中的兽面纹十分相似，很多是圆瞳圈眼。只不过青铜器中的兽面纹常用卷云纹做修饰，而人面像是太阳纹与横线饰成的类似于髼面的图案。岩画中的有些人面像不是圆瞳圈眼，而是弧线性眼睛，如贺兰山贺兰口的一些人面岩画。这些弧线形的眼睛依然属于圆形的一部分。只有极少数的人面像的眼睛是横斜形的，如内蒙古阴河流域与莫勒赫图沟的一些人面像，眼睛便为横斜状。如图6-11，左图为莫勒赫图沟人面像，右图为半支箭人面像，都为横目。

中国岩画中的太阳像都是圆形，大部分的太阳人面像也是圆形。中国岩画中常见太阳形象，却很少有弯弯的月亮图像。中国岩画中天体图像的选择以圆为主，最常见的就是太阳。喜爱太阳既是原始人对发光、发热东西的向往表达，也是对圆形图像依恋的呈现。中国岩画中的圆形凹穴、重圈纹、漩涡纹这类的几何图像也显示了岩画创作者

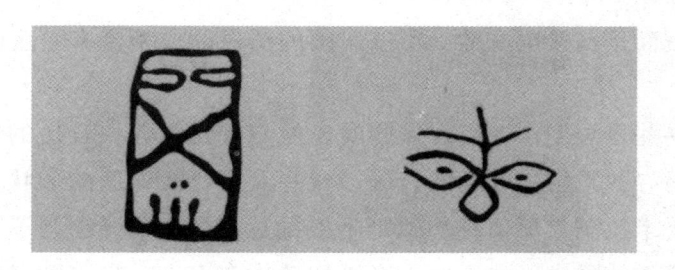

图 6-11　人面像采自《环太平洋视域下的中国北方人面岩画》

们对圆形图案的喜爱。中国岩画中的舞蹈图出现的圆圈舞说明了圆形至少是早期群体舞蹈中的主要阵型之一。

　　无论是从古代出土的器物，还是岩画都可以看出古人对圆形的好奇与膜拜。较之于方形、三角形等其他图形，圆形更频繁地出现在早期人的创作中。圆形在大自然中随处可见，本身的形状又非常规整，容易得到人们的喜爱。无论是原始时代，或是古典时代，或是当代，圆形都是艺术中常见的形状。

第三节　偶然性创作机缘

　　对事物的信仰的选择具有偶然性的机缘巧合，用图像表现信仰的过程中也有偶然性的因素参与。艺术创作过程中，因为偶然性机缘而影响创作的现象我们常用灵感来表示。早期的艺术因为是集体创作，工艺集中，观念类似，创作者很难有个体发挥空间，这也是造成早期艺术程式化倾向的原因。不过，这还不能完全排除岩画创作中也存在的偶然性机缘。这些机缘与个体的灵感不同，属于集体性的发生机缘。

　　一　形式的机遇

　　岩画的作画载体是岩石，这就意味着原始人不能像我们一样随心所欲地选择我们的绘画载体，而在很大程度上他们要迁就作画载体。

岩画的石面是自然生成的，所以岩画的图像的成型带有更多的偶然性机遇。

当一些岩画创作者们在作画时，他们首先要寻找合适的岩面。有些人只是寻找平整、开阔的岩画，有些人要寻找岩面的形状。如西班牙阿尔塔米拉洞穴那幅受伤的野牛根据石面的起伏，绘制了一个蜷缩起来的受伤的野牛形象。创作者画的动物有多大，应该画它们什么动作，都要看他们是否能碰到一个形状合适的岩石。这样的创作过程当然有许多的偶然性。同样美国约内达风格的人面岩画就是利用岩画转角与石面的突起制作人面像。"约内达风格的人面岩画与前两个风格相比较特别突出眼睛的刻画，并有一些独特的表现手法在其他地方极其罕见。一是在岩石的作画位置选择上显得别具匠心，作画者时常会刻意选择将人面对称凿刻在岩石的转角两侧，人面图像从岩石的正面看是半张面孔，从侧面看则能欣赏到整个面部轮廓，这成为北美洲西南内陆地区特别是美国新墨西哥州的一种独特风格。二是利用石面上的特殊肌理作画，通常是将石面上天然形成的圆形或者椭圆形瘤状凸起作为瞳孔，进一步在周围刻画出同心圆轮廓和其他面部器官，这样的手法在三河的同心圆符号中也很常用。"[1] 我们可以认为这些岩画作者们是就地取材。这种创作活动，除了创作者们具有固有的刻画模式，还需要在取材过程中获得艺术的灵感。

正如冈布里奇所说："我们得说期待、猜测、假说，是它们影响了我们的经验。我们常常见到：这种期待变得如此强烈，以至使我们的经验跑到刺激环境前头去了。"[2] 从冈布里奇的理论看，创作冲动要受两个条件的激发。一是人们的心理期待，二是刺激。刺激带有一定的偶然性，虽然创作经验、创作目的可以影响刺激，但刺激依然是一个重要的前提。岩画作者们心里已经获知了各类动物形象，创作时具

---

[1] 朱利峰：《环太平洋视域下的中国北方人面岩画》，中国社会科学出版社2017年版，第200页。

[2] ［英］冈布里奇：《艺术与幻觉》，周彦译，湖南人民出版社1987年版，第282页。

有某种心理期待，比如说想画一头牛或一只鹿，他们观察石头时就要以心理期待对岩石进行心理投射，必须有一块与他们的心理期待具有一定相似性的岩石，才能完成创作。这块岩石是偶然的，所以这些岩画需要心理期待与外部刺激的偶然性结合，也就是某种灵感的产生。不同的岩画作者对不同的石头纹理会有不同的想法，此类岩画在一定程度上是不可复制的，岩画也便有了瞬时艺术的魅力。

中国岩画也是这样。在岩画制作中，从山脉地势的选择，到岩面的选择，再到图像的落成都伴随着某种偶然因素。这可能是作者突发奇想的，觉得这个位置更有光照度，那块岩石更加平滑或者宽阔。实际上在艺术创作中很难完全摆脱偶然性的创作心理，它可以说是无处不在。至少，审美经验在某种程度上决定着作画者的瞬时选择。为什么看到这块石头就会想起牛呢？为什么不主动寻找像兔子的石头呢？为什么觉得这块岩石就适合画岩画呢？为什么觉得画在这里非常合适呢？甚至在用笔成像时，还会时常被灵感催促、诱惑着，觉得就应该这样画！中国岩画的规则性并不严谨，时常流露出随心所欲的规则喜好，似乎岩画中点的图案化，线条的重复、对称、均衡，块面的象形等都是仰仗灵感突发的情感判断。如凹穴所组成的星辰图案。星辰的排列在原始艺术中是无序的。凹穴如何凿刻、排列，凹穴与凹穴之间是否有精确的计算。如果没有，那么凹穴之间的排列组成的是偶然性的结构。

有些大群岩画中，为了将各种图像绘制在一起，争夺有灵崖面，没有办法为每一个图像都寻找到合适的平整岩面，有些时候就必须直接在岩画的转折处作画。如广西崇左花山岩画的岩面常是凹凸不平的，岩面的显著起伏影响了岩面的视觉效果（如图 6 - 12 与图 6 - 13）。

二　信仰的偶然

除了岩画的艺术技巧，题材选择也存在偶然性机缘。原始信仰中有许多偶然性的机缘。如人们对柳的崇拜。"在众多的树种中，鄂伦春人尤其崇拜柳树，认为柳为净物，最为圣洁。凡神偶、神像多选柳树悬挂。当疾病、瘟疫、传染病、流感、白喉等侵染氏族时，即要举

中国岩画的原始信仰及其审美生成

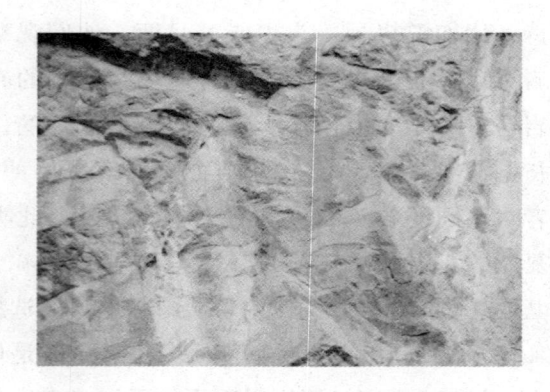

图6-12 花山岩画作者摄自广西崇左

图6-13 花山岩画作者摄自广西崇左

行以柳祭神仪式，祈祷瘟神远离氏族。"① 鄂伦春人崇拜柳是因为他们认为柳可以辟邪驱灾。但同样是柳崇拜到了另一个族群那里，却可以发生不同的信仰意义。如满族敬柳却是因为他们有柳叶可繁衍人类的传说。"满族为什么敬柳？原来，当阿布卡赫与恶魔耶鲁里鏖战时，善神们死得太多了，阿布卡赫赫只好往天下飞去，耶鲁时紧追不放，

---

① 郭淑云：《中国各民族原始宗教资料集成·鄂伦春族卷序》，满都尔图等编《中国各民族原始宗教资料集成·鄂伦春族卷》，中国社会科学出版社1999年版，第9页。

第六章 中国岩画的三重创作心理

一爪子把她的下胯抓住,抓下来的是一把披身柳叶,柳叶飘落人间,这才生育出人类万物。"① 还有许多类似的相关传说。不同的题材在不同的地域会发生不同的意义。

从凹穴的形成文献中可以看出,最早是因为人们相信通过接触大地上的脚印可以达到生殖效果。当然岩画的凹穴创作完全可以出现在文献记载之前。虽然缺乏相关文献,但我们可以推想,最早认为凹穴有用的一群人,一定有一个契机让他们达成这种认识。人们不会无缘无故觉得凹穴或脚印与生殖相关,可能某个人接触过某个凹穴后被发现怀孕了,联系起二者的关系,有后来者听闻皆去接触,有后人再怀孕,在只有证实而无证伪的原始思维中,凹穴会引起怀孕的结果是很容易被推导出的。因为凹穴较之其他的图案属于容易被人们接触到的类型,它制作简单,人们只要往地上一开工,必然是从凹点开始的。大自然的雨水或河水的冲刷也容易形成凹穴。所以凹穴成为世界上出现频率广泛的生殖符号。当然凹穴与子宫的类似是使它容易成为生殖符咒的另一原因。可后来在文献的发展中,为什么有些是洞,有些是脚印,这就具有地方性的特色了,毕竟洞与脚印还是有一些差别的。

再说人面像的制作。中国岩画中人面像的样式种类繁多,特别是黥面纹,各有差异。即使是风格类似的人面像,黥面纹也很难一致。对原始人而言,不同的纹饰代表着不同的意义。人们出战、狩猎、远行会有不同的纹饰,不同年龄、性别、身份,甚至运势,也会拥有不同的脸部纹饰。当这些差异表现在人面像的黥面纹时,就在较大的程度上打破了人面像的程式化制作。有些人面像当然已经具有程式化的统一风格了。但更大的范围内,人面像纹饰制作是千差万别的。我们已经没有办法知道,当制作某个人面像脸部纹饰时,那人是老、是幼、是壮、是弱,是为了什么具体的目的,而他们最近又遭遇到了什么,运势

---

① 珲春满族:《喜塔拉氏萨满神谕》,满都尔图等编《中国各民族原始宗教资料集成·鄂温克族卷·赫哲族卷·达斡尔族卷·锡伯族卷·满族卷·蒙古族卷·藏族卷》,中国社会科学出版社 1999 年版,第 485 页。

又如何？但从人面像黥面纹的多样变化来看，也许这些都在纹饰里。两个人塑造人面像可能是出自同一种目的，但因为这两个人的身份不一样，甚至是他们的趣味不一样，都会在人面像中出现纹饰不同的现象。

信仰原因存在着很多偶然性的因素。这些信仰本身就带着很多偶发事件的情感倾向。正如文字的能指与所指之间的联系是约定俗成的一样，信仰在一定的意义上也带有约定俗成的意义，并不都存在必然的逻辑性。

三　阐述的偶然

一定时期的约定俗成、心理期待会对图像造成影响。如唐人喜爱韩干的肥马。唐人尚微肥，无论是美人还是骏马，都以丰肌健骨为美。唐代画马高手韩干画的马与唐以前颈长体瘦的马风格迥异。韩干的《牧马图》《照夜白》画的是唐时的名马，皆臀肥膘厚，丰肌体圆，见肉难见骨。韩干所绘马的身躯与颈脖的长度比一般的马要短一些。唐代马匹的走形不仅发生在韩干的绘画中，其他画家也集体屏蔽真马形象。张萱《虢国夫人游春图》中三花马骏发肥硕；李照道的《明皇幸蜀图》中骏马身躯为近似鸡蛋的椭圆形。与前人相比，唐人画马更加写实。唐之前的马画的是龙的形象："螭颈龙体，矢激电驰，非马之状也。"[①] 唐之前的马是清骏矫健之美。宋以后的美人图作者也集体失明，为了突出美人们纤细不胜的弱柳身姿，多采用削肩蜂腰的美人形象。"蜂腰"还可以说是美人标准的选择，"削肩"的形象忽视了人有肩的事实，观宋以后的美人图多为有胳膊，有颈，而无肩。促成这些审美倾向产生既有特定的时代原因，也充满着人们偶发性的激情。我们可以以唐代的健朗自信、宋代的温柔内敛来阐述时代风格的差异，但没有办法解释同样健朗自信的时代为何会与唐保持差异，如当代人并不尚肥，毕竟尚微丰的审美风尚是唐代独有的。

对岩画的解释为了追求本质性的目的，常常否认偶然性的现象。

[①] （唐）张彦远：《历代名画记》，人民美术出版社1963年点校本，第188页。

第六章　中国岩画的三重创作心理

人们认为欧洲洞穴岩画的分布具有一定的规则。"在大多数实例中，野牛或古野牛被绘在最好的平面位置上，这一点也得到一致确认。同样明显的是，马总是画在显眼的位置，或与牛同处一个画面，令人想到这两类动物是形象配置中主要的角色或对手。"① 按安德列·勒鲁瓦-古昂的说法，在洞穴岩画中牛与马是最常见的动物题材，它们经常被画在最显著的位置。同时，洞穴岩画还出现了大量的雌性符号与雄性符号。所以马与牛应该是两种性符号的象征。在岩画创作中性题材与动物题材都属于出现频率高的图案，是岩画中的重要题材。将重要题材画在创作载体的显著位置是大多数创作者的自然选择，正如绘画中画家会将中心题材放置在显著位置。根据位置推论图案的内在联系，多多少少带有强迫性的理论偏执，而忽视了一些联系的偶然机缘。试想，一个对中国绘画理论不太了解的外国人，仅凭考古材料，他也许会发现绘画到了唐代时，画中的山水逐渐出现在画卷的显著位置，而人物由以前的显著位置退隐于山水之间。恰好这个外国人也笃信生存与繁衍是人最重要的本能，可能他也会得出一些山水与人物之间的雌雄两性联系。而且他能找到很多绘画中的实物材料来举证他的性符号思路。

　　许多研究领域都与思维中结构主义理性思路一致。这些研究认为他们的研究对象具有严谨缜密的内在结构，对象各元素之间根据一定的规律而组合在一起。但最终许多领域都发现偶然性的元素行为充斥于人类活动中。目前，从结构主义思维中发展出来的，并取得了巨大成就的语言学领域不得不又回到语用学的研究，以一定区域人的生活习惯来解释一些无法用语言内在规律完全解释的语言运用现象。即便是物理学领域也已经出现了量子轨迹不可确定的观点。量子物理学的最大突破之一就是承认了物体运动轨迹的不可确定在客观世界的存在。在人类创造活动中，不确定性更早被注意到，特别是在艺术活动中。中国书法的大小错综、节奏韵律都是于规则中穷尽变化，充满了个性，

---

① [法]安德列·勒鲁瓦-古昂：《史前宗教》，俞灝敏译，上海文艺出版社1990年版，第77页。

及一时一地的创作机缘。既然客观世界与主观参与世界都存在不确定的行为，那么岩画创作中具有这种行为也是可以接受的。

中国岩画的阐释也是如此。如上文论述符咒部分所说，岩画中的弓箭不仅是射猎的工具，同时它还具有生殖意义。弓箭在人物对射图、狩猎图中大量地表示了它的生殖符咒含义，甚至有时候直接运用到人物交媾图像中。弓箭的箭起连接作用，等同于将人物联结起来的横线。如新疆阿勒泰地区吉木乃县塔特克什阔腊斯一处岩面上两人物相对而立，人物之间有一横线相关联。弓箭的确定信仰意义在无生殖器官刻画的图像中，既可以表示是狩猎巫术，也可以表示生殖连接巫术。对其符咒的解释就存在了不确定性。牺祭中的动物也是如此，有些动物是牺祭，有些动物可能已经是动物神了。人面像也是介于牺祭信仰与偶像崇拜之间。

所以，应该承认岩画的图像创作受不确定性的偶然性因素影响。图像虽然被信仰所限制、主导，但在一定程度上创作过程中的偶发性因素会或多或少地决定图像的落成。

第七章　中国岩画图像建构的意蕴张力

在中国岩画图像中巫术思维与宗教思维处于显性地位，审美意识、审美体验处于隐性地位。从岩画的图像分析中可以推断岩画作者们的作画习惯、作画技巧，以及他们的思维特征。在这其中原始人的信仰思维起着主要的引导作用，除此之外，中国岩画还表现了人们的情感、兴趣，以及在认识大自然的同时，甚至是之前，人们对大自然的想象与亲近。原始人不只具有以功利为目的的逻辑理性思维，他们用巫术、拜神控制世界的同时，在岩画的图像上也处处流露着他们的情感偏好与精神趋向。岩画创作的巫术崇拜思维与情感偏爱、信仰追求与审美体验相互影响，它们交融于一处，相互提升，也相互牵制，共同形成了岩画创作特征。与欧洲洞穴岩画、非洲岩画、澳大利亚岩画等相比，中国岩画的原始信仰与审美生成又有其独特的地域特征，显示了这个地方原始先民的生命情怀。

第一节　多种起源观

岩画的起源虽然大多归为巫术，但是人类心理机制的机源受到多种理论影响，众说纷纭，并无定论。在艺术起源中审美活动居于后列，而在人类心理机能前后分析中，审美又并没有处于明显的劣势地位。

艺术上的阐释与哲学、心理上的阐释是不同步关系。

一 艺术的起源

艺术可能产生于劳动、巫术、模仿、游戏、季节符号等。这些理论要不就极力说明人们在做其他事情时，慢慢衍生出后来意义上的艺术，也就是独立的审美活动；要不就认为审美的艺术是人们工作之余的闲暇享受，总带着可有可无的奢侈色彩。

就原始艺术研究的近百年成果来看，对原始艺术起源的解释最有代表性的是以下几种。

第一，"为艺术而艺术"论。以 G. 特·莫尔蒂耶（G. de Mortillet）、M. 布朗（M. Boule）等人为代表。这种观点认为原始岩画形象本质上是审美的，因为人类有一种固有的天性，希望从艺术上去表现自己，"旧石器时代的艺术与宗教无关，纯粹是出于审美意识的装饰品，而岩画则是人类最早对美的追求的表现"[①]。

第二，目前最得到学术界认同的艺术起源论是以 1903 年 S. 雷纳克（S. Reinach）《艺术与巫术》为开端的巫术论，以及随之而来的以安德烈斯·隆梅尔（Andreas Lommel）为代表的萨满论。巫术论认为原始艺术是巫术行为，正是巫术的需要决定原始艺术的风格必然是写实的。人们要描写社会图像，如动物，是因为人们要"以魔术的交感性引诱它们"[②]。萨满论则强调了赎罪仪式与创作者的恍惚状态。

第三，法国安德烈·勒鲁瓦－古昂（Andre Leroi-Gourhan，又译为雷诺埃－古尔汉）依据史前洞穴岩画动物的出现率与分布情况得出的性符号论。他对欧洲 72 个洞穴进行详细分析后，发现这些洞穴岩画的动物形象有一半以上是马和野牛。通过考察这些牛与马的绘制特征与其身边的符号特征，安德烈·勒鲁瓦－古昂认为："旧石器时代壁画绘于中间部分的主题，无疑是一种将马与野牛或古野牛相结合的二元

---

① 汤惠生：《关于岩画解释的理论假说》，《岩画》（2），知识出版社 2000 年版，第 15 页。
② ［法］赖那克：《阿波罗艺术史》，李朴园译，商务印书馆 1937 年版，第 10 页。

主题。……它显然源于雄性与雌性象征的表现。"① 安德列·勒鲁瓦-古昂的阐述存在着过度想象。他在论证岩画的原始信仰时认为岩画的排布具有严格的规律，所以对岩画的肖像意义往往做了过度想象。如他认为妇女与野牛的轮廓线是为同一类型肖像符号，也就是他说的 a 组符号，这些符号处于中心位置时伴有外阴、伤口、手，远离中心位置时绘于窄小的过道、岩缝中，因此设想："在旧石器时代的人看来，这种地形断层的形状是否具有某种雌性意义，a 组符号出现在这类位置上，是否作为洞穴本身的补充部分。"② 这个推论至少有两个问题还需要解决。（1）妇女与野牛的轮廓线是否可以视为同一类。就如我们前文论证，中国学者将腹部空白，以线条勾勒的动物形象视为雌性这一点并不能完全得到实例的支撑，有时候岩画实例完全背离了这种设定。（2）是否只有 a 组符号才伴有外阴、伤口、手等被认定为女性的符号，所以 a 组符号不在中心位置时一定会出现在洞穴中更狭小的空间里以表示这是女性符号。如果这样，如何理解标有伤口与棒状符号的野牛，以及标有外阴与棒状符号的野牛的意义。如果棒状是雄性符号的话，为何它们也与外阴、伤口、手相伴？

第四，亚历山大·马沙克（Alexander Marshack）则持季节符号论。马沙克认为原始时期的人们已经掌握了相当的天文知识，他们注意到太阳、月亮在不同季节中的变化，并且将季节的变化运用动植物形象表现出来。原始艺术是季节符号的象征。如他分析拉斯科洞穴岩画一匹马周边类似箭的物体为树枝，"这个作品中的树枝可能与雄驹落地的时段有关，或联系到胎儿的初次显著增大的时段"③。

除了以上解释，还有史蒂文·米森（Steven Mithen）的信息论。他

---

① [法]安德列·勒鲁瓦-古昂：《史前宗教》，俞灏敏译，上海文艺出版社1990年版，第118页。
② [法]安德列·勒鲁瓦-古昂：《史前宗教》，俞灏敏译，上海文艺出版社1990年版，第116页。
③ Alexander Marshack, *The Roots of Civilization*, New York, McGraw-Hill Book Company, 1972, p. 220.

认为岩画是狩猎者提供的有价值的狩猎信息。① 此外，还有洞穴教堂、神话、女神母亲、猴子的艺术及牧羊人的涂鸦等说法。在这些理论中，人们做了各种推断，但除了第一种，大部分无关审美，这说明这些人类学家并不认为原始人具有审美判断力，审美应是逐渐从其他活动中慢慢发展、派生出来的。

中国学者中很多人将中国审美活动的起源与饮食文化联系起来。因《说文解字》中释：美，甘也。从羊从大。又释：甘，美也。从口含一。可以见出美与吃相关。"中国的美学发生学、审美语义直接来自于动物（羊）作为食物缘生形态的解释。或者可以说，中国古代的'美'是从食物、品尝、口味中来，甚至可能'美感'指的就是'品尝'。……诸如'美味佳肴'、'肥美甘醇'，甚至'食色性'等可能却是我国传统美学之正义！"② 如此说来，审美之所以发生是得益于人们对美食的向往，吃得舒服、痛快的感觉被称之为美感。

但美不仅仅与食相关。《说文解字》中的释义，只是文化小传统的语义考证，并不是绝对、唯一的起源线索。"重新进入历史的理论前提是，对中国文化传统做出'大'和'小'的区分，以汉字的有无为标记，前汉字时代的传统称为'大传统'，汉字书写的传统称为'小传统'"③。在大传统的文化考察中，美的起源至少还有"色"。半坡陶器的人面鱼纹、马家窑陶器的蛙纹、福建仙字潭岩刻、新疆呼图壁人物群像图等艺术品都与生殖繁衍相关。这些作品或者绘制会带来繁衍的动物形象，如鱼、蛙，或者直接刻画人物的生殖器官。这样看来审美其实是食与色的衍生物。

如此看来，艺术作品是以审美活动为中心的论点并不能应用于原始社会。原始社会与我们完全不同，因为他们没有独立的审美活动。审美活动只是文明社会的产物，正如谢林（Schelling）的论断，"艺术

---

① 朱狄：《雕刻出来的祈祷——原始艺术研究》，武汉大学出版社 2008 年版，第 325 页。
② 彭兆荣：《吃出形色之美：中国饮食审美启示》，《文艺理论研究》2012 年第 2 期。
③ 叶舒宪：《从文学中探寻历史信息——〈山海经〉与失落的文化大传统》，《文艺理论研究》2012 年第 2 期。

是很神圣、很纯洁的，以致艺术不仅完全与真正的野蛮人向艺术所渴求的一切单纯感官享受的东西断绝了关系……"① 依据这些观点来看，审美活动是后来发展的，它由其他的活动衍生而来，那么探寻"审美活动的起源"的目的就是看到底是什么活动衍生了它，这看起来也是个必须的课题。然而事实又不尽如此！

二 心理机制的起源

原始社会艺术活动的心理起源历来是各学派争论不休的学术热点，因为原始艺术活动的起源归属不仅是时代的特征，还意味着人类心理发展源头中的天性特征。在形形色色的艺术起源理论中，审美活动都是处于后生的附属地位。与这些观点不同的是美学家确定审美活动根源意义的努力。杜夫海纳（Mikel Dufrenne）在《美学与哲学》中提出：

> 在人类经历的各条道路的起点上，都可能找出审美经验：它开辟通向科学和行动的途径。原因是：它处于根源部位上，处于人类在与万物混杂中感受自己与世界的亲密关系的这一点上；自然向人类显出真身，人类可以阅读自然献给他的这些伟大图象。在自然所说的这种语言之前，逻各斯的未来已经在这相遇中着手准备了。创造的自然产生人并启发人达到意识。②

杜夫海纳提出了一个重要命题：审美活动是否是理性活动的基础？如果是这样的话，那么审美活动已经隐藏于任何的理性活动之中，它与认识活动的关系不是非此即彼的关系，而是亦此亦彼的关系。

审美活动可以成为一切活动的起点，在于它具有相当的独立意义，

---

① ［德］谢林：《先验唯心论体系》，梁志学、石泉译，商务印书馆1976年版，第271页。
② ［法］米盖尔·杜夫海纳：《美学与哲学》，孙非译，中国社会科学出版社1985年版，第8页。

中国岩画的原始信仰及其审美生成

甚至是成为与其他活动不同的一种独立性活动。在认识论意义上，审美活动是不同于理性思辨的认识方式。鲍姆嘉通用"aesthetic"这个词代指感性认识，康德认为审美是不同于认识活动、意志活动的情感判断。此时，审美活动只是具有了独立性，人们还没有认识到审美活动的根源意义。当叔本华、柏格森等人越来越注重直观的认识作用后，审美经验在人类活动中的根基作用已经呼之欲出。克罗齐进一步将直观联系于艺术，明确指出了审美活动与直观认识的相通性，认为直觉与艺术是统一的，"我们已经坦白地把直觉的（即表现的）知识和审美的（即艺术的）事实看成统一，用艺术作品做直觉的知识的实例，把直觉的特性都付与艺术作品，也把艺术作品的特性都付与直觉"①。也就是说审美活动是建立在不同于理性认识的直觉认识的基础上。

直观活动为何可以处于各种活动的根源部位呢，为什么可以成为理性认识活动，概念认识活动的基础？叔本华对于表象的论述概括了直观根源意义：

  在我们所有一切表象中的主要区别即直观表象和抽象表象的区别。后者只构成表象的一个类，即概念。[……]直观包括整个可见的世界或全部经验，旁及经验所以可能的诸条件。[……]并且这种直观不是从什么经验的重复假借来的幻象，而是如此地无须依傍经验，以至应该反过来设想经验倒是依傍这直观的。②

这样直观不同于抽象表象，抽象表象求的全部经验中的共性，在抽象之前就隐含了一个前导性指向，这种指向使抽象表象不够全面，总会发生偏差。更加全面的直观便处于抽象表象的根源部位了。克罗齐以直觉和概念的知识区分重述了这个问题。他认为认识活动分为直

---

① [意大利]克罗齐：《美学原理》，朱光潜译，上海人民出版社2007年版，第21页。
② [德]叔本华：《作为意志和表象的世界》，石冲白译，商务印书馆1982年版，第30页。

觉与逻辑两个维度,"概念的知识是什么呢?它是诸事物中关系的知识,而事物就是直觉品。概念不能离直觉品,正犹如直觉自身不能没有印象为材料"①,直觉独立于逻辑,逻辑依赖直觉而存在,概念的知识要依赖于直觉。

无独有偶,中国美学家更是很早就认识到直观的作用,甚至建立了以体验为核心的中国哲学思想。如老子的"涤除玄鉴",庄子的"心斋""坐忘",宗炳的"澄怀味象",严羽的"妙悟",王阳明的轻"口耳之学"重"身心之学",王夫之的现量说,等等。中国传统的审美活动是建立在体验、直观方式之上展开的,不精确于概念,在主客相互交流、转换的思维中获得超越性的、本真性的生命认知。

中西关于认识活动的研究都发现,在逻辑推理认知之前,还有直观性的体验认识。既然如此,我们只要证明原始人也具有直观认识活动,那么携直观、体验特征的审美起源问题就不攻自破了。很多的学者意识到了审美活动在原始社会中的独立意义,其中也包括人类学家。格罗塞虽然承认"原始民族的大半艺术作品都不是纯粹从审美的动机出发[……]审美的要求只是满足次要的欲望而已",但他同时认识到"艺术的原始形式有时候骤然看去好像是怪异而不像艺术的,但一经我们深切考察,便可看出它们也是依照那主宰着艺术的最高创作的同样法则制成的。[……]我们的研究已经证明了以前美学单单提过的一句话,至少在人类,是有对于美感普遍有效的条件,因此也有关于艺术创作普遍有效的法则"②。博厄斯认为:"世界上任何民族,不论其生活多么艰难,都不会把全部时间和精力用于食宿上。生活条件较丰实的民族,也不会把时间完全用于生产或终日无所事事。即使最贫穷的部落也会生产出自己的工艺品,从中得到美的享受,自然资源丰富的部落则能有充裕的精力用以创造优美的作品。"③ 分析学派学者

---

① [意大利]克罗齐:《美学原理》,朱光潜译,上海人民出版社2007年版,第34页。
② [德]格罗赛:《艺术的起源》,蔡慕晖译,商务印书馆1984年版,第234—236页。
③ [美]弗朗兹·博厄斯:《原始艺术》,金辉译,贵州人民出版社2004年版,第5页。

简·布洛克指出原始艺术"是艺术。因为原始工匠的作品与欧洲人关于艺术的定义相符合"①。

研究原始宗教的安德列·勒鲁瓦-古昂也承认:"大量的发现表明贝壳充当了饰品的构件,镶嵌在头饰或颈饰以及手镯或脚镯上。除了其审美价值与稀奇特点外,有关赋予它们的意义,目前所掌握的迹象还是屈指可数。"②

安德列·勒鲁瓦-古昂说:"大致可以确定的是,通过对各种奇特形状的关注而显示出来的是审美情感,而且这种情感,很可能还未从另一种性质的象征中明显地摆脱出来,对于这类象征,我们无法倒回去分析,但它们是接触到了宗教领域。"③

当然最早的论述要算维柯的《新科学》,维柯在《新科学》中首次论证原始人的思维,并提出他们的思维是一种诗性思维,"诸天神的寓言就是当时的历史,其时粗鲁的异教人类都认为:凡是对人类是必要或有用的东西本身都是些神。这种诗的作者就是最初的各族人民。[……]异教世界中最初的人们感到人类的必需和效用,凭他们自己虚构出而且信仰的那些可畏惧的宗教,先想象出某一批神,后来又想象出另一批神"④。虽然这种论断多多少少带着一些贬义,因为他认为"原始异教人类都是简单而粗鲁的,都是在极旺盛的想象力强烈支配之下,受到许多可怕的迷信牵累,确实相信自己在尘世间看到天神们"⑤,但是维柯确实已经指出了早期思维偏向于想象性思维。

岩画虽然更显著地展示了信仰的特质,同时又具有诗性、直观等审美特质。在岩画中的舞蹈愉神图中,大型舞蹈携有的节奏感与韵律

---

① [美]简·布洛克:《原始艺术哲学》,沈波、张安平译,上海人民出版社1991年版,第136页。
② [法]安德列·勒鲁瓦-古昂:《史前宗教》,俞灏敏译,上海文艺出版社1990年版,第77页。
③ [法]安德列·勒鲁瓦-古昂:《史前宗教》,俞灏敏译,上海文艺出版社1990年版,第75页。
④ [意大利]维柯:《新科学》,朱光潜译,商务印书馆1989年版,第9页。
⑤ [意大利]维柯:《新科学》,朱光潜译,商务印书馆1989年版,第6页。

感可激发人们昂扬振奋的活动体验；人面像中有谦卑忘己，甚至是舍己的神圣感与崇高感；绚烂红色与磨制平滑的线条是视觉形式刺激；甚至是功利性的巫术图也承载着人们对丰收、繁衍的向往。直白显露地表现功利性的岩画隐含着各种与审美特质相关的创作因素。信仰因子与审美因子相互纠缠，彼此相区分，又相融合。

第二节 多神信仰

即使是在信仰内部，岩画的意蕴也具有多义性。岩画与信仰相关。它的信仰属于复合型系统，不能单一解释。"岩画明显具有各种各样的起源与功能。不管岩画的宗教背景是萨满的还是图腾的。萨满与图腾正如有时所宣称的，它们不是岩画唯一的解释，而是岩画在很多途径中所表达的宗教系统。"① 岩画的信仰体系属于多神论，这使它的艺术哲学观接近感物说体系。

一 多神与感物说

岩画属于多灵世界，与多神论更加贴近。在宗教的起源问题中，多神论并不是学术界一开始的共识。"中世纪盛行的这一理论认为，宗教是以原始的启示开始的，这种原始启示若不是作为一种真正的和完美的宗教的启示，即唯一神教，则完全不可能为人们所理解。据说这种原始唯一神教只有犹太人保存至今，而其他的民族都把它遗弃，转而崇拜多神教和偶像。"② 在休谟的《宗教与自然史》中才以进化论的思维模式重点反驳了一神论更早的起源观念："神在被人类理解为一个强大但法力有限的、有着人类的七情六欲和四肢五官的存在之前，

---

① David S. Whitley, *Introduction to Rock Art Research*, Walnut Creek: Left Coast Press, 2005, p. 102.
② ［英］麦克斯·缪勒：《宗教的起源与发展》，金泽译，上海人民出版社2010年版，第164页。

先是被视为一个无所不知、无所不能、无所不在的纯粹精神,这种说法的荒谬程度,不亚于想象人类居住在棚屋茅舍之前就已住上了宫殿、在从事农业之前就已研究过几何学。心灵是由低级向高级逐渐上升的:它通过对不完善之物进行抽象,从而形成一种关于完善的观念;同时,通过慢慢在其自身框架的粗俗部分中区分出更高贵的部分,它学会了只把更加崇高和高尚的后者移置到神身上。"① 休谟从进化论的角度,感觉到早期社会人类处于更低端的思维状态。与多神论相比较,一神论代表着更集中、统一、完善的观念,所以早期宗教不应该是一神论宗教。人们对宇宙本源的发问,对第一因的探讨,以及逻辑上的无限前移推动了一神论的产生,一神论更多的是哲学上思辨的结果。

早期的思想中一神与多神观念经常相杂在一起。如斯多葛学派对神的认识。西方的自然神话学一派最早属于斯多葛派。斯多葛派的西塞罗在《论神性》中述到,因为具有共同的信念,早期人形成了自然宗教。西塞罗认为各个实质法律之上有高之于它的自然法则,实在法必须体现自然法的要求。依据自然法观念,西塞罗也认为诸神之上具有更高的信仰问题。神之上者的考虑使他们倾向了自然,这本是哲学意义上的抽象自然,"由于我们已经认识到神必定是一个活生生的、高于世上其他一切事物的神,因此在我看来,只有承认宇宙整体就是这个活生生的神,承认不可能存在比宇宙整体更优秀的事物,才能与这个观念相吻合。"② 所以神的本性是高于整个宇宙的最优秀的事物,由理性构成:"因此我们称之为本性的东西就是渗透并保护着整个宇宙的力量,这种力量并非没有感觉和理性。任何存在物,只要它不是单一的,而是复合的,都一定有某种构成原则。就人来说,这个构成原则就是理性,而动物的构成原则是类似于理性的一种力量,所有目的和欲望就是以这种原则为根据产生出来的。"③ 西塞罗在《论神性》

---

① [英]大卫·休谟:《宗教的自然史》,徐晓宏译,上海人民出版社2003年版,第5页。
② [古罗马]西塞罗:《论神性》,石敏敏译,上海三联书店2007年版,第66页。
③ [古罗马]西塞罗:《论神性》,石敏敏译,上海三联书店2007年版,第60—61页。

第七章 中国岩画图像建构的意蕴张力

中不止一次提到了人们对神的认识,神应该是高于一切以上的存在,规定着这个宇宙的秩序。

在多神论的世界中,斯多葛派又将之引向现实自然。他们擅长用比喻的方式来解释诸神,将传统的诸神解释为自然现象,"宙斯是天,赫拉是空气,德米特尔是大地"①。多神论除了斯多葛派自然神话学倾向,还有一类另外的英雄、常人的衍生方法。如古希腊神话作家犹希麦如在《神圣的铭文》(《圣史》)中将古希腊诸神还原为常人,埃里克·J. 夏普评道:"阿芙罗狄蒂曾是第一名妓,为她的情人喀尼拉所崇拜;卡德摩斯曾是西顿国王的厨师;哈耳摩尼亚曾是笛手。这种解释独出心裁,后被广泛接受为一种对于宗教起源的合理说明。在西塞罗、教会神父们、斯诺里·斯蒂吕松、大卫·休谟、赫伯特·斯宾塞以及西格蒙特·弗洛伊德等人那里,都可找到这一种或那一种形式的'犹希麦如主义'。"②所以多神论中神的来源常与两方面相结合,一类是自然现象,另一类是人类英雄。

中国的多神论中也常是此两类。日神为望舒、风神为飞廉、云师为丰隆、水神为河伯、火神为祝融,还有社神、雷神等,都为自然神。另一类从人的形象化身来的神。如太上老君由老子演化而来,还有作为门神的钟馗、秦叔宝、尉迟恭,被神话的关羽等都是人的形象。

通过比较可以发现,一神论更大部分是来自于理性思考的结果,多神论则注重当下生活的现实享受。人们把英雄转换为神,大都与现实功利原因有关,而不是形而上的思辨结果。与一神论关于世界的起源、第一动力的哲学思考相比,多神论具备更多的实用意义。多神论中的神更像法力强大的类人形象,并不会被认为是世界的创造者或形成者。无论是英雄化身,还是某个自然现象的主宰都具有更浓厚的实用主义与现实关联色彩。所以多神论与一神论相比,它所指向的思想核心不是秩序,而是功用。孔子的"唯天唯大,唯尧则之",老子的

---

① [英]埃里克·J. 夏普:《比较宗教学史》,上海人民出版社1988年版,第7页。
② [英]埃里克·J. 夏普:《比较宗教学史》,上海人民出版社1988年版,第8页。

"大音希声",庄子的"天地有大美而不言"等话语都已经具有了天地统一的秩序意识。而多神论的秩序是部分、碎片化的,每一类神都有属于它的特殊法则。

早期的多神观念与神话系统中已经成熟的诸如奥林匹斯山上的众神观念又不同。奥林匹斯山上的众神有最高神,其他神都服从他的管理。早期多神世界,每个神在他的领域都是至高无上的神,这种情况被麦克斯·缪勒称为单一神教:"信仰和崇拜许多单个的对象,无论它是半实体的还是非实体的,在这些对象中人们最初猜想有一种不可见的和无限的东西,而其中每一个,正如我们所看到的,都变成超越有限,超越自然,超越可理解的东西。"[①]

岩画的构图思维与多神论相联,始终是碎片化,局部性,注重现实与当下的。在岩画的符咒图像中符咒常有一种或几种特指的含义。这与十字架、佛教万字符等超越一切符号之上的象征意义是不一样的。岩画中牺祭的含义也非单一,而有特殊指向。岩画的偶像崇拜没有固定的超越大自然或现实以上的统一形象。这些图像都表明了岩画世界的图像各自为阵,没有构成一个稳定的系统。岩画关注的是生活中的局部事件,这样就会使它们与特定的物相联系。这也是感物说的思维来源。

在对审美创造的论述中,存在多种来源说,有说来源于人的情感,有说来源于记载志向。与自然界相关的主要是两种,一是天道,二是感物。天道认为文与道是相互统一的关系,最典型的代表是朱熹的文从道出说。在刘勰《文心雕龙》的《原道》篇中也有这样的记载:

> 文之为德也大矣,与天地并生者,何哉?夫玄黄色杂,方圆体分;日月叠璧,以垂丽天之象;山川焕绮,以铺理地之形。此盖道之文也。仰观吐曜,俯察含章,高卑定位,故两仪既生矣。惟人参之,性灵所钟,是谓三才。为五行之秀,实天地之心。心

[①] [英]麦克斯·缪勒:《宗教的起源与发展》,金泽译,上海人民出版社2010年版,第168页。

第七章 中国岩画图像建构的意蕴张力

生而言立，言立而文明，自然之道也。①

文中确立了道、文、创作者三者的关系。创作者体察天道而作"文"。再往前推，在《系辞下》中："古者包牺氏之王天下也，仰则观象于天，俯则观法于地，观鸟兽之文与地之宜。近取诸身，远取诸物，于是始作八卦，以通神明之德，以类万物之情。"② 刘勰的这段话基本是对《系辞下》的扩写。但他加了一点内容："高卑定位，故两仪既生矣。"这是对整个宇宙规律做出了总结。刘勰说的"道"是天地之道，指天地间的最高秩序。而《系辞下》更靠近多神的局部秩序。刘勰的文化系统更近似于一神论的最高秩序观。

剔除最高秩序的总结。在俯仰观察中，更多的是寻找物的感受。因为与自然的紧密关系，早期常有感物说。《乐记》有："凡音之起，由人心生也。人心之动，物使之然也。感于物而动，故形于声；声相应，故生变；变成方，谓之音；比音而乐之，及干戚羽旄，谓之乐。乐者，音之所由生也，其本在人心感于物也。"③ "人心感于物"是感于物的什么呢？这里并没有明确地指出是情感，到后来才发展成人感于物后形成的情感，如钟嵘《诗品》："气之动物，物之感人，故摇荡性情，行诸舞咏。"④《系辞下》中的"以通神明之德"是指符咒所具有的"灵性"，"人心感于物"不仅仅是指人被物所激发产生的伤春悲秋的情感，更可能指物因为代表神明，而神明的威慑力又对人产生了情感影响。因为是多神论的世界，神的性情和功用不一，万物带来的情感必然不同，这就要求人类以符咒去"类万物之情"了。

无论是文从道出说，还是感物而动说，创作者的个性、情感、体会、个体生存都隐而不发。与移情说相比较，文从道出说与感物说更注重创作主体以外的事物。岩画的创作正是感物而动的外因结

---

① （南北朝）刘勰：《文心雕龙》，中华书局1985年标点本，第3页。
② （清）阮元校刻：《十三经注疏·周易正义》，中华书局2009年影印本，第179页。
③ （清）阮元校刻：《十三经注疏·礼记正义》，中华书局2009年影印本，第3302页。
④ （南朝）钟嵘：《诗品》，中华书局1991年标点本，第7页。

果。但它又不是文从道出说的形而上规律表达，是更具体的感物说。"气之动物，物之感人""人心之动，物使之然"并不是说物的感人来自于人情移入物后，使物人相感应。而是在人之前，物就有超越于人类之外的力量，它可感人。这种力量在钟嵘这里指气。《乐记》中并没说什么使物感人，只说音乐的产生，是源于人对物的感受。他们似乎与移情说的看法不同。移情说认为人先对世界有某种看法，才能将物归类于某些情感，从而触景生情。而感物说最早的这个物何以动人的来源并不以主体为首发，它是与移情说相反的另类解释。

　　如果将"物"看作原始艺术中的具体事物，以原始思维去理解，物何以感人就很容易解释了。岩画作品中的"物"都具有超常的能量。原始人看到物时，看到了物身上所代表的超常规力量，也就是人类学所说的"灵"。这些"灵"有温和的，有凶恶的，有让你增加繁殖能力的，有带来灾难的。这些具有非凡意义的"物"当然很容易触动人的情绪，或喜悦，或恐慌。人们在绘制岩画时，必然包含了被这些物所触发的感受。这才是"感物说"的最初由来。要不然按照物先感人，人心再动的顺序，很难解释未被移情的物何以先发感人？当然在审美活动中人心之动和物之感人应该是同时发生的，但是《乐记》叙述上却有物先，心后的顺序，可能是受早期思维影响。

　　我们可以根据《系辞下》与《乐记》的感物说来解释岩画的创作过程。根据《系辞下》的"以通神明之德，以类万物之情"，可得出"人们创造岩画是要与神明、万物相通"的道理。这里面的巫术意义明确而直接。由《乐记》的"凡音之起，由人心生也。人心之动，物使之然也。感于物而动"[1]可得出："岩画是由人创造的。人之所以想创造岩画是物让他们这样做的。人们感知到物里面的某些力量所以行动起来。"所以原始艺术的创造不能用移情说解释，而应该用感物说解释。

---

[1] （清）阮元校刻：《十三经注疏·礼记正义》，中华书局2009年影印本，第3302页。

二 众神的差异

多神世界对神的判断往往充满差异，甚至是矛盾的。对多神世界神的个性与价值做出的判断遵循的不是依据理性的推断，而是故事性的想象。

早期人类对多神的价值判断有很大的区别。这些神有好也有坏，即使是同一类神也会出现不同的面目。如雷神。有些人认为雷神是恶的，"如拉祜族称雷鬼为'莫特尼'，认为它能使人头晕、头疼、肚子痛，患了这些病必须祭雷鬼。……海南黎族也认为雷公鬼是恶鬼，如患了头痛发热等病就被认为是触犯了雷公鬼，需杀一口猪祭雷公鬼"[1]。而又有些人认为雷神是善良的守护神，奉雷神为最高神，如赫梯人、日耳曼人、斯拉夫人，还有马来半岛的色曼人等。[2]

关于性别的区分问题，多神论世界也常各不相同。有些认为日神为女，月神为男："古突厥人视月亮为男性，太阳为女性。……云南永宁纳西族认为太阳是女人，月亮是男人。……彝族认为太阳是女神，月亮是男神。"[3] 还有些认为日神为男，月神为女："哈萨克族传说迦萨甘用黄泥做了两个人，其中男的叫阿娲阿塔，女的叫阿娲阿娜。由于魔鬼阻挠他们婚配，他俩飞上天空，但在途中失散了。阿娲阿塔成为太阳，阿娲阿娜成为月亮。……达斡尔族也传说太阳是男性，所以光焰强烈，威力无比，它每天从东边升起，一天就能走至大地的尽头；而月亮是女性，所以文弱淡雅，走得也慢，一个月才走完太阳一天的路程。壮族《三星的故事》称太阳是丈夫，月亮是妻子，星星是他们的孩子。高山族有一则神话说太阳和月亮是一对青年夫妇的化身，男的变为太阳，女的变为月亮。布依族有一个神话说太阳为男，月亮为女，它们是一对青年夫妇变的。瑶族《密洛陀》神话称，月亮妹和太

---

[1] 何星亮：《中国自然崇拜》，江苏人民出版社2008年版，第216页。
[2] 何星亮：《中国自然崇拜》，江苏人民出版社2008年版，第218—219页。
[3] 何星亮：《中国自然崇拜》，江苏人民出版社2008年版，第178页。

阳哥结婚，生下男女各 11 个。"① 还有些神话认为太阳、月亮都是男性，或者都是女性。

除了对神性的定义不同，同样的祭祀方式，在不同的族群中会产生相异甚至相反的作用。如燎祭在中国常为了求雨。殷人卜辞中的燎祭，其目的主要是求雨："既川燎，有雨。"（《甲》28180）"癸巳贞：其燎十山，雨。"（《甲》33233），"己亥卜：我燎，有雨。"（《甲》12843 反）② 燎祭于别的民族却可能是止雨的手段。如在瓜哇这个岛上，人们止雨时"便在村外一块稻田里给自己建造一间小屋，在那儿他燃起一小堆火，而这堆火是决不能让它熄灭的。他在火中燃烧各种据认为具有驱雨特性的树木，并向着雨云迫近的方向吹气。"③ "阿拉伯历史学家马克里兹描述了一种阻止下雨的做法，据说哈德拉茅的阿尔卡马尔游牧部落就曾使用过这种方法：他们从某种长在沙漠里的树上砍下一根枝条，把它放在火上，然后向燃烧着的树枝浇水。以此象征暴雨减弱了，宛如那洒在燃烧着的树枝上的水被烧干一样；据说为了相反的目的，曼尼普尔的一些东安加米人，举行一种类似的仪式，以'产生雨水'。村子里的首领把一枝燃烧着的树枝放在一个被烧死者的坟墓上，然后用水浇灭，同时祈祷雨水降临。灭火之水所象征的降雨将在死者的影响下加剧，因为死者既然是被烧死的，则必然渴求降雨来冷却他那烧焦了的躯体，以减轻痛苦。"④ 在不同的故事中，燎祭能发生完全相反的作用，或求雨，或止雨。

关于禁忌的安排也可能帮助我们更好理解原始人在功用上的脱轨。"有些民族甚至在祭祀的牺牲方面也有禁忌，如云南姚安县左门彝族祭山神时不能用山羊。他们认为，羊终年生活在山上，为山神所有，

---

① 何星亮：《中国自然崇拜》，江苏人民出版社 2008 年版，第 179 页。
② 徐山：《雷神崇拜——中国文化源头探索》，上海三联书店 1992 年版，第 10 页。
③ ［英］J. G. 弗雷泽：《金枝》，汪培基、徐育新、张泽石译，商务印书馆 2013 年版，第 120 页。
④ ［英］J. G. 弗雷泽：《金枝》，汪培基、徐育新、张泽石译，商务印书馆 2013 年版，第 112—113 页。

以羊肉祭献会引起山神不满。关于生产方面的禁忌也不少，如布依族、水族在第一声春雷响后的一定时间内，忌到地里劳动，否则会得罪雷公，将雨水不调，庄稼歉收。在日常生活方面禁忌更多，如哈萨克族忌讳面对太阳和月亮大小便，鄂温克、鄂伦春等族忌讳用铁器捅火、拔火等。"[1] 祭山神是不能用山羊的，因为山羊是原本归山神所有。用山神所有的东西讨好山神违反了交换原则。但按这种原则，人们可以用什么来祭天神、地神或者太阳神呢？似乎无物可祭了！《礼记·祭法》："燔柴于泰坛祭天也，瘗埋于泰折祭地也，用骍犊。"[2] 牛明显也属天地所有。《礼记》却并不在乎以天地所属的东西祭祀天地。可见原始人的功利性思维因为依循了各地的故事编撰，在逻辑推衍上十分混乱。

如休谟所问："恐惧和恐怖之神是战神的儿子，这是合理的；但为什么是与维纳斯所生呢？和谐之神是维纳斯的女儿，也很正常；但为什么是与战神所生呢？睡神是死神的兄弟，这很恰当；但是为什么将他刻画成迷恋美惠三女神中的一个呢？由于古代神话学家犯了如此粗陋和明显的错误，我们当然就没有理由期待那些构思精妙且流传千古的寓言了，就像有些人曾经极力从这些神话学家的虚构中推导出来的那样。"[3] 休谟认为多神论是混乱无序的，并且前后矛盾。神的故事的塑造也会依据一些规律，如"神在力量和知识方面被抬升得越高，他在善和仁爱方面当然也会被压得越低"[4]，但关于神更多的信息，如神力的来源、指向，在多神世界中很难取得统一解释。

可以看出在多神论视角下，人们为什么会信仰某类事物与某种现象，经常是由故事逻辑决定的。某种故事向某个方向的特定编写决定了他们的信仰。人们在多方向性的想象力下编造的故事往往影响着他们的崇拜对象与符咒运作。早期人类的艺术活动多与具体事物相关，

---

[1] 何星亮：《中国自然崇拜》，江苏人民出版社 2008 年版，第 17 页。
[2] （清）阮元校刻：《十三经注疏·礼记正义》，中华书局 2009 年影印本，第 3445 页。
[3] ［英］大卫·休谟：《宗教的自然史》，徐晓宏译，上海人民出版社 2003 年版，第 39 页。
[4] ［英］大卫·休谟：《宗教的自然史》，徐晓宏译，上海人民出版社 2003 年版，第 102 页。

而不是从根本上依据一个形而上的原则。

在多神思想与巫术观念下,岩画的绘制既包括了物形,也包括了物的功能。在物形与物的功能的指称中发生了岩画的信仰差异。如人物与动物相组合的射箭图是表示射死动物,获得食物,还是表示连接动物的生命力,获得繁衍的力量,就属于不同信仰故事;凹穴、手印、漩涡纹、重圈纹表示的不同意义也代表着不同的信仰逻辑;虎的图像是善灵还是恶灵等类似的问题都陈述了信仰差异。这些差异不仅仅是作者的差异。岩画作品虽然表现了作者的差异,但还没到那么明确地表现创作者的个性特征的程度。岩画图像差异的更多意义在于群体信仰的不同。

第三节 情感倾向

理性以逻辑、推理、确定、讲秩序为主要特征。巫术根据相似律与接触律掌控事实。运用巫术达到目的这一行为虽然从科学的角度看大前提不成立,但从过程看是讲逻辑、有推理的。但同时,原始人在功利的巫术观中有很多情感想象的成分决定他们对事物的看法。上文说到信仰差异是因为故事性逻辑的差异,在故事的叙述中,早期人类的情感倾向导向常常起着决定性的作用。

一 多元性

人们常将早期人类创造神或鬼怪的行为归源于人类恐惧的情绪。"在所有曾经信奉多神教的民族中,最早的宗教观念并不是源于对自然之工的深思,而是源于一种对生活事件的关切,源于那激发了人类心灵发展的绵延不绝的希望和恐惧。"[①] 或者至少是不愉快的情绪,"人类的任何情感,不论是希望还是恐惧,也不论是感恩还是苦恼,

---

① [英]大卫·休谟:《宗教的自然史》,徐晓宏译,上海人民出版社2003年版,第13页。

第七章 中国岩画图像建构的意蕴张力

都可能会把我们引向对于不可见的理智力量的观念；但是，如果我们审视一下自己的心灵，或者观察一下周围的事物，就会发现，人们常常更容易因为忧郁、而不是愉快的激情而屈下他们的双膝。"① 这说明早期人类是被动性的，因为自己的软弱无力，迫于压力而承认超自然物的存在，表现出对超自然力量的臣服。但这种解释不能完全与人类学调研资料相合。

以太阳为例。太阳神崇拜是原始部落中并不乏见的现象。但也有例外。"在中非的这些地区，按照萨缪尔·贝克的话来说，'太阳升起，人们总是感到害怕……人们把太阳看作共同的敌人。'这些话令我们想起了希罗多德对阿特兰特或阿塔兰特部落的描述，这些生活在非洲腹地，在太阳升起来的时候，他们用可耻的污言秽语来咒骂它，因为它把它那赤烈的炎热射到他们身上和他们的国土上。"② 这个材料有两个地方值得我们关注。（1）带来光明的太阳一旦发挥出过度的热量，人们就会对它产生情感性的厌恶判断。（2）从某些中非人诅咒太阳的行为可以看出：对于超现实的自然力量，人们不光是畏惧，在某些时候也敢于与之抗衡。如我们前文所述壮民为了与水神相对抗，也会将铜鼓投入江中，让铜鼓镇压水神。

与恐惧、愤怒、反抗这些情感相结合的一种情感，在现代生活中变得弥足珍贵，那就是"敬畏"。掌握现代科学技术的人类，能做到许多以前做不到的事，在生活与认识的多方面不断刷新纪录，主体自信空前膨胀，逐渐丧失了对大自然、对宇宙的敬畏感。同时，也丧失了对个体行为的限制。巫术活动中，人们对超自然力量是敬畏的，"巫术里面所追求的那种神明，神而明之，那种神圣的、真诚的情感，来源于这里。现在仍然讲，'诚则灵'，是要培养那种神圣的、诚挚的、真实的情感，才能通神明，上天入地。"③ 有了敬畏的情感，才能

---

① [英]大卫·休谟：《宗教的自然史》，徐晓宏译，上海人民出版社2003年版，第20页。
② [英]爱德华·泰勒：《原始文化》，连树声译，广西师范大学出版社2005年版，第630页。
③ 李泽厚：《由巫到礼 释礼归仁》，生活·读书·新知三联书店2015年版，第111页。

保证活动的神圣性,赋予活动更珍贵的意义。如果内心缺乏神圣的敬畏感,人存于世的意义容易走向轻浮、空洞。与宗教不同,在巫术活动中人是主动通过某些仪式掌控事物结果的,心理上充满着主动精神。巫术活动中人的主动性尚存敬畏,人们怀着虔诚的心理对待各种仪式。巫师持敬畏的情感心理,与逻辑认识有一些差异,"卜、筮虽为理知性、认知性很明显的活动,仍饱含情感因素。'诚则灵'为根本准则,即要求卜筮者、卜筮活动以及卜筮服务对象(王)必然进入和呈现畏、敬、忠、诚等主观情感状态,它们具有关键性质。在这里,情感、想象与理知是交织混同一起,它不是逻辑认识,而更多审美敏感。"①

原始人还有非功利性的情绪。马林诺夫斯基批评那些教科书中凭空想象出来的"原始经济人"观念,"它的阴影甚至出没于资深人类学者的头脑之中,以一种先入为主的观念毁损了他们的眼界,这个仿真创造物是一种想象,认为原始人或野蛮人的所有行动都为自私自利的理性主义观念所驱使,并且直接以最少的努力来实现目的。只要举出一个确切的例子,就能显示出这种假设是多么的荒谬,这种假设认为,人,特别是文化层次低的人,尽管已经摆脱动物性而有所进步,但仍为纯私利经济动机所激励、驱使。"② 祭祀中以身为祭的行为有功利目的的同时又具有崇高性。

甚至有时候图像的制造只是因为原始人模仿的好奇心。因为岩画的符咒、牲祭多为写实模仿,所以人类模仿物象的本能不应该被忽视。"至少在纯粹的现世岩画中有一些民族学的证据。例如在澳大利亚的例子中很明显有些岩画是为了向别人展示马的样子,在世界各地也有一些相同的例子。"③ 所以写实符咒图像还满足了人们的模仿本能。

与传统古代、现代人相比,原始人的很多观念、行为看起来都粗

---

① 李泽厚:《由巫到礼 释礼归仁》,生活·读书·新知三联书店2015年版,第15页。
② [英]布罗尼斯拉夫·马林诺夫斯基:《西太平洋上的航海者》,张云江译,中国社会科学出版社2009年版,第27页。
③ David S. Whitley, *Introduction to Rock Art Research*, Walnut Creek: Left Coast Press, 2005, p.95.

俗野蛮、不讲道理。但他们思维中的一些观念却衍生出了一种文化的思想基础。这就是我们下文将要捕捉的东西。

二　取甜舍苦的审美倾向

原始人的功利诉求与情感寄托有相辅相成之处，也充满了妥协于情感的悖论。原始人一些行为具有比较深厚的取甜舍苦的倾向，这使他们对事物的利用参与了自己一厢情愿的美好愿望。这些情感倾向使原始人的作为充满了矛盾。

从新石器文化遗存的无头墓葬中可以发现原始人的人头崇拜信仰显示了尖锐的矛盾。"人头本来由部落猎来，是他们的俘获物，但由于在人们的信仰中人头可以用来驱灾避邪，保护村寨安全、庄稼丰收，因此人们反而要讨好它，被猎获者反却成为猎获者的崇拜祭祀对象。"①《魏书·獠传》载："其俗畏鬼神，尤尚淫祠。所杀之人，美须髯者必剥其面皮，笼之于竹，及燥，号之曰鬼，鼓舞祀之，以求福利。"②崇拜祭祀被自己杀害的敌人头颅，而认为敌人会反过来保佑他们，保护村寨安全，实在不符合后人快意恩仇的价值观。后者獠人记载更是莫名其妙，杀人后，剥下人的面皮，别人还会赐予凶手福祉。云南佤族的人头祭也是如此："一种是以部落为单位，把猎来的人头供在各个村寨的木鼓房内的人头桩上，由头人向人头祷告，供奉食品，祈求人头保护村寨。［……］其他人家也要各自供一天人头，但都要为人头杀牛宰猪。各户供人头时也有一定仪式，即由头人或巫师把人头从猎头者家取出来，交给两位未婚的姑娘抬着，她们前面由猎头者挥刀开路，把人头供在木鼓房内的祭台上，众人纷纷向人头撒米，为人头喂饭、灌酒，并且祷告说：'我们寨的饭香酒甜，请你吃吧！也希望你的父母、兄弟也一块来，保护我们的村寨安全。'"③佤族人对

---

① 王育成：《仰韶人面鱼纹与史前人头崇拜》，《江汉考古》1992年第2期。
② （北齐）魏收：《魏书》，中华书局1974年标点本，第2249页。
③ 宋兆麟：《巫与祭司》，商务印书馆2013年版，第167—168页。

人头的祭祀情感存在着矛盾:"猎头本是原始宗教祭祀中的一种最高献祭,但人们对猎到的人头怀着敬畏感,反过来又把所猎的人头作为祭祀的对象,用剽牛和抢牛等形式祭祀人头。"①

人头崇拜的自信建立在原始人认为割掉人头就可以控制人,使人可以为己所用。在现代思维看来当然是无稽之谈,即使与巫蛊之术相比也过于乐观。巫蛊之术利用人的身体部件戕害人,也可以利用各种方式镇压被杀害的人,却还没有乐观到利用讨好的手段将对手化身为自己的保护神。虽然在人头祭祀中,人们有供奉酒菜,但将敌人想象为顶级吃货,为了食物可泯灭杀身之仇,还是过于乐观了。人们对谷神的作为也充满着矛盾。为了获取谷物,人们在杀死谷神时显示出虚假的悲伤。"埃及的收获者割下第一把谷子,便放下谷子,捶着胸,嚎哭着,呼唤伊希思的名字。已经解释过,这种风俗是对于死于镰下的谷神的悲悼。"② 类似的悲歌广为传播,"在腓尼基和西亚,埃及收割人唱的那种哀歌则是在收采葡萄的时候唱,〔……〕在俾西尼亚,有一个类似的悼念曲,叫作《波姆斯》或《波里姆斯》,是马里安迪尼亚的收割人唱的。"③ 弗雷泽在比较了弗里吉亚杀死谷精的传说故事与欧洲收获风俗后,认为"现代欧洲的收割者和古代的里提尔西斯一样,爱抓住过路的陌生人,把他绑在谷捆里。他们当然不会像里提尔西斯那样把陌生人的头砍掉,不过,他们虽然没有采取这样强暴的步骤,他们的语言和动作至少也表明了想要这样做的愿望。"④ 在原始社会为了增加产量,将更多的谷物从谷神那里夺取过来,就要杀死谷神。杀死谷神后,人们又害怕神灵报复,要唱哀歌悼念谷神。尼采在《悲

---

① 蔡葵:《解放前云南西盟佤族的概况——兼谈对龙山文化的一些看法》,《史前研究》1984年第3期。
② [英] J. G. 弗雷泽:《金枝》,汪培基、徐育新、张泽石译,商务印书馆2013年版,第613页。
③ [英] J. G. 弗雷泽:《金枝》,汪培基、徐育新、张泽石译,商务印书馆2013年版,第679—680页。
④ [英] J. G. 弗雷泽:《金枝》,汪培基、徐育新、张泽石译,商务印书馆2013年版,第687页。

剧的诞生》中叙述了悲剧的起源在于酒神精神,"我们可以把原始悲剧的早期歌队称作酒神气质的人的自我反映。"① 而酒神祭祀庆祝的是丰产节,庆祝农作物的丰收。丰产节本应是快乐、庆祝的节日。为何丰产节会具有悲剧因素？如果人们为了丰产而不得不将植物神杀死,那么就很容易理解丰产与悲歌的关系了。人们一方面狂喜于丰产成果,另一方面又畏惧于植物神的死亡,是以用悲歌来掩饰自己的对神不敬的个人情感。因为万物有灵论的观念,原始人明白他们获取的每一种食物都是有生命的。他们的生存建立在杀生的基础上。在这个过程中,原始人总要显示出一种迫不得已的无奈。原始人的行为表现了谷神生命与情感的对等。人类付出了悲伤情感而摆脱杀戮谷神的恐惧感。

对待原始人敬畏的图腾也是如此。鄂温克人一方面把熊作为他们的图腾,另一方面他们又会打熊、吃熊肉。"鄂温克人当打死熊以后,直到吃熊肉之前任何人都绝对不能说熊是我们打死的,一般也不说是熊死了,而只能说是'睡觉了'。对于杀熊的刀子要说成是一种割不断东西的钝物,打熊的枪要说成是一种吹的东西,总之,要忌讳道出刀和枪的凶器性质。在吃熊肉的时候,大家围坐于'仙人柱'中,一齐'嘎嘎'地发出和乌鸦一样的叫声,并说'是乌鸦吃你的肉,不是鄂温克人吃你的肉',然后才开始吃。"② 鄂温克人葬熊的时候"参加的人们都要假哭致哀"③。鄂温克人的行为与埃及人杀死谷神的行为何其相似。不仅如此,鄂温克人还加上了更明显的欺骗行为：欺骗熊吃它肉的凶手是乌鸦。原始人虽然畏惧熊死后报复,却又瞧不上熊的智商。这是敬畏与轻视的矛盾。他们的悲伤也蕴含着欺骗。杀死谷神或熊后,因为能获得食物,人们心里欢欣雀跃,口中却诉以悲伤,言行不一致地欺骗神灵。而在他们看来有时很强大的神灵到了这个关口竟然无法察觉人们的诡计。

---

① [德] 弗里德里希·尼采：《悲剧的诞生》,周国平译,译林出版社2014年版,第51页。
② 秋浦等：《鄂温克人的原始社会形态》,中华书局1962年版,第93—94页。
③ 秋浦等：《鄂温克人的原始社会形态》,中华书局1962年版,第94页。

中国岩画的原始信仰及其审美生成

　　南越人崇蛇又吃蛇的行为也属于同一类行为。"一般来说，古代人们在崇拜一种神灵、尤其是动物图腾时，是决不会也不敢去伤害他们，更不敢将之当做俎上肉盘中餐的。近现代台湾高山族对蛇的种种禁忌和爱护足可说明这一问题。南越人不但没有尊蛇习俗，反而'是豆是觞，宾享嘉燕'，将蛇肉视为美味佳肴，这在古代中国南方诸民族的崇蛇习俗中当是一大例外。……南越人操蛇厌胜迷信观念与食蛇现象的共存，又是我们探讨古代南方诸民族崇蛇习俗文化内涵嬗变的一个新例证。"①

　　纳西人对虎的态度也是如此。从纳西族人不得杀虎的习俗中可以发现他们对老虎既崇拜敬畏又想利用的心态。解放前"土司禁止杀虎。谁打死了虎，不能自行处理，必须像抬死人似的，把虎抬进土司府。……民主改革以前，上述猎虎的禁令已经不严，但是仍然要将虎送给土司，土司要象征性地打猎人三十大板，同时，土司还给猎人1件麻布、3元半开。即或如此，猎人也不敢猎虎，除非为了自卫。平时土司把虎皮藏起来，只在每年正月初一、初二拿出来，供在土司椅子上，让属官、百姓和农奴瞻仰、膜拜，初三以后再收起来，如传家之宝，密不示人。"②解放后人们去做人类学的考察时，发现泸沽湖纳西族人新婚时要送虎皮以祛病除灾③。虎的信仰使纳西人不能杀虎，怕虎报复反噬。虎皮却可以留存下来为人所有。解放后纳西人送虎皮只是解放前土司保存虎皮行为的一个延续。不过解放前土司对虎皮的供奉是一种崇拜行为，解放后送虎皮祛病痛更多的是巫术行为。纳西人对虎神虽然充满敬畏，但也无时无刻地想利用它。比如土司对虎皮的独有保存权，便是在物的占有上彰显的等级体制。解放后新婚送虎皮的风俗更是将虎皮的功能利用到底了。这种利用心甚至在一定程度上淡化了敬畏之心，形成了利用与敬畏的矛盾。

---

　　① 林蔚文：《中国南方部分民族崇蛇意念的差异与嬗变》，《中南民族学院学报》1992年第1期。
　　② 严汝娴、宋兆麟：《永宁纳西族的母系制》，云南人民出版社1983年版，第189—190页。
　　③ 严汝娴、宋兆麟：《永宁纳西族的母系制》，云南人民出版社1983年版，第348—349页。

第七章 中国岩画图像建构的意蕴张力

在人与神的设定中，人类总是一厢情愿地相信事情会往好的事物方向发展。宗教世界对上帝的崇拜便是对人世正义、公正、美好的先天设定。古典哲学集大成者黑格尔的绝对精神理论就相信现实的发展是随着理性的进步而前进的。各式各样的进化论也遵循人类社会会越来越光明这个路径。鲁迅在《阿Q正传》中塑造的阿Q所表现出来的精神胜利法何尝不是对人类这种自信的极端变形写照。只是到了现代美学与艺术活动的审美领域，人们才将热情冷却下来，反思自己一向的取甜舍苦心理，开始重建对这个社会的想象。如波德莱尔（Charles Pierre Baudelaire）、卡夫卡（Franz Kafka）、詹姆斯·乔伊斯（James Joyce）等人的作品中表现的无希望世界。可见现代性的特征除了齐格蒙·鲍曼（Zygmunt Bauma.）说的反思性外，更重要的一点是：去除取甜舍苦的情感倾向，更冷静地、现实地，甚至是残酷地观察这个世界。

岩画中取甜舍苦的审美倾向表现在对符咒效果的美好愿望上。一个图像符咒意义的产生总是朝着创作者或运用者希望的方向产生作用。原始人对未知的力量一定有所畏惧。但可能是因为岩画并不是墓葬文化遗存，岩画与死的联系相对较为淡泊，可以更多地表现出对生的向往。与其说岩画中展现得更多的是畏惧，不如说岩画中展现得更多的是希望：猎杀动物获得食物的希望、交媾图与一些射箭图中获得生殖的希望、祭祀图中获得力量的希望。岩画中的偶像图案确实不多，少数的几幅还是在符咒配合下的偶像图。绝少纯人格神。这就使岩画更依赖于对符咒的运用，而岩画符咒是人的力量与希望的结合，至少在怎么制作图像上，起决定作用的不是神灵而是人。

取甜舍苦的思维体现在岩画中最经典的代表是射猎生殖图。中国岩画中以箭射向动物可以获取生殖繁衍的好处。射猎生殖图中，射猎者不但不用害怕动物的报复，还能从中受益。射箭作为伤害性的动作却带来了繁衍的祝福。原始人认为箭的伤害可使他们从受害对象中摄取超出食物的生殖力量。图像中表现了获取对象后的叠加利益，没有显露出害怕动物报复的恐惧情感。射猎生殖图呈现了伤害对象，对象却会因为你的伤害受你控制反过来在更大的范围内帮助你的思维矛盾。

　　岩画祭祀图像的运用也常常是取甜舍苦的一厢情愿。如人面与太阳的组合，固然可以说人面获得了太阳的力量。但太阳不仅普照大地，惠及众生，它有时也会带来灭顶之灾。太阳的灾祸被记载在后羿射日与夸父逐日的神话故事中。岩画对太阳的崇拜与人面像对太阳的运用都不会考虑太阳的负面因素。再如羊纹与鸟纹能给人带来的好处，甚至是猫科类这些图像考虑的都是它们生命力强大这些因素，而不会考虑其中不好的因素。羊与鸟都是擅长于繁衍的动物，但生命力孱弱，寿命不长。老虎勇猛有力，但暴虐凶悍，寿命也不如人类。岩画图像组合并不畏惧它们的弱点，而只取其长，认为将不同的图像结合在一起，重组后的图像只会发生正面性的力量叠加。岩画所有图像的组合都理所当然地取其精华。《山海经》中已经具有了符咒的好坏之分。有些符咒见之则吉，有些符咒见之则大旱。《山海经》中那些见之则大旱，或大水的负面图像不会出现在岩画中。所以整个岩画的符咒创作都倾向于祥瑞体系。在原始艺术的图像制作中，事物会倾向于自己期望发展的那条路。

　　不仅是早期，在传统社会民间信仰的宗教改造中，趋甜避苦的思维也是常见。如唐人选择信仰观音时，将净土宗的往生菩萨与华严宗的天台菩萨相混淆，既求救难也救往生。这是以自己美好的愿望改变教义的行为。另外密宗观音虽功能齐全，既有救难，也有救往生，观音像却失传，究其原因是因为其咒语难掌握。由此可见，美好的、通用的事物更宜为人所接受，深奥烦琐的事物不利于传播。趋甜避苦还表现在对世俗的妥协中，如唐代的讲经中又加入了儒家的孝义思想，出现了救母的《大目乾连冥间救母变文》。目连对其母的人伦亲情与佛家主张隔断世俗执念的观点相矛盾。当两种观念相遇时，人们思考的更多的是其中的可兼容性，而疏忽两种思想相冲突的地方。

　　无论在早期艺术，还是宗教传播，甚至是古典哲学中，趋甜避苦的思考方式充斥着许多领域。其前现代性的特质表现为人们一厢情愿的美好愿望。人们虽然对大自然存在敬畏之心，在设想超自然力量时又总是将事物的演变秩序设想为对人类有利的一面。岩画作为人类创作的图像，也同样充分显示了这一点。

三 明朗质朴

中国岩画图像的情感风格与青铜器的兽面纹具有很大的差距。按李泽厚先生的说法，青铜器的饕餮纹是"神秘、恐怖、威吓的象征……突出在这种神秘威吓面前的畏怖、恐惧、残酷和凶狠。"[①] 那么岩画图像呢，来看杨天佑先生对云南麻栗坡大王岩画的表述："大王岩保护神像，虽庄严但不恐怖，神圣而又可亲，从体态、无须、眼眉慈祥、后留有短发等特点，唯可能是妇女形象。"[②] 两者的气势是完全不同的。而云南岩画中的村落图，更是生动明朗，无抑郁之气。与青铜器纹饰相比，中国岩画图像并不突出威慑感，显得更亲切祥和。青铜器是国家诞生的标志之一，表明专制王权的形成。青铜器属于上层阶级、专制阶级的器物成果。岩画的制作相对而言要容易得多，所以岩画是在一个权势镇压相对缓和的环境中出现的。同是通人、神之物，商周时期更加突出王权的威严，增添了狰狞之美。青铜器的铸造与使用需要更为强大的经济力量。《左传·宣公三年》："昔夏之方有德也，远方图物，贡金九牧，铸鼎象物。百物而为之备，使民知神奸。"[③] 岩画的取材制作并不需要像青铜器一样集四方之力，而获得此特权。岩画中不仅个人巫术图像与集体祭祀图像相混杂，还有表现生活场景的村落图，具有更多的生活气息。岩画的氛围比较平和、随性，就连人面像也被刻画得生动明朗，毫无抑郁之气。

即使与西方洞穴岩画相比，中国岩画也显示了它稍微偏向明朗质朴的观点。西方洞穴岩画有许多死尸的形象。雷森（P. Leason）指出

[①] 李泽厚：《美的历程》，文物出版社1981年版，第36页。
[②] 杨天佑：《麻栗坡大王岩画》，《云南民族文物调查》，民族出版社2009年版，第107页。
[③] （清）阮元校刻：《十三经注疏·春秋左传正义》，中华书局2009年影印本，第4056页。

洞穴岩画中"许多动物的踏脚处十分不自然，好像它们脚部一点力也使不上，只是以朝下的脚尖飘浮着。在肩部与脚部的关节处也缺少张力"①。雷森的观察指出死尸形象影响了欧洲岩画作者的创作。艾文·海丁汉姆（Evan Hadingham）继而指出："从这种形象中可以轻易地推想到这是狩猎作者对被猎杀动物灵魂的进行求赎，他们画出动物的尸体，并将这个形象搬到'神圣'的洞穴墙壁上。"② 喷血的熊、受伤的马、蜷缩起来垂死的牛以及各种四肢飘浮的动物形象充斥于欧洲洞穴岩画中。与之相比，中国岩画不是喜欢描绘死物，而是喜欢描绘静态的活物。一是因为中国岩画没有那么血腥的喷血、受伤、蜷缩的图像。即使被箭射中，也只表现连接关系，并不强调动物被猎杀后的受伤挣扎的痛苦。二来虽然中国岩画多为静态之物，但在许多动物生殖器的着重刻画中可以推测这些动物还是活着的好，毕竟活着的动物才能繁衍后代。欧洲洞穴岩画多为新石器时代作品，中国岩画中的动物图案大多要晚于这个时代。中国岩画中生殖动物图像的泛滥，特别是对雄性动物生殖状态的刻画更是时代偏晚的明证。三是因为中国岩画中的动物图也不乏动态描写。有些岩画作者已经发现了死尸状动物图像的缺陷，在凿刻的时候会注意动态感的刻画。如西藏札达县萨岗岩画中的一只羊，两只前蹄一在前，一在后，显著地标志了行走状态。同一地点的一个体型像鹿，角像羊的动物四肢是扩展开的奔跑形。西藏札达县萨岗创作对脚的摆放似乎特别有研究。一个头戴兽帽的弓弩手的脚的姿势也很特别。他一只脚伸直，另一只脚的膝盖向侧弯曲，是一个并不标准的弓步。而且他弓步的那只脚在弓箭的方向，并不适合拉弓射箭，显得有些别扭。虽然不够完善，但已经显示岩画作者对脚步动态感的思考。死物还是活物的模仿并不影响岩画的巫术功用。动物的细致刻画较之死物的线条描绘要多费些功夫，这些画"活"的岩画

---

① Evan Hadingham, *Secrets of the Ice Age——The Word of the Cave Artists*, New York: the Walker Publishing Company, 1979, p. 205.

② Evan Hadingham, *Secrets of the Ice Age——The Word of the Cave Artists*, New York: the Walker Publishing Company, 1979, p. 207.

第七章　中国岩画图像建构的意蕴张力

作者持有更高的艺术追求。

出现这种情况有多方面的原因。

第一种原因是：岩画图像有绘制善神的倾向。超自然的力量分为善与恶两种。善灵可促进生产、繁衍，行一切有利事。恶灵会给人类带来各种灾害。道家符咒常有劾鬼的作用。"劾"即审理、判决之意。如王育成先生解读东汉户县曹氏第二符的含义是："绑缚恶鬼的法物绳索在此，具有逐鬼驱邪职守的太一，天一星神也在持节以待。"[①] 这说明，在汉代时，人们已经将恶鬼定为恶灵，是一定要驱逐走的。从历史演变来看，在神脉的发展中邪神的出现要更晚。如蛇神的发展，"汉晋以来，南方各族的崇蛇习俗，已经出现了将蛇神降格、完全神化或从善神变为恶神等现象"[②]。因为蛇神被降为恶灵，搜神记里面才会出现"李寄斩蛇"的故事。文中大蛇要受人定时祭祀，否则就会为祸于人。此种祭祀不是为了得福，而是为了避祸，是恶灵滥觞后的表现。更早时期思维的神灵是以善为主，当他们为恶时，也不能说明他们是恶灵，只能说人类得罪了他而招致了灾祸。比如上文说的谷神、熊神的怒火，都是由人类的猎食行为导致的。但这些神并不属于恶的性质，他们不会被人类永远驱逐。既然这些神或灵并不与人处于二元对立的位置，图像塑造当然不会显得那样凶神恶煞。这就使岩画与我们后世鬼图的狰狞感完全不一样。

在对神的崇拜的岩画中也有免于灾祸的图像，似乎是对恶神的畏惧。如广西左江花山岩画的祭祀是为了避免水祸。与各类邪神祭祀不同，岩画中并不绘制带来灾害的"水神"或者其他的兴风作浪之辈。花山岩画绘制了人的愉神方式，它或者是舞蹈，或者是蹲踞式的祭祀。人们通过舞蹈式的动作祭祀方式达到通神的目的，以求得到庇佑，或免于灾祸。广西花山虽然没有明确绘制要愉悦的对象，但可看出整体

---

① 王育成：《东汉道符释例》，《考古学报》1991年第1期。
② 林蔚文：《中国南方部分民族崇蛇意念的差异与嬗变》，《中南民族学院学报》1992年第1期。

的祭祀氛围庄严,并不血腥,甚至是热烈的,人们按照同一步伐、同一姿态,祈求上天的某种超自然物的眷顾,并没有狞厉之处。为什么不画出为祸的水神呢?在讨论肖像是否就是原型时,朱狄说:"在原始思维中'形象'与'原型'的关系有可能比我们想象的还要复杂一些。大体说来可以分成两种基本类型:一种是神圣形象,在这种形象的类型中肖像就是神本身,图形即原型;另一种是非神圣形象,例如狩猎动物的图形,就很难说是肖像就是原型。"[①] 神的形象当然是神圣形象,所以对原始人来说此图像就是神的原型,具有神力。画出水神的图像只会增加水神于此处的力量。作画者显然不愿意看到这个结果。

在日月崇拜中,岩画也更偏向于太阳崇拜。陶器中有日月崇拜,如大汶口文化遗址。秦汉时期日月的对立关系很明确。《说文》:"日,实也,太阳之情";"月,阙也,太阴之精。"王充《论衡·商虫篇》:"生出有日,死极有月。"日月分别对应生死的不同归属,生为日,死为月。此后的墓葬中墓室壁画既会绘制月,也会绘制日。但岩画不是墓葬文化,所以岩画很少画月,岩画中多见对日的崇拜。原始先民通过观察当然会明白,日与白昼,月与黑夜的关系。岩画中只注重太阳的表现,也说明他们更倾向于光明、温暖的崇拜对象。也有学者将圆点看作月亮或星辰。圆点与圆形图像也有可能代表月亮。但古时月亮与现在看到的一样,皆有阴晴圆缺,为何岩画创作者只以圆形来表现,而忽略掉残缺的月形。所以就算是对月亮的刻画,岩画也只画满月,岩画的图像表述中呈现出了对更圆满事物的趋向力。

第二种原因是:权力的归属不一样,导致岩画与青铜器风格不一。

李泽厚曾认为战争导致了青铜器狞厉风格的形成。李泽厚认为青铜器的狞厉美出自于政治原因,是长年的战争带来的炫耀品,"炫耀暴力和武功是氏族、部落大合并的早期奴隶制这一整个历史时期的光辉与骄傲。所以继原始的神话、英雄之后的,便是这种对自己氏族、祖先和当代的这种种野蛮吞并战争的歌颂和夸扬。殷周青铜器也大多

---

① 朱狄:《原始文化研究》,生活·读书·新知三联书店 1988 年版,第 452—453 页。

第七章 中国岩画图像建构的意蕴张力

为此而制作，它们作为祭祀的'礼器'，多半供献给祖先或铭记自己武力征伐的胜利。与当时大批杀俘以行祭礼完全吻同合拍。"① 武力的增多是不是主要原因呢？从文献中可以看出，原始战乱不是从商代开始的，"自剥林木而来，何日而无战？大昊之难，七十战而后济；黄帝之难，五十二战而后济；少昊之难，四十八战而后济；昆吾之战，五十战而后济；牧野之战，血流漂杵"②；《大荒北经》记载了黄帝与蚩尤的战争，"蚩尤作兵伐黄帝，黄帝乃令应龙攻之冀州之野。应龙畜水，蚩尤请风伯雨师纵大风雨。黄帝乃下天女曰魃，雨止。遂杀蚩尤"③；《淮南子·天文》记述共工与颛顼的斗争："昔者共工与颛顼争为帝，怒而触不周之山，天柱折，地维绝。天倾西北，故日月星辰移焉；地不满东南，帮水潦尘埃归焉"④；《史记·五帝本纪》载"轩辕之时，神农氏世衰。诸侯相侵伐，暴虐百姓，而神家氏弗能征。于是轩辕乃习用干戈，以征不享，诸侯咸来宾从……天下有不顺者，黄帝从而征之，平者去之，披山通道，未尝宁居"⑤。由此可见，商代之前各部落就常征伐不断，战争不是艺术风格变化的主要原因。

商代青铜器与岩画创作的差异在哪呢？我们来看下面一段资料。《尚书·吕刑》记："上帝监民，罔有馨香德，刑发闻惟腥。皇帝哀矜庶戮之不辜，报虐以威，歇绝苗民，无世在下，乃命重黎绝地天通，罔有降格。"⑥《国语·楚语》中记载了观射父对此的解释："古者民神不杂。民之精爽不携贰者，而又能齐肃衷正，其知能上下比义，其圣能光远宣朗，其明能光照之，其聪能听彻之，如是则明神降之，在男曰觋，在女曰巫。是使制神之处位次主，而为之牲器时服，而后使先圣之后之有光烈，而能知山川之号、高祖之主、宗庙之事、昭穆之世、

---

① 李泽厚：《美的历程》，文物出版社1981年版，第38页。
② 罗泌：《路史》，《四库全书》第383册，上海古籍出版社1987年版，第32页。
③ 佚名：《山海经》，（晋）郭璞注，（清）郝懿行笺疏，上海古籍出版社2015年版，第380—381页。
④ 何宁：《淮南子集释》，《新编诸子集成》，中华书局1998年版，第167—168页。
⑤ （汉）司马迁：《史记》，韩兆琦译注，中华书局2010年标点本，第1页。
⑥ （清）阮元校刻：《十三经注疏·尚书正义》，中华书局2009年影印本，第526—527页。

齐敬之勤、礼节之宜，威仪之则、容貌之崇、忠信之质、礼洁之服，而敬恭明神者，以为之祝。使名姓之后，能知四时之生，牺牲之物、玉帛之类、采服之仪、彝器之量、次主之度、屏摄之位、坛场之所、上下之神、氏姓之出，而心率旧典者为之宗。于是乎有天地神民类物之官，是谓五官，各司其序，不相乱也。……及少皞之衰也，九黎乱德，民神杂糅，不可方物……颛顼受之，及命南正重司天以属神，命火正黎司地以属民，使复旧常，无相侵渎，是谓绝地天通。"① 根据这段文字记载可以知道，在远古时期，甚至是商以前存在着一段民和神混杂的时期，此时人人都可通神，人人都能通过这项技能来掌握、改变自己的生活。在至高权力的分配上，人们是平等的。当"巫通天人，王为巫首"后，发生了巫君合一的政教一统的局面，如张光直对商巫评定"商王的确是巫的首领"②。外圣内王的圣人要求也将通鬼神作为必需技能，圣人不仅要有高尚的德行，还需"精通乎鬼神，深微玄妙，而莫见其形"③。岩画图像主要是用来通灵的符咒。岩画中的协天地之像不需要威慑力量就能达到通神的目的。青铜器中的威慑力是为了区分开等级，表示通神工作只能是一部分人专有。

不仅是青铜器如此，即使在陶器上也出现了类似的变化。新石器时代出现了大量的彩陶。到了夏代二里头陶器中，陶器的风格古朴庄重，再没有彩陶中的天真烂漫，"夏代陶器多为灰陶与黑衣陶，灰陶占大多数，彩陶、白陶极少。灰陶与黑衣陶的色彩不如彩陶绚烂，也不如白陶高贵典雅，但灰色静穆，黑色庄重，静穆庄重的灰黑色调展示了夏代人冷静沉稳的理性精神。文献记载尚黑是夏代先民的习俗。《礼记·檀弓〈上〉》云：'夏后氏尚黑，大事敛用昏，戎事乘骊，牲用玄。'这种说法正好与夏代陶器普遍采用灰黑色调的审美特征一致。彩陶向单色陶的演化表示天真烂漫、热情奔放的时代已然过去，严整

---

① （战国）左丘明：《国语》，上海古籍出版社2015年标点本，第376—378页。
② 张光直：《美术、神话与祭祀》，辽宁教育出版社2002年版，第29页。
③ 许维遹：《吕氏春秋集释》，《新编诸子集成》，中华书局2009年版，第451页。

规范、崇敬理性的时代正悄然到来。表现专制等级文化严肃性的端正、内敛的灰黑色与夏代要求等级规范的政治文化特征相吻合,从而形成了这个时代的审美风格。"① 在民神混杂时,图像世界,特别是祭祀与偶像显得纯朴明朗些。比如无论是在岩画还是在新石器时期的陶器中都能发现圆圈舞蹈图;半坡陶器中带有阴阳相隔意义的人面渔纹在静穆中带有祥和;云南岩画的村落图更是充满着生活气息。

有一点必须补充说明,青铜器的兽面纹的"狞厉"并不在于它鼓出的双眼。岩画人面像大部分的眼睛都是圆形,有些还是重圈式的圆形。如果说眼睛鼓出便为"狞厉",那么岩画中大部分人面像都会给人"狞厉"的印象。青铜器兽面纹如夏陶一般对新石器的纹饰进行了更理性的抽象与简化,其中的人面像被简化成有规则形的面孔:遵循着严格的中轴对称美,极力简化的五官。青铜器兽面纹的"狞厉"美在于对称、规范的庄严与静穆。良渚玉器的兽面纹也是如此。在礼器中呈现的是经过抽象、简化、规整排列后的兽面纹。

第三种原因:中国岩画图像巫术组合意义的表现是点到为止的。岩画中牲祭形象有三类,带饰纹与角饰的动物、卓越出众的人物与人面像。这些图像与现实中的普通物象不一样,花哨的纹饰,繁杂的分叉角,抽象的纹面都显示了他们不是寻常物。牲祭图像中牺牲意义表现非常含糊。牲祭的形象是有可能转换为神人形象的。当虎食人图案逐渐转换为人兽图时,"食人"的动物就逐渐隐去,而形成人兽相合的神人图。"最早的人和虎都是全躯,是器物的主要纹饰,以后则抽象变形,或省略人身、虎身;最后人和虎都只有头部而成为一种远不如早期突出的装饰。早期的人虎关系是真正的'虎食人',而晚期的人和虎则只是组合在一起不再有扑噬状。"② 牲祭的崇高以虎食人的形象塑造出来多少有些惊悚惨烈,它象征着强制性的剥夺。商周时期青

---

① 朱志荣、朱媛:《夏代二里头陶器的审美特征》,《清华大学学报》(哲学社会科学版)2011 年第 5 期。
② 施劲松:《论带虎食人母题的商周青铜器》,《考古》1998 年第 3 期。

铜器是政治统一的象征，青铜塑造中带着强制性的狰厉震慑感符合这个时代的王权需要。但岩画形象要温和一些。岩画中也有虎追其他动物的形象，却并不描绘虎直接食人这样的二元冲突图。岩画只强调一追一跑的前后关系，甚至岩画中也没有明确的结合紧密的人兽纹，而大多是人与动物各自相安无事地处于同一个岩面。

符咒的运用也是如此。都是采用交感想象达到符咒目的，欧洲洞穴岩画更血腥直接，中国岩画比较含蓄。在欧洲洞穴岩画中人们为了获得狩猎丰产，直接在动物身上画箭，或用石头敲凿动物身体，在图像上留下被破坏的痕迹，表示对动物图像的暴力打击。"相比而言，中国岩画的符咒意义的表现要朦胧些。狩猎图中，狩猎者更多地只是弯弓张箭，蓄势待发，这种图像与其说是祈求狩猎顺利的巫术符号，不如说更加偏向于狩猎生活场景的描写。其他丰产巫术图像如畜牧图、男女交媾图、女阴崇拜图更是一派祥和，毫无生杀血腥之气，应该说从岩画图像中看，中国先民们一早就少了人与自然剑拔弩张的对立，而是在更加平和的状态中显出人与自然共存共生的生命智慧。"[1]

假设岩画的创作目的，符合功利目的论，全部都是巫术或祭祀图像。这些巫术、祭祀图像也是柔和的，偏向生活场景的表现，如人物的放牧、狩猎，动物之间的追逐嬉戏。中国岩画强调了巫术向祭祀仪式发展的痕迹，而对仪式的结果，比如虎食人，人兽相合，动物被杀戮，或者吐血、抽搐、死去这些方面却没有绘制兴趣。虎食人，人兽相合是祭祀仪式中牲祭被神吞噬产生的结果，动物的死亡、受伤是图像的巫术仪式要追求的结果。这样做的原因，可能是绘图技巧的差异导致的，也可能是某种信仰原因。不管如何，岩画图像的巫术意义充满着暗示性，某些生殖岩画还比较直白，但杀戮、吞噬岩画的巫术意义是点到为止的，没有做进一步的渲染。这也是一些岩画中的符咒图像如棋盘、凹穴至今难以解读的原因。

---

[1]　朱媛：《中国岩画的审美之维》，上海人民出版社2013年版，第105页。

第七章　中国岩画图像建构的意蕴张力

第四节　悖论

正如列维-布留尔所说早期人的思维与逻辑思维不同，属于原逻辑思维。用现代人的逻辑思维去看他们的活动，常会发现他们行为中的悖论。"互渗律有无限权力地支配着这些风俗所依据的集体表象；它在这些风俗里容忍了最不可容忍的矛盾。"[1] 这些悖论是原始人展示给我们的思维奥秘，同时在历史延续中，他们并没有完全消失，而在不同的时段闪身于现代社会之中。这些矛盾与对抗对我们来说是如此熟悉，只是在原始人那里他们可能并没有清晰地以逻辑思维认识到这些悖论。似乎我们与他们最大的不同是我们具有反省自身的能力，但在行为中我们却有很大的相似性。

一　功利性与崇高性的悖论

中国岩画的创作以生存目的为基础。在所有的岩画图像中都能找到它所追求的功利目的。应该说生存性的追求是岩画创作的主要动因，也是岩画图像的主要表现。在符咒岩画中，岩画图像以写实性的动物为主，特别是在狩猎岩画，表现出明显的对食物或生殖的追求。而在那些直白的生殖岩画中，岩画的功利性目的就更加明显了。这些绘制特征一度使人们将岩画的图像创作排除在艺术之外。

在岩画从符咒向祭祀与偶像图像的演变中，出现了更多的装饰特征及想象因素，在形式上为岩画图像的艺术性增加了砝码。成为祭祀的图像不是直指食物与繁殖。祭祀岩画与功利目的之间有了更远的距离，这为岩画图像的形式性变形留下了更多可以发挥的余地。祭祀中的礼仪性图像因素不是直接的符咒，而只是用装饰表明身份的不同，如动物身上横向的 S 纹、折线纹。图像符咒的作用已经被淡化了，图

---

[1] ［法］列维-布留尔：《原始思维》，丁由译，商务印书馆1981年版，第341页。

像以更抽象的形式隐喻着它的功利目的。

在迷狂巫师形象的塑造中，岩画以舞蹈式的愉神方式出现。而商周时期在表示人失去自我时出现了许多虎食人纹的青铜器。据施劲松先生统计："目前所见的带虎食人母题的青铜器约有 30 余件，包括礼器、乐器、兵器、车器和饰件等 5 类。"① 虎食人的解释很多，有认为"虎卣器表纹饰表现了龙、虎、凤相斗的性质，虎与人的对应关系是人戏虎，这个所谓人，实际上是珥蛇践蛇神"②。张光直先生认为人兽母题的成分"是表现一个巫师和他的动物助手或'蹻'"③。潘守永先生与雷虹霁先生在《"虎食人卣"的文化阐释》一文中以位的方式质疑沟通神人说，"人与动物结合的图案中，似乎动物处于'主位'，即上面所说的保护者的角色，人侧处于被保护的'客位'，而在'巫师借用动物以沟通天地'的假说中，巫师（即人）应处于确定无疑的'主位'，'动物'只是巫师的工具，自然只能处于被操弄的'客位'。"④ 二位先生的解释是"其中的'人'不应看作普通的人，而是'神'，是人们崇拜的对象。[……]人与虎交合中的人应是神人，人与虎交合，只能理解为对力量和生命的赞美。"⑤ 潘守永先生与雷虹霁先生的"位"论不足以推翻虎沟通人神的中介说。食人代表人与虎组合关系，而虎将人吞噬，正符合沟通人神的牺祭放弃自我的崇高：人放弃自我意识，而进入虎神的世界，从而得到更多的超自然力量，以协调天地人神。

虎食人的母题与前文所说的人类学考察中萨满重病、迷狂，文献中记载的巫师以自身为祭等现象都指向了人们为了通神而放弃自我的目的，这种放弃既可以指自我意识，有时也是自我健康，甚至是自我

---

① 施劲松：《论带虎食人母题的商周青铜器》，《考古》1998 年第 3 期。
② 熊建化：《虎卣新论》，《东南文化》1999 年第 2 期。
③ 张光直：《濮阳三蹻与中国古代美术上的人兽母题》，《文物》1988 年第 11 期。
④ 潘守永、雷虹霁：《"虎食人卣"的文化阐释——续论【九屈神人】的文化义涵》，《民族艺术》2000 年第 2 期。
⑤ 潘守永、雷虹霁：《"虎食人卣"的文化阐释——续论【九屈神人】的文化义涵》，《民族艺术》2000 年第 2 期。

的生命。这种思维方式属于个体牺牲自我以成就集体的利益的途径。因为这个个体与集体是同属于一个利益共同体，这种牺牲小我以成就大我的行为对现代人来说并没有过多的思维矛盾。但它足以让人们对原始人粗浅的认知有所更新。

更令人惊异的是，原始人的牺牲小我，成就集体的行为不是发生在一个共同的利益共同体。原始人功利与崇高牺牲的行为更耐人寻味。中国岩画中的具有生殖功能的狩猎图像提出的便是这样一个悖论。射死对方获得的不仅是对方的尸体，还有对方的生命力，乃至对方的庇护。敌对阵营会甘愿牺牲他们自己来成就彼此吗？在原始人那里是会的。所以被你杀死的动物不但被动地赐予你食物，还会主动赐予你生殖能力。这与杀敌献祭不同。杀敌献祭是以物易物的愉神活动。岩画中具有生殖功能的狩猎图像与云南的猎头崇拜等风俗都一样，是利用对方的崇高牺牲成就自己的功利愿望。

二 杀戮与贵生的并重

从岩画中看，岩画创作者们当然是贵生的。这主要表现在他们对生殖岩画的推崇。人面像、凹穴、手印、动物图、狩猎图，人物图都有生殖目的的岩画的存在。贵生的追求在某些思想中保存下来，并依旧被推崇。黑格尔在《美学·第三卷》中说："东方所强调和崇敬的往往是自然界的普遍的生命力，不是思想意识的精神性和威力而是生殖方面的创造力。"[①] 这个东方自然带有某种原始的贬义。与其说是东方不如说原始时代所强调的崇敬已经是自然界的普遍生命力。中国人"贵生说""齐物论"的生存觉悟，"生生为易"的思维特征都与原始时代崇拜自然界的生命观念血脉相连。中国人思维的缺陷是未能给人主体精神的独立与发展提供最好的空间，但失之东隅，收之桑榆，我们对自然生命的尊敬更好地保留了人类社会初始的本能与需求。如果能对"原始"二字不持过多的偏执与鄙视，那么可以

[①] [德]黑格尔：《美学》第3卷，朱光潜译，商务印书馆1979年版，第40页。

说在某些方面，我们与原始的生命信仰确实更加接近。当然并不是说我们与原始人是一样的，只是说在我们的审美意识与美学思想中包含着对自然生命的更大宽容性。当代美学的发展趋势似乎也有向这方面转换的迹象。从当前的美学发展来看，至少在几个方面我们已经更具有原始意味，一是生命美学中对生命本身的肯定。二是从生命美学中衍生出来的身体美学。身体美学强调的身体感知，探索关于身体本能的知识。三是生态美学试图去人类中心化，更多地关注人的生存环境。

原始人的贵生还带着杀戮性。生命的保存与重生伴随着其他生命的消失。万物依时而逝，此消彼长，是人们很容易观察到的现实规律。所以在岩画中一方面原始人重繁衍，经常刻绘各类生殖图；另一方面又依据以物换物的思维出现了存在杀戮的祭祀图、狩猎图以及动物捕猎图。如果说祭祀图起到以物换物的交换作用，狩猎图起到期望人物在现实中狩猎成功的巫术作用，那么动物捕猎图就很显著地表现了岩画创作者们对强大动物捕食活动的兴趣。在虎捕羊以及豹、鹰等凶猛动物的猎食图像中，原始人是否从这些杀戮图像中获得了快感？从巫术方面讲，当然用人物狩猎图会取得更好的狩猎效果。原始人可能也同意这一点，所以人物狩猎图出现的频率会高于动物捕猎图。动物捕猎图更可能不是纯巫术，而是表现了人们对凶猛动物捕猎本领的羡慕。当然这种希望自己繁衍，他者死亡的愿望其实没有根本冲突。岩画创作者们希望自己与自己的食物都能多多繁衍，因为他们狩猎的困难，又希望获得更强大的狩猎能力，所以在图像中表达的对动物的感情就是相爱相杀了。

原始人对于逝去人物的态度也是矛盾的。一方面，他们希望逝去的死者返生；另一方面对逝去的死者又心存畏惧。活人对死人的情感是"十分混乱的。当他们深情地哀号，祈求死者返生时，他们当然希望他完完全全地返生；然而，差不多就在号叫的同时，他们又产生了一种恐惧，害怕死者真的返生，而又不是他平常的助人而合群的有肉体的灵魂返回，却是他看不见的生疏的和可能怀着敌意的没有肉体的灵魂返回……"①原始人对动物神与植物神的祭祀也是如此。一方面，他们希望杀死动物与植物的守护神，以便他们可以从这些神灵手中夺取食物；另一方面又对这种杀戮有所畏惧，要不断地忏悔此类杀戮。这也可以解释为什么岩画祭祀图像中邪神不会被绘制出来，广西左江为何只有祭祀图，而没有所祭祀的水神图。

原始人杀戮与贵生的矛盾建立在万物有灵论的基础上。对他们来说，敌人在生死中完全可以转换他们的立场。敌人死了以后很可能就成为保佑他们的神灵，这与后人敌我之间的永世二元对立思维不一样。一个家族的祖先被杀以后，他的灵魂不可能去保佑杀死他的那个敌对家族。但在原始的思维中被杀死的人，可能会反过来受到迷惑保佑他原来的敌对者。舍苦取甜的符咒情感作用影响了巫术的使用方向。原始人一方面畏惧死去的灵魂，另一方面又认为自己有足够的能力可以操纵这些灵魂。他们给予图像模拟对象的情感是又爱又怕的。

三 实用与形式的张力

岩画作为信仰活动的产物，以信仰中的实用目的为基础。同时，岩画中一些与巫术、崇拜等直接实用目的无关的形式，则是岩画作者们对形式本身的偏好。

莱辛《拉奥孔》论画与诗在描写物象的区别时，认为诗主要突出物象的特征。与画相比，诗并不要做到细致周到，而画却不然。但岩画并不以细致周到为要。岩画属于轮廓取象，不太重视物体的细节。岩画也不重比例，表现出局部凸显的取象方式。如果完全按照巫术的功利原则制作，岩画中的局部表现应该是突出有功利作用的那部分。如前所述岩画当然有些表现，如生殖器的刻画，箭的延长都是此目的。但岩画制作许多突出的重心并不在巫术目的中。岩画制作既由功利行为推动，也由脱离功利的形式审美行为推动。

岩画中形式审美行为首先表现在他们的皮毛控与角控上。如果说

---

① ［法］列维-布留尔：《原始思维》，丁由译，商务印书馆1981年版，第350页。

岩画图像对生殖的夸大、凸显更多地表现了功利的目的。那么皮毛控与角控的倾向就更多的是形式选择了。不仅是原始人，传统与现代人对物象的界定也常以物色为基础。物象是指物的形象，但古时也称物色，指牲祭毛色。《礼记·月令》中记载："是月也，乃命宰祝，循行牺牲，视全具，案刍豢，瞻肥瘠，察物色，必比类，量小大，视长短。"①这里，物色指动物的毛色。物色后来在六朝时就被用来指景物，与物象同义，如《文心雕龙》专门有"物色"一篇论述审美活动的取景现象。不仅是古代，当代"颜控""颜值爆表""外貌协会"等词语都是以物色代物象的词语。

　　动物皮毛的颜色与图案决定着岩画制作对象的选择。岩画大型动物常选择颜色鲜亮，具有花纹的虎豹形象，而少有象、熊类皮毛颜色单一的大型动物。岩画中虎、豹、鹿的形象上还常有装饰性的漩涡形或 S 型花纹。皮毛的颜色美与图案美本来并不带有功利性的巫术目的，因为人们喜爱此类"物色"，为形式所惑，所以才赐予它巫术的功用。鹿角也是如此。岩画中不辨雌雄地选择公鹿或驯鹿，都是为鹿角所迷惑。

　　除了物色，取象方式也是一种形式选择。轮廓取象原则同样证明了原始人欣赏物象的某种视觉角度。以轮廓取象而不以色彩的明暗变化取象，可能是早期艺术的特征。岩画中的最大轮廓原则，从不同的角度截取事物的轮廓，以保证最后组成的事物图像轮廓最大化。事物不是从主体观测的立场呈现于图像中，而是以事物还未形成的定点观照的某种方式呈现于图像中。在不同的地区，轮廓化原则也有所不同。中国岩画与欧洲洞穴岩画的轮廓取象明显有不同的方式。中国岩画以线条轮廓为主，而欧洲洞穴岩画有很多的块面组合。除了轮廓取象原则，其他很多形式如尚圆、红色、图像与图像之间的某些组合，都是或许已经脱离功利目的的形式选择。

　　中国岩画的某些形式独立选择使岩画的创作意蕴更加丰富多彩。

---

① （清）阮元校刻：《十三经注疏·礼记正义》，中华书局 2009 年影印本，第 2974 页。

岩画创作不仅只具有建立在信仰上的实用目的，还有一些可能岩画创作者们自己也未察觉到的形式偏好。

四　粗浅与希望的并存

在许多人看来，原始艺术野蛮而粗浅，充斥着低劣的技巧，丑陋的图像，无知的涂鸦。可在另一群人看来，原始艺术，原始人生活的世界才是真正的艺术天堂。文学家毛姆，画家高更、毕加索等人都从原始艺术吸取经验，形成了自己独特的言说方式。

原始艺术粗浅，技巧不成熟是一目了然的现实。人们对原始艺术的诟病并不止于此。对原始艺术最致命的攻击是不承认那些是艺术。当古典美学以无利害性去界定艺术时，将艺术从其他的活动中独立出来，以期艺术可以为人类的生存起到更超然的指引作用。20世纪后，受现象学影响，艺术判断的重点在于探讨艺术品中的"艺术"为人感知的方式是否正确。艺术是可以带给人特殊感知的事物，它可以存在于日常生活中，但与平庸乏味的日常不同。正是人们具有从"艺术品"中获取"艺术"的能力，才可能摆脱机械般的功利生活，获得更多的生存乐趣。人们将艺术引向日常生活，改造日常生活的思考，在某种程度上使艺术滑为平庸乏味的生活用品，并在艺术品的界定处走向了艺术的终结。除了这个困境，当今美学与艺术发展的轨迹还从两个方面走向了终结。一是黑格尔预言式的艺术走向哲学的终结。美学研究充斥着概念分析与逻辑推理，缺席了审美活动的经验研究。二是审美经验在电子媒介主导的大众文化中遵循商业规律，游离于肤浅的感性刺激与梦幻泡影中，在社会结构中被商业利益边缘化，变成无足轻重的金钱游戏，而不再对社会与人生产生积极价值。美学家们也呼吁，要让艺术重新介入生活。但现代艺术在机械复制的商业潮流中，可以寻求刺激，却不再具有引导人类艺术感知的作用。

有些人试图在原始艺术中寻找希望。贝林特在《艺术与美学的终结》中呼吁："我们需要去研究在非西方和文字发明以前的文化中经验的审美维度的形式和贡献。我们需要重新探究我们自身传统的早期阶段，寻找净化（catharsis）和摹仿（mimēsis）等观念——揭示艺术及其与其他领域的联系中之参与的观念——中隐藏的洞见。[……]我们必须展开对于建立于艺术及其经验之上，而不是诸如官方政策或认识论的、形而上学的假设等外在标准之上的审美活动的理解。"①

如果将美学更新的愿望全部寄托在原始人身上，恐怕有原始主义之嫌。但原始人的艺术活动确实是与现代人不同。首先原始艺术创作还未从日常生活中独立出来，原始艺术创作是生存生活的重心。岩画的创作并不是闲暇时的消遣，他与原始人对世界、生命的认知息息相关。岩画创作在很大程度上是由他们为了生存得更好的巫术活动促成的。对原始人而言，巫术活动是日常生活的重心。通过我们的图像分析已经可以发现岩画并不是纯工具，其中包含着多样的艺术因子。岩画中的艺术感是完全沉淀在生活中的艺术感。

原始艺术中生活与艺术无缝结合。艺术形象便是生活形象，艺术行为平实又神圣。说它平实，因为它就是生活的一部分，无曲高和寡、附庸风雅之弊；也无彩衣娱人、低人一等之忧。因为过日子就是要这么歌舞绘图。说原始艺术神圣，是因为这些艺术是可以改变生存状况的。现代艺术凭借其沉重的反省精神，也能改变生活。但现代艺术的改变之路漫长坎坷，而原始艺术中，人们崇拜艺术形象，因为艺术可以改变生活。艺术的神圣性对原始人来说是真切而充满期待的。

其次，原始艺术中有很大一部分处于前文字时代。整个原始艺术可以看作是前文字时代的作品。那么原始艺术中少受概念干扰，是审美活动的纯经验时代。岩画中展现出来的审美经验是没能经过艺术讨论的，更倾向于人类本能的图像设置。这些原初的东西有些方面可能一直延续了下来。在人类社会的发展进程中，思想的改变远不如工具的改变来得快。我们现在已经基本不再使用原始人的工具，却可能还保存着原始人的思维习惯与心理诉求。如原始思维的语言或行为上的禁忌留存到了当代社会。"在鞑靼草原上，600年前，认为进帐篷时踩

---

① [美]阿诺德·贝林特：《艺术与介入》，李媛媛译，商务印书馆2013年版，第286页。

第七章　中国岩画图像建构的意蕴张力

门槛和摸绳是罪恶行为。这一习俗好像现在还保留着。"① "在英国直到现在还有这样的说法：在五月结婚的夫妇是不幸的。"② 旧习俗在新文化中依然具有它的地位。针对这一情况，泰勒认为迷信一词过于严厉，而选择了"遗留"这个术语。从岩画创作来看，有许多东西也遗留了下来，如人类舍苦取甜的情感倾向，崇高的精神，判断事物好坏时的物色倾向等特征都延续到了当代社会。岩画可让我们思考人类生命中的某些本能。

原初的一些东西因为时代的变化，也慢慢地流逝了。前文字时代对艺术的诀窍、技巧没有办法做出精确的归纳与总结。等文字形成后，人们可以用文字将归纳总结的规律记录后，某些诀窍技巧会成为要表现事物本身，纯以某种技法出现。人对绘画对象本身的鉴赏却倒退于后幕。这也许是后人总有追古情结的原因之一。早期创作法则未齐，到后世法则越来越多，艺术家们受的束缚也会增加，要改变法则对一事物的束缚，追古求朴也是很好的方法。

在技巧上，原始艺术粗浅幼稚。但原始艺术与生活的联系；于生命中的存在方式；在群体中扮演的角色都要重要于与生活相隔一定距离的、过于重视技巧表现的现代艺术。

---

① ［英］爱德华·泰勒：《原始文化》，连树声译，广西师范大学出版社2005年版，第56页。
② ［英］爱德华·泰勒：《原始文化》，连树声译，广西师范大学出版社2005年版，第57页。

总　论

　　美学应以审美活动为研究对象，审美活动属于经验活动，所以美学必须以审美活动和审美经验为根据。选择研究对象的审美经验时常发生的分歧在于艺术、自然、社会之间，也就说人们常思考应当以自然美为中心，还是以艺术美为中心，或者以社会行为仪式为中心的问题。当遇到原始经验时，美学研究只能以存在的艺术品为依据。但原始经验的整理方式与18世纪及以后审美经验的整理方式非常不同，更与20世纪以后的现代艺术大相径庭。

　　传统美学与当代艺术的差异不会小于原始艺术与他们任何一边的差异。康德使审美经验无利害的概念得以确定，为古典美学界定了经验区分方式。无利害的观念表示艺术中出现了关于艺术本身，而不考虑更多的实用目的。我们正是在这个概念的基础上分辨岩画中的审美经验。观察岩画与工具性目的相悖离的地方，寻找岩画中含有的不纯粹的巫术、崇拜目的。与无利害的美学研究对象相比，岩画是功利性的艺术，它的无利害目的只出现于岩画创作的罅隙中。

　　除了无利害的观念，能不能用其他美学经验的选择依据来分析原始艺术呢？比如介入、知觉统一。这些理论当然也能说明进入了审美经验界限，但这些现代美学理论需要主体的在场，特别是身体的在场。岩画艺术具有主体，岩画艺术研究却缺失主体，我们没有办法去观察岩画创作活动，甚至也没有办法在文献中找到直接的岩画创作活动的记载，文献中的记载也只是成品的记载，所以岩画审美经验的选择依据只在艺术品中。

　　岩画图像的创作在艺术显示方面分为两类。第一类是以功利性目的为依托的创作。这类创造中一些图像构成是纯功利性的目的。比如刻画生殖器这些举动，充满着强烈的功利意图。岩画中的动物也承载着先民们对食物的直接渴望。因为处于符咒中的岩画动物图像通过巫术直接指向食物，所以岩画中的动物形象与《山海经》中的动物形象大为不同。《山海经》中的动物图像多为想象的动物，而岩画中的动物图像缺少想象动物。玉器、青铜器中标志性的人兽相合的想象性动物也没有出现在岩画中。虽然符咒岩画谨守写实本分，充分表现了岩画图像的功利性指向，但在如何写实的问题上依然让形式性规律钻了空子。贺兰山简略的羊形写实就不同于西藏、青海等地更为精确的牦牛写实；整个原始图像所依据的最大轮廓化原则也不同于后世的细节写实；通凿与勾勒，线条与块面的不同运用细微地表达了原始人的艺术尝试。另外，即使是表现狩猎等功利性目的，截取巫术场景选择，各地岩画也是不同。中国岩画在取像时采用更平常的方式表达巫术意义，避开了动物受伤、吐血等血腥场景，甚至也没有暗示动物死尸物象。中国岩画的生命气息较为浓厚。即使是动物中箭图，有许多都配上了生殖目标，射中动物不是为了射死他们，而是为了获得更多的生命力。在生与死的选择中，中国岩画偏向于生存这一维度。

　　第二类离功利性目的保持些许距离。有些动物图像虽没有超出写实范围，但已经在皮毛上具有明显的装饰性意味，这表明岩画的动物图像开始具有不同于纯粹符咒式的图像意义。装饰性的注入使岩画图像由符咒图像更容易转向牲祭，甚至是偶像图像。岩画的纯功利性目的也随之慢慢注入其他的东西，岩画的意义也就丰满了起来。这些纹饰不是纯粹的模仿写实，而是象征。这样一来，它们与它们所指称的那个现实物事之间就有了艺术空间。装饰性的纹饰采用的是抽象的方式进行象征，它遵循的是形式原则的规律。这些装饰有些是表现巫术，更多的是表明动物或人物身份的与众不同，起着区分和隔开的作用。

以上两类都说明岩画创作中形式的独立性已经非常强了。第二类说明在原始艺术中形式上的审美独立性是成立的。功利与非功利性只能在程度上区分原始艺术与古典艺术，不能由此就认定原始艺术完全不具备审美独立因素。而第一类以功利性目的为依托的创作也能说明功利在图像出现时审美也必然随之而来。图像对现象的模写并不是机械的复制，原始人也没有这种完全复制的能力，他们虽然是迫于无奈要简化物象，但在简化的过程形成了种种风格，这也是岩画图像世界各地具有差异的原因之一。各个族群在简化物象至图像时多多少少都走向了不同的路径。因为同属早期绘画，原始人走的路不够远，这些差异中还保持着很大的相通性。但这些相通特点不足以抹杀岩画中的差异。

判断图像是否可以归为艺术，图像表现的差异性是很重要的指标。机械复制只是在艺术的传播上起到效用，给人震撼。创作人秉持着的观点、习惯，甚至是临场发挥都会影响他们的图像创作。原始人信仰的思维逻辑是相通的，都是交感巫术与祭祀仪式的结合体。但在不同地域的岩画表达中却显示出较大的不同。这说明信仰不能完全限制图像创作。信仰虽然决定了岩画图像创作的大部分路径，但依然为图像的艺术创造留下了空间。更重要的是，原始人信仰的思维逻辑虽然一样，在具体的论证过程中却各凭其故事的精彩。如燎祭求雨还是止雨的问题，就全凭原始人叙述的故事来决定。所以功利性的信仰建立在叙事的逻辑与情感倾向中，是情感倾向与叙事逻辑保证某种巫术手段（比如岩画中射杀动物可以得到它们的生殖力）可以达到人们的预期目的。

如果信仰的推断离不开叙事逻辑与情感倾向，那么在美学学科中便将面临这个问题："审美起源问题"是否是个错误的命题。如果审美是人类的天性本能，它就与食色一样，处于人类活动的本真地位。一个本身就处于最基层的活动，何以再言它的起源？所以美学要面临的问题，不是寻问审美活动的起源，而是证实审美经验的根源意义如何影响逻各斯前行。

从岩画的图像分析可以发现，信仰与审美是相互影响的。因为信仰所以岩画以动物图像、祭祀图像、人面像为主要题材，表现的主题是丰产祈祷与生殖崇拜。其中的丰产祈祷包括农业、畜牧业与狩猎三方面。因为有审美，所以中国岩画崇拜仪式中更注重拥有美丽的角与皮毛的动物，岩画创作者们的物色喜好影响了他们对祭祀品的判断。因为有空间观念，所以岩画点多处出现朝南山面而非朝北的山面。岩面上水中动物与空中动物都甚少的情况也表现了岩画作者在创作的时候考虑到了动物的生存环境情况，这也是空间观念的表现方式。在情感上，因为有自我牺牲精神，人面像作为牺祭才能起到沟通天地人神的作用，无敌我之分的人头崇拜才成为可能；更因为有舍苦取甜的情感倾向，岩画中的很多组合才能在人们心中产生它的功利目的。

如上所言，审美活动并不仅仅是建立在强烈主体意识上的行为活动，而是一种自然而然的过程，是人的本能、本真性活动，所以不用怀疑原始艺术中确实发生着审美意识。它不需要起源于他者，因为它是人的本能之一，将与其他心理机能共同奠定人类活动的根源基础。这种发生隐藏在显性的功利理性创作中，以致原始艺术研究总是脱离鉴赏判断的自发性，而是在他者中寻找审美意识的附属意义。审美活动何以处于理论论述中的弱势呢？归结起来主要是当前学术界有以下几个不足才导致此种情况发生。

1. 语言的独断。西方传统美学认为美学是在思想与意识中的存在，必须逻辑地决定，即根据陈述来决定。从柏拉图的《大希庇阿斯篇》对"美"与"美的东西"的区分开始，人们就开始以概念界定的方式追溯美的真相。在美学的实体本体论阶段，以形而上逻辑推理方法为代表的美学将"美"归为先定的秩序。到了认识论阶段，人们又用人的各种感知机能及其之间的相互配合来界定"美"。这就使对"美"的界定常常围绕着某一个核心的概念而展开。西方传统美学的偏见是陷于认识论与本质论的偏见，因为适宜于认识论的东西如科学分类、对象界定之类更能用概念说清楚。

这种思路目前看来至少存在三种缺失。第一，不顾经验。现象学已经指出这是西方哲学最大的偏见之一，它使我们不是经验存在者本身，而是依附僵硬的、从存在者中抽象出来的共相。脱离经验的共相常常是根据某个原则抽象而出，所以会罔顾其他原则而抽象出共相，这也是为什么仅在认识论系统对"美"的追问可以抽象出理性式的前定和谐与感性式的各种心理反应两种截然不同的思路。第二，不顾个性。哲学语言界定性的陈述远离无目的的描述与模糊的象征等语言表达，而追求精确性。这当然会损害对具体审美对象的观照与分析。第三，依附于语言陈述的美学分析没有发现语言一旦形成系统，稳定下来，就能摆脱主体的控制。说话的主体并非控制着语言，语言是一个独立的体系，这也是20世纪语言学转向的话题：我说语言，还是语言说我。在实用中、在日常生活中显现的美学，在语言中却找不到确定意义，"美"成为言说之难。掌控主体的语言将没法言说，面对现象的美学研究逐渐排斥了理论话语，使它在原始社会的理论论述中处于弱势地位。

　　语言的独断使对具体之美的分析，特别是不能达到统一有机共相的分析飘忽出人们的视野，从而错失很多。用这种思路去追问原始艺术，首先便要设想原始社会是整个社会体的一个有机部分，而这整个社会体又是根据固有的秩序发展的。这样一来原始社会处于这个有机整体的前端，必然拥有一些其他组成部分不具有的因素。为了使原始社会的局部性质更加明显，保持有机系统的严谨整一，人们甚至还经常切断原始社会特征的繁杂表现，而只保留它最显眼的特征。所以无论是对原始社会诗意的论述，还是对早期宗教或巫术社会的断定都只是原始某一个特点的凸显。但在岩画分析中可以发现，虽然功利性与非功利性因素之间的比例、配合的方式与其他社会不同，但这些因素在原始社会已经都是具有的。原始社会与其他社会的区分不是某种本质事物的消失，事实上巫术思维直到当代社会依然存在于社会的日常生活之中，只是巫术思维的影响力变小了。就祭祀来说，对神的崇拜在现代社会也没有完全消失，在很多时候只是转化成了对"人"的崇拜与依赖。中国风水先生的兴旺也表明当代社会依然有许多人相信某种人具有沟通天地人神的能力。原始社会与其他社会的差别在很多方面只是各种思维方式之间的配合不一样。这些不能单凭本质性的概念就清晰地划分出来。

2. 功利因果关系的遮蔽。以语言的独断推论原始人有许多方面的缺点，比如野蛮、愚昧等词。因为原始人生存环境恶劣，推论他们只会关注功利性事件也是语言独断论的一个结局。

功利因果关系取代了一切可能性。如原始艺术材料颜色的推论。如果只有单一的颜色，如岩画，就会得出这是他们唯一能获得的颜料的结论。可同时，早期人又显示了对五彩颜色的羡慕，那么根据功利因果关系，又可以推出因为他们技术工艺落后，没办法同时运用多种颜色，所以羡慕多彩颜色这一结论。

对岩画甚至是原始艺术的解读通常从食色功利因果范畴进行设定。比如学术界对"美"的解读常以《说文解字》"羊大为美"为基础，将早期人的审美活动解释为食色之美，甚至还从"品""鉴""味"这样的食色概念中寻找依据。如"艺术美和美也最先见于食色。汉文'美'字就起于美羹的味道，中外文都以'趣味'来指'审美力'。"①由于常年忽视库拉、主动献祭、生存宽恕、同情怜悯这些非功利行为的社会心理原因。人们在分裂原始社会与后原始社会的同时，也分裂了纯功利性社会与非纯功利性社会。造成的后果，便是只论述原始人对食物、生殖类目的的渴望与对大自然的恐惧，而对原始人的荣耀、希望、退让等情感缄默不言。

以功利因果关系解读原始艺术也容易忽视艺术中的一些细节。当我们以食物论解读完原始岩画的动物图像时，却忽视了为何中国岩画鸟类、熊类、野猪类等题材稀少的原因。我们满足于说宁夏岩画反映出羊为宁夏地区的主要食物，却不关心宁夏羊图像更加抽象简略这一事实。

退一步说，将信仰归于纯功利性的行为也是一种偏差。从拜神方

---

① 朱光潜：《谈美书简》，中国青年出版社2014年版，第18页。

面看，许多人拜神确实是为了获取功利上的利益。他们希望此生，或来生，或家人的此生与来生因为信神得福。但还有一些人是基于真、善、美合一的思考，是为了寻求人类生存的终极意义。思想家们对神的信奉是对形而上的庄严伟大思想的信奉。人们用这种执着抵抗现实，所必然遭遇的卑微、琐碎、庸俗、功利，就隐含了明知现世神不可在，而要求其应当在的悲壮感。经过现代主义艺术对现实的全盘否定、讽刺后，人们对形而上的信仰岌岌可危，又难能可贵。当然，原始人与现代人的信仰的崇高精神不是一样的，至少我们不能用当前的材料证明他们一样。但原始人在信仰中表现出的宽容、舍己、遵守交换精神都展示了他们不是唯功利论者。

　　联系于食色功利因果范畴设定使原始图像艺术的判断标准显示为"大""多"，忽视了原始艺术复杂的心理起因。传统哲学认为真理应符合理性活动而成为真理，但人类思维不可能不包括直观、体验。直观、体验性的思维影响了功利观念的表达，奠基于功利观念之前，推动了理性推理的完成。原始艺术的成像过程，涵盖了形式本身的规则与绘制对象的心理暗示，及题材组合的情感倾向，这些都不是简单的功利因果论断所能包括的。正如卡尔·雅斯贝尔斯所认为的"哲学实践意味着要求这样一种对待哲学史的方式：对它的理论态度应该通过在生活中掌握它的文本内容来实现。……哲学史不能像科学史那样用知性来从事研究"[1]，而囿于功利因果关系的理论解读，却将人的生存等同于知性科学。岩画的产生与当时人们的认识相关，又存在一些进入认识领域前的东西。

　　当我们重新审视"美"的起源时，仅就美的词源学来说它是起源于人戴着某种装饰。但审美活动的蕴义远不止如此。从情感倾向来说，原始崇高及去苦求甜存于希望的做法也是审美心理最早的起源。至于其他的，比如审丑、批判、反思、自由恐怕都是后来才发展出来的审美意识。

---

[1] 张汝伦：《二十世纪德国哲学》，人民出版社2008年版，第435页。

3. 生理生存论的霸权。以食、色追求代替原始人的整个生命活动，将原始人生命活动转换为最基本的生理生存活动，忽略了生命本身的充实与饱满。对于人类而言，寻求生存和繁衍固然是大部分人不可或缺的使命，但又不是全部。原始人的生命活动除了食、色，依然有情感交流需要、自我荣耀需要。存在不仅仅是对于生理生存的追寻，它包括对生命的价值判断与自我理解，在产生生理性的指称陈述的同时，依然有判断其价值标准的规范性陈述。即使是对生存的追求，其过程又自有曲折复杂处。因为同样是追求生存，各地却有不同的信仰风俗，这些信仰差异使原始人的生存活动既建立在生死更迭的巫术活动中，也建立在消弭物与我、生与死之间的紧张关系中。对于初民生存本身的理解，应该有囿于生理生存认知，更宽泛地考察他们的可能。

岩画的产生虽然扎根于生理生存，又与一般的采集、狩猎活动不同。它已经与直接性的生理生存活动隔了一层。在以图像为中介表达生理生存需要时，岩画就已经隐含了选择图像的目的。

4. 原始人类共性的假设。原始社会研究不太顾及人的差异。在人类学家看来，原始社会是一个共同体，这个社会的人拥有共同的习惯、思维。但事实上人是历史的、具体的、时间性的、独一无二的、有限的存在者。原始艺术虽然有共同点，但时代的共通处并不能完全遮蔽原始艺术中的个性特征。如同为原始艺术品，龙山文化的黑陶轻巧薄细，偃师二里头陶器厚重朴实；马家窑陶器多见几何纹与蛙纹，半坡陶器却出现了鱼纹；四川三星堆青铜面具高鼻突目与中国其他地带的人面像大相径庭。建立在食色理性基础上的起源理论如何能说明这种差异，难道仅仅是因为食物的不同吗？

20 世纪 20 年代，西方社会才普遍认同原始艺术的审美价值，"虽然保罗·高更这样的艺术家也会认为 19 世纪 80 年代的哥伦布时代以前的陶器有着审美价值，甚至还在他自己质朴的瓷器中融入它们的某些形式元素，但在当时这种美学以'艺术的身份'融入当时主流的文化心理是不可想象的，直到 20 世纪 20 年代这种态度才得以完全扭转。

于是，到20世纪的第一个10年，即使是主流的艺术期刊也在试图说服满腹疑问的读者，告知它们具有美学价值。"① 现代艺术对原始艺术的接受具有乌托邦的色彩。现代艺术或是认同原始艺术的简洁、单纯，并将之反对过于烦琐的商品社会与消费文化；或是从原始艺术中吸取新的表达方式，试图阻止现代艺术源泉的干涸，达到新的文艺复兴。前一种努力屏蔽了原始艺术的功利目的，后一种努力从形式上拓展了艺术路径，却也因为先锋艺术一味地追求创新而很快被更激进的形式取代。

摒弃了这些偏见后，让我们重新回到艺术的起源这个问题。从"美"字的起源来说，"美"是人戴着某种装饰品。萧兵提出了"羊人为美"的概念反驳"羊大为美"。萧兵认为美是一个大人头上戴着羊头或羊形装饰，是图腾巫术。② 李泽厚与刘纲纪赞成萧兵的观点，认为"美"的字形"都像一个'大人'头上戴着羊头或羊角，这个'大'在原始社会里往往是有权力有地位的巫师或酋长，他执掌种种巫术仪式，把羊头或羊角戴在头上显示其神秘和权威。这是原始的'狩猎舞''狩猎巫术'。这种'狩猎舞''狩猎巫术'往往与图腾跳舞、图腾巫术结合起来。美字就是这种动物扮演或图腾巫术在文字上的表现。"③ 岩画的材料更支持"羊人为美"的观念而不是"羊大则美"。但"羊人为美"也有几个问题。（1）戴的装饰不一定是羊。刘旭光先生已经指出了这个问题："美是男人头戴羽毛饰，这个现代文字学家的观点比'羊大为美'更有根据，也更令人信服。虽然我们并不指望借这一解释对中国人的审美意识作出什么概括，这至少说明从羊的角度解释美是可疑的。"④（2）舞蹈也不一定是图腾舞或狩猎舞。只能明确地说原始舞蹈属于愉神的祭祀舞。至于到底是为了狩猎，还是为了崇拜图腾，这个难有明确的证据。祭祀的目的是多样的，生殖、狩猎、

---

① ［澳］科林·罗德：《原始主义：遗失、发现与重构》，刘翔宇译，李修建校，《民族艺术》2016年第3期。
② 萧兵：《从"羊人为美"到"羊大则美"》，《北方论丛》1980年第2期。
③ 李泽厚、刘纲纪：《中国美学史·先秦两汉编》，安徽文艺出版社1999年版，第75页。
④ 刘旭光：《"美"的字源学研究批判》，《学术月刊》2013年第9期。

求福、免灾都有可能。

从感知对象的起源来说，原始人在巫术活动与祭祀活动中已经有了对形式的独立感知，特别是皮毛癖与角癖。原始人以皮毛与角来选择他们的祭祀中介与祭祀对象。在对各类动物图像的摹形中，原始人已经可以初步抓住这些动物图像的特征分别塑造，将之进行类分。有一些图案中还具有将图形抽象化为几何形的能力。岩画创作中的几何形抽象、最大轮廓化、"S"纹装饰、类化等方面都显示了岩画创作者们对形式的追求。

从审美心理起源来说，原始人在取材图像与组合图像时存在着去苦存甜的情感倾向。无论是符咒图像的运用，还是祭祀中介的神力，岩画创作者甚至很少绘制邪神，他们于图像中保留了心中存有的希望。在人面像的塑造中，原始人甚至已经有崇高感的萌芽，以丧失全部或部分自我的牺牲获得了通神能力。在关照自然，与神灵、自然沟通、协作的过程中，原始人以牺牲主体、隐藏个体身份为付出，获得了其与世界的独特相处模式。

早期艺术图像发展的趋势历来也得到了学术界的关注。因为早期艺术是集体性行为，人们常断定艺术的演变也是集体性风格转变的表现。人们常将风格的演变定为从写实到抽象，或者从抽象到写实的变化。

许多学者认为艺术的发展是从写实到抽象。如严文明的彩陶研究就支持这种从写实到抽象的观念，"把半坡期到庙底沟期再到马家窑期的蛙纹和鸟纹联系起来看，很清楚地存在着因袭传承、依次演化的脉络。开始是写实的，生动的，形象多样化的，后来都逐步走向图案化，格律化，规范化"[1]。李泽厚的《美的历程》讲陶器纹样的变化："它们是由动物形象的写实而逐渐变为抽象化、符号化的。由再现（模拟）到表现（抽象化），由写实到符号化，这正是一个由内容到形式的积淀过程，也正是美作为'有意味的形式'的原始形成过程。即

---

[1] 严文明：《甘肃彩陶的源流》，《文物》1978年第10期。

是说，在后世看来似乎只是'美观''装饰'而并无具体含义和内容的抽象几何纹样，其实在当年却是有着非常重要的内容和含义，即具有严重的原始巫术礼仪的图腾含义的。"①

也有与之相反的意见，如安德列·勒鲁瓦-古昂的观点，"只有从年代学的角度入手，才能揭示旧石器时代的艺术始于抽象，后来渐趋于写实，写实性在艺术中日益显示出来"②。安德列·勒鲁瓦-古昂提出的论证是在莫斯特后期（约公元前50000年）出现的骸骨与石片带有间隔匀称的切痕。奥瑞纳时期（约公元前30000年）的图像极其抽象、朴拙，画的是动物的头部或前半身，与表现生殖器的符号混在一起，而且难以辨认。格拉维特时期与索鲁特前期（约公元前25000至公元前20000年），动物形象的画法千篇一律，颈背画得十分弯曲，而表示野牛、马、猛犸、羱羊等动物特征的细节，却往往画得非常简略。人体形象也因袭这种画法，故风格极为近似，如人体的躯干同头部与四肢相比，画得很大，遂使人认为旧石器时代的妇女臀部特别肥大。而到马格德林时期（约公元前15000至公元前11000前），动物表象的比例接近真实，并充实了许多细节描绘，画上了兽毛，表现了明暗凹凸。马格德林后期（约公元前10000年），动物的画法是写实的，形态与动作精确得令人惊讶。③

中国岩画中包含了抽象与写实两种符号。从连云港岩画的断代来说，是从抽象到具象，从简单到具体。如果是论"羊"纹的发展，那么也可能是从具象到抽象。彩陶中的鸟纹有从具象到抽象的过程，但蛙纹却没有明显的这种发展。因为断代困难，各个地域又有自己的各自发展，以岩画来论写实与抽象谁前谁后，很难得到清晰的观点。不过从信仰的三重思维推断，可以得出结论：在中国岩画的图像发生中，

---

① 李泽厚：《美的历程》，文物出版社1981年版，第18页。
② [法] 安德列·勒鲁瓦-古昂：《史前宗教》，俞灏敏译，上海文艺出版社1990年版，第94页。
③ [法] 安德列·勒鲁瓦-古昂：《史前宗教》，俞灏敏译，上海文艺出版社1990年版，第94—97页。

符咒偏写实，牲祭与崇拜对象渐渐出现了更多的想象因素。除人面像，岩画中的动物想象远不如东周时期的文本《山海经》。人类艺术创作的思维是从写实慢慢走向想象。模仿性的符咒创作才是最初的本能。从人面像来看，原始人在很早就开始使用了想象。在人面像时期，符咒写实与崇拜想象已经并存于世。以现在的断代成果来看，虽然从物理时间上很难列出确凿的图像证据，一一指出早期的为写实，后期的为想象，却能从信仰的方式看出写实图像走向了想象。

从功利到崇高是中国岩画符咒、牲祭、崇拜三种信仰图像发展的第二个脉络。在符咒信仰中，岩画图像形式审美与功利追求相结合；而到了牲祭图像中已经有了以物换物的公允之心；在偶像崇拜的信仰中放弃自我获得"大义"的追求是崇高精神的初步萌芽。

总之，中国岩画创作虽受经济与信仰影响甚大，但审美已经与之并列而行。在信仰的符咒、牺牲、偶像崇拜三种方式中，岩画的图像创作表现出了不同的审美偏向，并于这三者之中具有一定的发展趋势。岩画的形式技巧与情感倾向不但具有一定的独立性，而且有时又会时常反过来决定岩画的信仰对象及信仰流程。就整体的岩画而言，大多处于符咒阶段，有部分岩画进入了"制鼎象物"的文化模式中，只是载体与之不同，但中国岩画离"制器尚象"阶段尚有差距，所以它处于礼文化之前。中国岩画与中国礼文化之间是相续又相断的关系。

索 引

A

阿尔泰山 210

阿纳蒂 8,14,143

安德列·勒鲁瓦-古昂 45,239,242,243,248,294

安德烈斯·隆梅尔 242

凹穴 9,11,44,49-56,61,62,115,119-123,164,209,222,226,232,235,237,258,274,277

B

白岔河 192,204,210

拜人 178

拜物 88,89,91,213

宝镜湾岩画 14

贝德纳瑞克 1

悖论 261,275,277

博厄斯 247

C

陈兆复 1,2,23,213

赤峰 188,192,199,204,210

崇拜 8,23,25,27,32-37,44,46,47,59,61,72,82,83,86-91,96-98,103,106,117,122,128,143,144,148,152,156,160-162,164,166-168,172-174,178-183,185-191,193-196,198-201,203,207-209,213-215,217,225,229,235,236,240,241,251,252,257,259,261,262,264-266,269,270,274,276,277,279,282,284,287,288,292,295

崇高 28,29,148,151,153-157,249,250,260,273,275-277,283,290,293,295

重圈纹 49,58-60,115,119,121,225,231,232,258

索 引

抽象 118-121,123,126,140,144,
147,159,161,191,203,216,
222,226,230,246,250,273,
276,285,288,289,293,294

D

东龙石刻 211

杜夫海纳 245

蹲踞 47,75,77,82,142,144,145,
180,182,222,229,230,269

多神 36,86-88,91,108,141,249-
253,255,257,258

E

恩格斯 5

F

弗雷泽 22,34,40,85,135,136,
262

符咒 33-38,40-47,49,51,56,
61-63,65,67,71,73,80,84,
86-88,95-97,109,111-119,
121-124,126-128,130,146,
152,158,159,162,163,165,
167,172,173,178,180-183,
193,195,202,205,207-209,
217,218,222,225,226,237,
240,252,253,257,260,265,
266,269,272,274,275,279,
285,293,295

辅助神 33,38,81,83,84,121,154

G

G. 特·莫尔蒂耶 242

尕琼岩画 13

格罗塞 215,247

功利性 7,8,20,21,25-28,63,
109,112,124,185,207,208,
216,249,257,260,275,280,284-
286,288,289

广西左江 16,19,42,60,75-77,
81,89,116,123,124,143,144,
166,172,179,189,212,217,
224,230,269,279

H

贺兰山 59,96,97,99,100,102,
107,124,162,164,166,168,
173,178,202,210,217,226,
230,232,265

黑龙江 69,70,107,210

黑山 188,194,210

呼图壁 47,82,102,106,111,143,
166,168,171,172,180,182,
217,224,244

湖北巴东县岩画 42

虎食人 93,94,273,274,276

华安仙字潭 14,47,48,116,122,
144,210

画马崖 210

怀特里 1,138

J

将军崖岩画　9, 15, 16, 50, 56, 96, 190

交感　6, 20, 22, 40, 43, 85, 109, 135, 152, 158, 200, 242, 274, 286

接触　6, 22, 40, 43, 51, 62, 63, 85, 95, 109, 112, 115, 140, 156, 159, 237, 248, 258

金沙江流域洞穴岩画　42

禁忌　30, 187, 256, 257, 264, 282

具茨山　3, 52, 54, 57, 62, 119, 120, 122, 123, 210

K

卡约文化　11-13, 91, 192

库拉　31, 32, 156, 289

L

类的摹写　115

连云港岩画　294

轮廓取象　117, 131, 182, 226, 227, 279, 280

M

M. 布朗　242

马克思　5, 29

马林诺夫斯基　31, 32, 156, 260

马马崖　210

曼德拉山　210

模仿　18, 20, 44, 58, 59, 73, 114- 116, 119, 139, 140, 143, 156, 159, 163, 205, 208, 221, 242, 260, 268, 285, 295

摩尔根　5

N

内蒙古　3, 16, 23, 58, 73, 98, 114, 122, 161, 162, 164, 178, 186- 189, 191, 192, 194, 203-206, 210, 217, 218, 232

宁夏　14, 16, 45, 46, 52, 59, 73, 96, 99, 107, 114, 119, 127, 128, 162, 164, 166, 170, 178, 199, 202, 207, 208, 217, 222, 289

O

偶像　33-37, 43, 85-91, 95, 96, 100, 103, 115, 117, 121, 124, 158, 165-167, 173, 174, 181- 183, 193, 200, 222, 223, 226, 240, 249, 252, 265, 273, 275, 285, 295

Q

青海卢山　202

青藏岩画　11, 14

去苦存甜　293

R

日姆栋　113, 188

人面岩画　98-102, 160, 178, 190,

192-194，212，213，226，232，234
人面像 9，16，19，32，50-52，57，59，81，84，89-93，95-103，108，112，114-116，120，121，125，156，159-166，169，178-180，182，183，188，190-193，195，205-207，210-213，222，223，225，226，231-234，237-240，249，266，267，273，277，287，291，293，295
任姆栋 72，89，216

S

S. 雷纳克 22，242
S形 13，147，205，224
山海经 38，42，49，53，68，83，84，91-95，106，108，110-112，114，118，157-159，162，163，174，175，177，181，186，200，208，211-213，215，216，225，244，266，271，285，295
尚圆 231，280
牲祭 34-38，63-68，71-73，79，84，91-93，95，111，120，121，134，139-141，148，151，153-155，157-159，165，167，177，178，180，181，183，193，206，223，225，240，252，260，273，274，276，280，285，287，295
食物论 193，197，199，289
史蒂文·米森 243

兽面纹 93，94，121，140，164，231，232，267，273
手印 16，41，49，51，62，63，125，127，132，160，161，164，225，258，277
斯多葛派 250，251，
斯基泰 202

T

台州岩画 204
泰勒 29，31，53，54，98，259，283
饕餮 33，64，93，95，120，121，151，164，231，267
通神 17，33，35，64，68，69，71，74-77，79-84，92，93，107，116，121，134，136，140，146，148，151，154-156，164，187，200，253，254，259，269，272，276，293
通天河流域岩画 11，13，14，210
涂绘类岩画 3，17，42，67，127，141，197，199，207，213

W

万物有灵 31，32，85，152，153，185，263，279
维柯 4，88，248
无利害 281，284
物神 64，73，86-91，102，103，107，108，166，168，173-175，177，180-182，195，200，240，263，279
巫术 5-8，18，20-23，25-28，32-

35,37,40,43,44,51,63,68,84-88,91,108,109,112-115,121,125-127,129,130,135-137,141,148-152,156,158,159,163,164,169,177,185,196,200,207-209,214-216,240-242,249,254,258-260,264,267,268,273,274,278-280,282,284-286,288,291-294

X

牺牲 33,64,65,67,71,72,74,79,80,84,89,97,98,148,150-157,215,256,272,273,277,280,287,293,295

西藏日土 113,188,202,222

西藏岩画 11,16,99,113,188,199,200,222

仙字潭岩画 14,47,144

相似 3,6,11,16-18,22,25,40,43,44,49,54,55,60,70,76,77,79,80,85,87,94,95,99,100,102,109,112,115,121,126,136,147,152,153,156,159,164,177,181-183,188,205,207,208,214,222,224,229,232,235,258,263,275

想象 4,30,40,71,87,92,109-115,117-119,123,134,151,153,157-165,170,174,175,178,183,197,202,203,205-207,211,241,243,248,250,255,257,258,260,262,265,270,274,275,285,291,295

萧维洞穴 42,132

写实 20,23-26,32,49,58,59,80,84,96,109-115,117-119,121,123,125,126,139,140,142,157-159,163,165,169,178,182,183,190,191,202,205,207,208,221,222,238,242,260,275,285,293-295

辛店文化 11,13,91,147

新疆 16,23,27,46-48,51,58,59,61,62,76,82,87,90,102,106,111,116,119,122,124,127,143,161,166,168,169,177,179,180,182,188,199,200,212,214-217,224,240,244

新疆岩画 42

休谟 28,29,91,249-251,257

漩涡 49,58-60,119,121,195,197,207,212,232,258,280

Y

亚历山大·马沙克 243

羊大为美 289,292

羊人为美 292

一神 86-89,91,249-253

以大为美 72,167,168,173,230

阴山 16,23,24,99-102,116,131,162,173,210,212,236

愉神　64-66，71，74，75，77，79，84，138，156，248，269，276，277，292

玉树　11，13，14，74，141，171，196，197，202，221，222

原始文化　2，48，22，23，29-31，36，54，83，98，106，259，270，283

云南沧源　9，16，19，42，77，78，81，84，123，124，144，166，168，169，173，179，180，182，199，210，216-218，222，224

云南岩画　3，9，16，161，191，267，273

Z

凿刻类岩画　3，141，197，199，207

珠海石刻　211

最大轮廓化原则　14，226-231，285

左江岩画　10，75，76，116，145，146，166，172，179，217，224，230

左江崖壁画　10

参考文献

(以姓氏拼音为序)

一 中文文献

(一) 著作

(汉) 班固：《汉书》，中华书局1962年版。

(汉) 班固：《白虎通义》，纪昀总纂《四库全书》第850册，上海古籍出版社1987年版。

班澜、冯军胜：《中国岩画艺术》，内蒙古人民出版社2008年版。

陈梦家：《殷虚卜辞综述》，中华书局1988年版。

陈永春：《科尔沁萨满神歌审美研究》，民族出版社2010年版。

陈兆复：《古代岩画》，文物出版社2002年版。

陈兆复主编：《中国岩画全集》，辽宁美术出版社、人民美术出版社2007年版。

陈兆复：《中国岩画发现史》，上海人民出版社2009年版。

陈兆复、邢琏：《外国岩画发现史》，上海人民出版社1993年版。

陈兆复、邢琏：《世界岩画》，文物出版社2011年版。

程树德集释：《论语集释》，《新编诸子集成》，中华书局2014年版。

赤峰市文化局、赤峰市博物馆编：《文物古迹博览》，内蒙古科学技术出版社1994年版。

邓启耀：《云南岩画艺术》，晨光出版社2004年版。

邓球柏校释：《帛书周易校释》，湖南出版社1987年版。

（清）董诰等编：《全唐文》卷五百五十七，上海古籍出版社1990年版。

（明）董其昌：《画禅室随笔》，《四库全书》第867册，上海古籍出版社1987年版。

（唐）杜佑：《通典》，中华书局1988年版。

段世琳：《佤族历史文化探秘》，云南大学出版社2007年版。

（清）段玉裁注：《说文解字注》，中华书局2013年版。

（宋）范晔编撰：《后汉书》，中华书局1965年版。

方克强：《原始主义与文学批评》，《学术月刊》2009年第2期。

福建省考古博物馆学会编：《福建华安仙字潭摩崖石刻研究》，中央民族大学出版社1990年版。

（晋）干宝：《搜神记》，中州古籍出版社2010年版。

盖山林：《阴山岩画》，文物出版社1986年版。

盖山林：《乌兰察布岩画》，文物出版社1989年版。

盖山林：《中国岩画学》，书目文献出版社1995年版。

盖山林：《中国岩画》，广东旅游出版社2004年版。

盖山林、盖志浩：《内蒙古岩画的文化解读》，北京图书馆出版社2002年版。

郭沫若主编：《中国史稿》，人民出版社1976年版。

（清）郭庆藩集释：《庄子集释》，《新编诸子集成》，中华书局2012年版。

（宋）郭若虚：《图画见闻志》，俞剑华注译，江苏美术出版社2007年版。

韩丛耀：《图像：一种后符号学的再现》，南京大学出版社2008年版。

何宁集释：《淮南子集释》，《新编诸子集成》，中华书局1998年版。

何新：《诸神的起源》，生活·读书·新知三联书店1986年版。

何星亮编：《宗教信仰与原始文化》第一辑，社会科学文献出版社2007年版。

何星亮：《中国自然崇拜》，江苏人民出版社 2008 年版。

胡桥华、崔越领：《呼伦贝尔草原文化与大兴安岭彩绘岩画》，上海人民出版社 2016 年版。

户晓辉：《岩画与生殖巫术》，新疆美术摄影出版社 1993 年版。

黄静：《粤港澳岩画浅析》，《2000 宁夏国际岩画研讨会文集》，宁夏人民出版社 2001 年版。

（清）焦循注：《孟子正义》，《新编诸子集成》，中华书局 1987 年版。

黎翔凤校注：《管子校注》，《新编诸子集成》，中华书局 2004 年版。

（宋）李昉等编撰：《太平御览》，中华书局 1960 年版。

（宋）李昉等编：《太平广记》，中华书局 1961 年版。

（宋）李石：《续博物志》，《上海图书馆未刊古籍稿本》第三十一册，复旦大学出版社 2008 年版。

（宋）李焘：《续资治通鉴长编》，《四库全书》第 315 册，上海古籍出版社 1987 年版。

李学勤：《四海寻珍》，清华大学出版社 1998 年版。

李泽厚：《美的历程》，文物出版社 1981 年版。

李泽厚：《由巫到礼　释礼归仁》，生活·读书·新知三联书店 2015 年版。

李泽厚、刘纲纪：《中国美学史·先秦两汉编》，安徽文艺出版社 1999 年版。

（北魏）郦道元：《水经注校证》，陈桥驿校证，中华书局 2013 年版。

梁振华：《桌子山岩画》，文物出版社 1998 年版。

凌纯声：《松花江下游的赫哲族》，民族出版社 2012 年版。

刘莉、陈星灿：《中国考古学：旧石器时代晚期到早期青铜时代》，生活·读书·新知三联书店 2017 年版。

刘五一编著：《具茨山岩画》，中州古籍出版社 2010 年版。

（汉）刘向：《说苑》，《四库全书》第 696 册，上海古籍出版社 1987 年版。

（南北朝）刘勰：《文心雕龙》，中华书局 1985 年版。

罗泌：《路史》，《四库全书》第 383 卷，上海古籍出版社 1987 年版。
罗晓明、王良范：《山崖上的图像叙事》，贵州人民出版社 2007 年版。
满都尔图：《达斡尔族》，民族出版社 1991 年版。
满都尔图等编：《中国各民族原始宗教资料集成》，中国社会科学出版社 1999 年版。
孟慧英：《论原始信仰与萨满文化》，中国社会科学出版社 2014 年版。
孟慧英编：《宗教信仰与民族文化》第二辑，社会科学文献出版社 2009 年版。
宁克平：《中国岩画艺术图式》，湖南美术出版社 1990 年版。
（宋）欧阳修、宋祁：《新唐书》，中华书局 1975 年版。
（清）钱谦益注：《钱注杜诗》，上海古籍出版社 2009 年版。
乔华主编：《宁夏岩画》，宁夏人民出版社 2007 年版。
覃圣敏、覃彩銮、卢敏飞、喻如玉：《广西左江流域崖壁画考察与研究》，广西民族出版社 1987 年版。
秦维廉：《香港古石刻——源起及意义》，中国宗教文化研究社 1976 年版。
秋浦等：《鄂温克人的原始社会形态》，中华书局 1962 年版。
秋浦：《萨满教研究》，上海人民出版社 1985 年版。
容庚：《商周彝器通考》，哈佛燕京学社 1941 年版。
（清）阮元校刻：《十三经注疏》，中华书局 2009 年版。
束锡红、李祥石：《岩画与游牧文化》，上海古籍出版社 2007 年版。
（汉）司马迁：《史记》，韩兆琦译注，中华书局 2010 年版。
宋恩常：《云南少数民族研究文集》，云南人民出版社 1986 年版。
宋耀良：《中国史前神格人面岩画》，上海人民出版社 2015 年版。
宋兆麟：《巫与祭司》，商务印书馆 2013 年版。
苏北海：《新疆岩画》，新疆美术摄影出版社 1994 年版。
苏北海、孙晓艳：《新疆母系氏族社会时期的洞窟彩绘岩画》，《岩画》（1），中央民族大学出版社 1995 年版。
汤惠生：《关于岩画解释的理论假说》，《岩画》（2），知识出版社 2000

年版。

汤惠生：《经历原始——青藏游牧地区文物调查随笔》，广西人民出版社2004年版。

汤惠生、张文华：《青海岩画——史前艺术中二元对立思维及其观念的研究》，科学出版社2001年版。

（魏）王弼注：《老子道德经注校释》，楼宇烈校释，《新编诸子集成》，中华书局2008年标点本。

汪宁生：《云南沧源崖画的发现与研究》，文物出版社1985年版。

王炳华：《新疆呼图壁生殖崇拜岩画》，燕山出版社1992年版。

（清）王夫之：《船山全书》第15册，岳麓书社1988年版。

王克荣、邱钟仑、陈远璋：《广西左江岩画》，文物出版社1988年版。

王国维：《宋元戏曲史》，中华书局2015年版。

（汉）王逸编著：《楚辞章句》，上海古籍出版社2017年版。

王明校释：《抱朴子内篇校释》，《新编诸子集成》，中华书局1980年版。

（清）王先慎集解：《韩非子集解》，《新编诸子集成》，中华书局1980年版。

王晓琨、张文静：《岩石上的信仰——中国北方人面岩画》，社会科学文献出版社2018年版。

王晓丽、廖旸、吴凤玲编：《宗教信仰与民族文化》第三辑，社会科学文献出版社2009年版。

（北齐）魏收：《魏书》，中华书局1974年版。

（唐）魏徵等撰：《隋书》，中华书局1973年版。

西北第二民族学院编：《大麦地岩画》，上海古籍出版社2004年版。

西北第二民族学院编：《贺兰山岩画》，上海古籍出版社2007年版。

（梁）萧子显：《南齐书》，中华书局1972年版。

徐山：《雷神崇拜——中国文化源头探索》，上海三联书店1992年版。

徐中舒主编：《甲骨文字典》，四川辞书出版社2006年版。

许维遹集释：《吕氏春秋集释》，《新编诸子集成》，中华书局2009年版。

严汝娴、宋兆麟：《永宁纳西族的母系制》，云南人民出版社1983年版。

杨伯峻集释：《列子集释》，《新编诸子集成》，中华书局1979年版。

杨天佑：《麻栗坡大王岩画》，《云南民族文物调查》，民族出版社2009年版。

佚名：《道藏》，文物出版社、上海书店、天津古籍出版社1988年版。

佚名：《山海经》，（晋）郭璞注，（清）郝懿行笺疏，上海古籍出版社2015年版。

（周）尹喜：《关尹子》，中华书局1985年版。

俞剑华编著：《中国画论类编》，人民美术出版社1986年版。

俞伟超：《"神面卣"上的人格化"天帝"图像》，《保利藏金》，岭南美术出版社1999年版。

张光直：《中国青铜时代》，生活·读书·新知三联书店1983年版。

张光直：《美术，神话与祭祀》，辽宁教育出版社2002年版。

（唐）张彦远：《历代名画记》，人民美术出版社1963年版。

张紫晨：《中国巫术》，上海三联书店1990年版。

张汝伦：《二十世纪德国哲学》，人民出版社2008年版。

张亚莎：《西藏的岩画》，青海人民出版社2006年版。

赵养锋：《略谈阿尔泰山岩画中的舞蹈图》，《岩画》（1），中央民族大学出版社1995年版。

中共大兴安岭地委宣传部：《大兴安岭岩画》，内部资料，2014年。

（南朝）钟嵘：《诗品》，中华书局1991年版。

朱狄：《原始文化研究》，生活·读书·新知三联书店1988年版。

朱狄：《艺术的起源》，武汉大学出版社2007年版。

朱狄：《雕刻出来的祈祷——原始艺术研究》，武汉大学出版社2008年版。

朱光潜：《谈美书简》，中国青年出版社2014年版。

朱利峰：《环太平洋视域下的中国北方人面岩画》，中国社会科学出版社2017年版。

朱天顺：《中国古代宗教初探》，上海人民出版社1982年版。

朱媛：《中国岩画的审美之维》，上海人民出版社2013年版。

（战国）左丘明：《国语》，上海古籍出版社 2015 年版。

（二）期刊

蔡葵：《解放前云南西盟佤族的概况——兼谈对龙山文化的一些看法》，《史前研究》1984 年第 3 期。

陈文华：《几何印纹陶与古越族的蛇图腾崇拜》，《考古与文物》1981 年第 2 期。

陈文武：《长江三峡岩画引论》，《三陕论坛》2010 年第 1 期。

段世琳：《云南沧源崖画是佤族先民创造的文化遗迹》，《中央民族大学学报》1986 年第 4 期。

高东陆：《略论卡约文化》，《青海社会科学》1993 年第 1 期。

龚田夫、张亚莎、乔华：《宁夏岩画的出现、发展及特点》，《中央民族大学学报》2005 年第 2 期。

黑龙江省博物馆：《黑龙江省海林县牡丹江右岸的古代摩崖壁画》，《考古》1972 年第 5 期。

湖北省博物馆等：《房县七里河遗址发掘的主要收获》，《江江考古》1984 年第 3 期。

嘉峪关市文物清理小组：《甘肃地区古代游牧民族的岩画——黑山石刻画像初步调查》，《文物》1972 年第 12 期。

吉成名：《越族崇蛇习俗研究》，《中央民族大学学报》1999 年第 6 期。

考古研究所洛阳发掘队：《洛阳西郊一号战国墓发掘记》，《考古》1959 年第 12 期。

李洪甫：《论中国东南地区的岩画》，《东南文化》1994 年第 4 期。

李新伟：《中国史前玉器反映的宇宙观》，《东南文化》2004 年第 3 期。

李彦锋：《岩画图像叙事的"顷间"性》，《民族艺术》2009 年第 2 期。

李世源：《珠海宝镜湾岩画年代的界定》，《东南文化》2001 年第 11 期。

林蔚文：《中国南方部分民族崇蛇意念的差异与嬗变》，《中南民族学院学报》1992 年第 1 期。

林晓：《四十年来国内学者对左江流域崖壁画的研究概述》，《广西师院学报》2000 年第 3 期。

刘溥、尚民杰：《涡纹、蛙纹浅说》，《考古与文物》1987 年第 6 期。

刘旭光：《"美"的字源学研究批判》，《学术月刊》2013 年第 9 期。

刘仲宇：《道符溯源》，《世界宗教研究》1994 年第 1 期。

倪志云：《半山——马厂文化彩陶艺术的观念主题》，《文物》1989 年第 4 期。

欧潭生、卢美松：《福建华安仙字潭岩画新考》，《考古》1994 年第 2 期。

潘守永、雷虹霁：《"虎食人卣"的文化阐释——续论【九屈神人】的文化义涵》，《民族艺术》2000 年第 2 期。

潘守永、雷虹霁：《古代玉器上所见"⊕"字纹的含义》，《民族艺术》2000 年第 4 期。

彭兆荣：《吃出形色之美：中国饮食审美启示》，《文艺理论研究》2012 年第 2 期。

青海省文物管理处考古队：《青海大通县上孙家寨出土的舞蹈纹彩陶盆》，《文物》1978 年第 3 期。

青海省文物考古队：《青海互助土族自治县总寨马厂、齐家、辛店文化墓葬》，《考古》1986 年第 4 期。

邱钟伦：《也谈沧源岩画的年代和族属》，《云南民族学院学报》1995 年第 1 期。

如鱼：《蛙纹与蛙图腾崇拜》，《中原文物》1991 年第 2 期。

山西省考古研究所侯马工作站：《1992 年侯马铸铜遗址发掘简报》，《文物》1995 年第 2 期。

施劲松：《论带虎食人母题的商周青铜器》，《考古》1998 年第 3 期。

宋耀良：《呼图壁岩画对马图符研究》，《文艺理论研究》1990 年第 5 期。

随县擂鼓墩一号墓考古发掘队：《湖北随县曾侯乙墓发掘简报》，《文物》1979 年第 7 期。

汤惠生：《原始艺术中的"蹲踞式人形"研究》，《中国历史博物馆馆刊》1996 年第 1 期。

汤惠生：《凹穴岩画的分期与断代——中国史前艺术研究之一》，《考古与文物》2004 年第 6 期。

汤惠生、梅亚文：《将军崖史前岩画遗址的断代及相关问题的讨论》，《东南文化》2008 年第 2 期。

童永生：《连云港将军崖岩画中的原始农业文化解读与考证》，《南京农业大学学报》（社会科学版）2011 年第 2 期。

王育成：《东汉道符释例》，《考古学报》1991 年第 1 期。

王育成：《仰韶人面鱼纹与史前人头崇拜》，《江汉考古》1992 年第 2 期。

萧兵：《从"羊人为美"到"羊大则美"》，《北方论丛》1980 年第 2 期。

熊建化：《虎卣新论》，《东南文化》1999 年第 2 期。

许兆昌：《先秦社会的巫、巫术与祭祀》，《史学集刊》1997 年第 3 期。

严文明：《甘肃彩陶的源流》，《文物》1978 年第 10 期。

杨天佑：《云南元江它克崖画》，《文物》1986 年第 7 期。

叶舒宪：《从文学中探寻历史信息——〈山海经〉与失落的文化大传统》，《文艺理论研究》2012 年第 2 期。

云南省博物馆：《云南宾川白羊村遗址》，《考古学报》1981 年第 3 期。

张光直：《濮阳三蹻与中国古代美术上的人兽母题》，《文物》1988 年第 11 期。

张嘉馨、吴楚克：《康家石门子岩画调查与研究之一》，《艺术探索》2018 年第 4 期。

郑天星：《国外萨满教研究概况》，《世界宗教资料》1983 年第 3 期。

朱乃诚：《从龙山文化四种玉器的文化传统看濮阳地区在中国文明形成中的重要地位》，《中原文化研究》2016 年第 5 期。

朱志荣、朱媛：《夏代二里头陶器的审美特征》，《清华大学学报》（哲学社会科学版）2011 年第 5 期。

庄鸿雁：《文化结点上的大兴安岭龙形岩画解读》，《学习与探索》2015 年第 7 期。

(三) 译著

［英］爱德华·泰勒：《原始文化》，连树声译，广西师范大学出版社2005年版。

［法］埃马努埃尔·阿纳蒂：《艺术的起源》，刘建译，中国人民大学出版社2007年版。

［英］埃里克·J. 夏普：《比较宗教学史》，上海人民出版社1988年版。

［法］安德列·勒鲁瓦－古昂：《史前宗教》，俞灏敏译，上海文艺出版社1990年版。

［美］阿诺德·贝林特：《艺术与介入》，李媛媛译，商务印书馆2013年版。

［英］布罗尼斯拉夫·马林诺夫斯基：《西太平洋上的航海者》，张云江译，中国社会科学出版社2009年版。

［英］大卫·休谟：《宗教的自然史》，徐晓宏译，上海人民出版社2003年版。

［美］弗朗兹·博厄斯：《原始艺术》，金辉译，贵州人民出版社2004年版。

［德］弗里德里希·尼采：《悲剧的诞生》，周国平译，译林出版社2014年版。

［英］冈布里奇：《艺术与幻觉》，周彦译，湖南人民出版社1987年版。

［德］格罗赛：《艺术的起源》，蔡慕晖译，商务印书馆1984年版。

［瑞士］海因里希·沃尔夫林：《艺术风格学》，潘耀昌译，中国人民大学出版社2004年版。

［德］黑格尔：《美学》，朱光潜译，商务印书馆1979年版。

［英］J. G. 弗雷泽：《金枝》，汪培基、徐育新、张泽石译，商务印书馆2013年版。

［美］简·布洛克：《原始艺术哲学》，沈波、张安平译，上海人民出版社1991年版。

［澳］科林、罗德：《原始主义：遗失、发现与重构》，刘翔宇译，李

修建校，《民族艺术》2016年第3期。

［意大利］ 克罗齐：《美学原理》，朱光潜译，上海人民出版社2007年版。

［德］ 莱辛：《拉奥孔》，人民文学出版社1979年版。

［法］ 赖那克：《阿波罗艺术史》，李朴园译，商务印书馆1937年版。

［法］ 列维－布留尔：《原始思维》，丁由译，商务印书馆1981年版。

［法］ 列维－斯特劳斯：《野性的思维》，李幼蒸译，商务印书馆1987年版。

［法］ 卢梭：《卢梭全集》第四卷，李平沤译，商务印书馆2012年版。

［美］ 路易斯·亨利·摩尔根：《古代社会》，杨东莼等译，商务印书馆1981年版。

马克思、恩格斯：《马克思恩格斯全集》，人民出版社1965年版。

［英］ 麦克斯·缪勒：《宗教的起源与发展》，金泽译，上海人民出版社2010年版。

［法］ 米盖尔·杜夫海纳：《美学与哲学》，孙非译，中国社会科学出版社1985年版。

［日］ 三宅俊彦：《卡约文化青铜器初步研究》，《考古》2005年第5期。

［德］ 叔本华：《作为意志和表象的世界》，石冲白译，商务印书馆1982年版。

［意大利］ 维柯：《新科学》，朱光潜译，商务印书馆1989年版。

［德］ W. 沃林格：《抽象与移情》，王才勇译，辽宁人民出版社1987年版。

［古罗马］ 西塞罗：《论神性》，石敏敏译，上海三联书店2007年版。

［德］ 谢林：《先验唯心论体系》，梁志学、石泉译，商务印书馆1976年版。

二 外文文献

Alexander Marshack, *The Roots of Civilization*, New York：McGraw-Hill Book Company, 1972.

David S. Whitley, *Introduction to Rock Art Research*, Walnut Creek：Left

Coast Press, 2005.

Evan Hadingham, *Secrets of the Ice Age—The Word of the Cave Artists*, New York: the Walker Publishing Company, 1979.

Laurie Schmeider Adamx, *Art Across Time*, New York: McGraw-Hill College, 1999.

Robert G. Bednarik, *Rock Art Science: The Scientific Study of Palaeoart*, New Delhi: Aryan Books International, 2007.

Rudolf Arnhelm, *Art and Visual Perception*, Berkeley and Los Angeles: University of California Press, 1974.

后　记

　　本书的写作主要是有感岩画生成信仰论与审美论二者之间的隔阂，想综合信仰与审美两领域，论述这两个领域在制造岩画图像时发生的差异及互相牵制关系。本书先论述了中国岩画信仰意蕴的三层递进关系，再在此基础上，分别阐述了岩画图像表达的审美生成。著作还综合探讨了中国岩画所表达的早期人的审美经验特征，想以岩画为图例，为审美活动的源头注解提供更充分的证据，并参考早期其他文献、器物进行对比分析，试图进一步开拓审美活动的源头研究。

　　本书最为突出的特色是两处。一、依据原始人掌握世界的方法与目的，将岩画创作群的信仰分为符咒、牲祭、崇拜三种类型进行论述，既区分了它与后世信仰的不同，也分析了原始信仰三阶段的差异。二、联系功利目的与形式构成的关系，探索岩画成像过程中信仰意蕴与审美意识之间的相互影响。

　　虽然有一定的理想抱负，但不一定就达到了预期，只是抛砖引玉，期望有更多的学者来探讨关注审美的原始生成问题。如何在信仰话语环境中解释审美的独立性，相信很长一段时间都会是一个有趣的话题。

　　此书的出版感谢中国社会科学出版社及诸位编辑的辛勤工作，感谢国家社科基金和绍兴文理学院的支持，感谢我的老师及亲人一如既往的关怀，祝你们健康平安！

2021 年 3 月 24 日